Le Marketing sensoriel du point de vente

Le Marketing sensoriel du point de vente

Créer et gérer l'ambiance des lieux commerciaux

Coordonné par
Sophie RIEUNIER

Préface de Joël Jallais

3e édition

LSA

DUNOD

Conseiller éditorial : Christian Pinson
Professeur à l'Insead

ISBN 978-2-10-053014-4

Présentation des auteurs

Bruno Daucé

Bruno Daucé est Maître de conférences à la Faculté de droit, économie et gestion de l'Université d'Angers et membre du GRANEM (UMR-MA n° 49). Spécialiste du comportement du consommateur et du marketing olfactif, il a accompli des missions de conseil auprès de différentes entreprises. Il a créé un site Internet consacré au marketing expérientiel et au marketing sensoriel : www.mercadoc.org.

Delphine Dion

Docteur en Sciences de Gestion, Delphine Dion est Maître de conférences à l'IAE de Paris, Université Panthéon-Sorbonne. Ses recherches portent sur le comportement du consommateur (comportements dans la foule et consommation de produits régionaux), le design des points de vente, les marques de luxe et les méthodologies d'étude marketing. Elle anime sur ces thématiques plusieurs séminaires en France et à l'étranger et a publié de nombreux articles, chapitres d'ouvrage et ouvrages. Ses recherches ont été primées à plusieurs reprises (prix de thèse de l'Académie des sciences commerciales, mention spéciale du prix de thèse de l'Association française de marketing et lauréate du concours de sociologie visuelle de l'ENS) : www.delphinedion.net.

Karine Gallopel-Morvan

Maître de conférences habilité à diriger des recherches à l'Institut de gestion de Rennes (IAE, Université de Rennes 1), elle enseigne notamment la communication. Elle est l'auteur d'une thèse de doctorat sur la musique publicitaire. Ses travaux de recherche portent sur la place des émotions dans la persuasion publicitaire. Elle a publié des articles dans des revues scientifiques et des ouvrages et chapitres d'ouvrages consacrés à l'impact de la musique et de la peur sur les réactions des individus exposés à une communication publicitaire.

Michel Gentric

Après huit années de responsabilités marketing au sein du groupe Gillette, Michel Gentric se consacre aujourd'hui à l'enseignement et la recherche au sein de l'Université de Bretagne Sud où il est Maître de conférences. Sa thèse de doctorat intitulée « La relation client-magasin : de la stimulation sensorielle au *genius loci* » préconise une approche expérientielle de la relation client au sein des entreprises de distribution.

Virginie Maille

Virginie Maille est professeur de marketing au CERAM Sophia Antipolis. Elle intervient également dans d'autres écoles ou universités en France et à l'étranger. Elle enseigne notamment le comportement du consommateur, le marketing sensoriel, les études de marché et les techniques quantitatives. À la suite de sa thèse portant sur la perception et l'intention d'achat de produits parfumés, une collaboration régulière avec de nombreuses entreprises l'a amenée à poursuivre ses recherches sur l'influence des stimuli olfactifs, mais aussi, du toucher et, plus généralement, en marketing sensoriel. Elle a écrit plusieurs articles et participe régulièrement à des colloques sur ce sujet.

Éric Rémy

Éric Rémy est Maître de conférences à l'Université de Rouen où il enseigne le marketing et la stratégie d'entreprise. Ses recherches en comportement du consommateur portent sur le lien social dans la consommation. Ses principaux travaux abordent le marketing expérientiel et le marketing tribal.

Sophie Rieunier

Maître de conférences à l'IAE de Paris (Université Paris 1 Panthéon-Sorbonne), Sophie Rieunier a réalisé sa thèse de doctorat sur le thème de « L'influence de la musique sur le comportement du consommateur en magasin » à l'Université Paris Dauphine et a obtenu le prix de thèse de l'Académie des sciences commerciales. Elle réalise ses recherches au sein du GREGOR (Groupe de recherche en gestion des organisations) de l'IAE de Paris. Elle intervient fréquemment auprès d'étudiants et de professionnels sur le thème du marketing sensoriel du point de vente et réalise des opérations de conseil en la matière. Pour en savoir plus : www.sophie.rieunier.name.

Bernard Roullet

Bernard Roullet a travaillé dans l'industrie de l'équipement automobile avant d'aborder le secteur du conseil et des études en marketing, tant en métropole qu'en outre-mer pendant près de dix ans. En 2004, il a soutenu une thèse de doctorat en sciences de gestion portant le titre : « L'influence de la couleur en marketing : vers une neuropsychologie du consommateur ». Il se consacre désormais à l'enseignement et à la recherche en tant que Maître de conférences au sein du laboratoire PRISM (Pôle de recherche interdisciplinaire en sciences du management) à la Sorbonne (Université Paris 1). Il participe à la constitution et à l'émergence d'une « neuroscience du consommateur » en France (ou neuromarketing), qui vise à interpréter et expliciter les processus cognitifs et les comportements chez le consommateur à l'aune des sciences cognitives et tout particulièrement des neurosciences. Il a publié plusieurs articles et communications sur ce thème et un ouvrage méthodologique.

Edouard Siekierski

Ingénieur-chercheur chez EDF Recherche et Développement depuis plus de onze ans, il a initié l'activité évaluation sensorielle des ambiances dans l'habitat, en particulier sur les aspects thermiques et sur leurs interactions avec les autres dimensions sensorielles (acoustiques, visuelles...). Il a mis en place le Laboratoire « Confort et évaluation sensorielle » d'EDF, outil dédié aux tests consommateurs et aux mesures sensorielles et instrumentales des ambiances de l'habitat. Par la suite, il a appliqué les résultats de ses recherches dans le domaine du marketing et de la communication commerciale hors média (Foire de Paris, Salon de la Rénovation). Plus récemment, son activité s'est orientée vers les missions en innovation et prospective, notamment sur les aspects gestion de la relation clientèle et services/téléservices dans l'habitat.

Remerciements

Ce livre ne serait rien sans les multiples rencontres que nous avons pu avoir avec les professionnels du marketing sensoriel. Nous souhaitons tous les remercier chaleureusement pour leur accueil et la richesse de nos discussions.

Anja et toute l'équipe dirigeante de Cyberdog (Cyberdog), madame Asprogitis (Midis), Marion Balbot (Princesse Tam Tam), Guillaume Besse (Prolitec), Michaël Boumendil (Sixième Son), Fabrice Brovelli (BETC EURO RSCG), Christophe Caurret (BETC EURO RSCG), Catherine Champeyrol (Carlin International), Pascal Charlier (Air Berger, ex-Parfum Indigo), Daniel Clavié (Universcents), Thierry Coeman (Retail Dynamics), F. Constant (Air Berger, ex-Parfum Indigo), Denis Crepin (Sacem), Frank Cottin (Mood Média), Isabelle Courthieu (Clear Channel), Denis Crepin (Sacem), Sophie Dalli (Shams Conseils), monsieur Damonville (Nature & Découvertes), Jacques Debeussher (Auchan), Anthony Douchy (Audiadis SA), Aurélie Duclos (Mood Média), Bertrand Dufresne (Cora), madame Fabricius Ramos (Sofitel), Olivier Genevois (Quinte & Sens), Agnès Giboreau (Adriant), Sybille Godeau (Quinte & Sens), Alain Goudey (AtooMédia), Gérard Habar (Microcapsules Technologies), M. M. Hausermann (Audiadis SA), Clément Jeanjean (Presencia), Cathy Jolidon (Swatch), Loïc Josse (La Droguerie de

Marine), Romain Labourée (Échangeur), Thierry Lageat (Eurosyn), Stéphane Lavieille (Kréat), Jean-Philippe Lenclos (Atelier 3D couleur), Sarah Lorteau (EDF), Yolande Macias (EDF), Laure Malherbe (Carlin International), Christine Massiot (Banque Populaire du Val de France), Vincent Mercier (Mood Media), Michaël Moisseeff (Asquali), Léa Mongeard (Sixième Son), Blaise Maupin (Blaise Maupin Parfumeur), Jean-Marie Noizet (Mood Média), Georges Olivereau (Dragon Rouge/ Architecture commerciale), Christophe Paymal (Dragon Rouge/Architecture commerciale), Dag Piper (Symrise), Jean-Claude Prinz (Prinz Design), M. Pujo (Midis), monsieur Pusleucki (Auchan), Yvan Régeard (Exhalia), Guillaume Riot (Échangeur), René Ripoll (Cora), Édouard Roschi (Le Labo), Sonia Rossignol (magazine *Elle*), Gilles Rougeon (EDF), Guillaume Salmon (Colette), Frédéric Sarrazin (EDF), David Suissa (Presencia), Basile Tournier (Sixième Son), Jean-Marc Van Cutsem (Delitraiteur), Julien Veillon (BETC Euro RSCG), Françoise Vernet (Nature & Découvertes).

Un grand merci également à tous nos collègues enseignants de marketing pour l'excellent accueil qu'ils ont réservé à la première et à la deuxième édition de cet ouvrage. La liste est trop longue pour les citer ici, mais ils se reconnaîtront.

Un immense merci à Christian Pinson, conseiller éditorial, pour ses relectures. Sa constante bonne humeur et sa qualité d'écoute exceptionnelle ont rendu ce travail très agréable.

Enfin, les neuf auteurs de ce livre souhaitent remercier du fond du cœur leurs familles et amis pour leur soutien affectif.

Table des matières

À nos enfants :
Adrien, Élise,
Alice, Emma,
Agathe, Karadeg,
Jeanne, Agathe,
Kemo,
Marine, Chloé, Mathieu,
Yuna et Maïwen.

Préface

« Beaucoup de philosophies se réfèrent à la vue ; peu à l'ouïe ; moins encore donnent leur confiance au tactile comme à l'odorat. L'abstraction découpe le corps sentant, retranche le goût, l'odorat et le tact, ne garde que la vue et l'ouïe, intuition et entendement. »

Michel Serres, *Les cinq sens*, Grasset, 1985.

Et si l'abstraction ultime consistait, non à découper ce corps sentant mais au contraire à lui redonner son unité perdue ?

L'humain n'est d'évidence ni un pur esprit pensant et rationnel, ni un être réduit à une somme d'affects et de passions ; c'est un être pliant souvent sous le joug de sensations multiples et qui essaie d'agir le mieux possible selon des comportements propres à l'adapter à son environnement.

Lorsque P. Kotler, en 1973, dans le *Journal of Marketing*, lance l'idée que *l'atmosphère*, c'est-à-dire l'ensemble des stimuli d'ambiance tels la musique, les couleurs, les odeurs, la densité humaine, peut être considérée comme un outil de marketing, son propos ne passe pas inaperçu parmi les spécialistes de l'étude des comportements d'achat mais il semble pour beaucoup faire preuve d'un *béhaviorisme* suranné, par l'acceptation implicite d'un modèle « stimulus-réponse » dans le cadre de la psychologie environnementale initiée au même moment par Belk. Or, il y a tant à faire dans le nouveau champ d'investigation du traitement cognitif de l'information, dans celui de la mesure des attitudes ou encore dans celui de la confection des cartes perceptuelles des situations de concurrence entre produits ou entre marques, que l'étude des réactions comportementales des consommateurs face aux stimuli d'ambiance paraît bien secondaire.

Une nouvelle tendance s'affirme ensuite auprès des chercheurs dans les investigations des comportements de consommation : il devient inadéquat de s'intéresser à la sphère cognitive du consommateur, mais particulièrement opportun d'analyser les comportements d'achat au niveau de sa sphère affective, et par voie de conséquence, une fois encore, la problématique des stimuli d'ambiance est rejetée loin dans les préoccupations des chercheurs. Cet atermoiement s'illustre par seulement une quinzaine d'articles publiés au niveau mondial sur ce thème entre 1973, date de l'interpellation de P. Kotler, et 1988, date d'une exhortation française dans le même sens, publiée dans la revue *Recherche et Applications en Marketing* sous la signature de messieurs Filser et Jallais.

Enfin, au sein des universités de Paris Dauphine, du CERAM d'Antipolis et plus encore de Rennes 1, des sujets de recherche sont peu à peu instruits, à partir des années 1990, sur l'influence des stimuli d'ambiance sur les comportements d'achat dans le cadre particulier des lieux de commerce. Dix ans plus tard, ces contributions constituent une véritable somme de savoirs scientifiques. Celle-ci est portée à la connaissance des professionnels du marketing, les auteurs ayant consigné le fruit de leurs réflexions et les résultats de leurs expériences de terrain, mais aussi leurs interrogations quant à l'application de leurs résultats, moment toujours subtil et périlleux de la rencontre du savoir codifié du chercheur avec les contraintes imposées à l'homme d'action. Cette troisième édition de l'ouvrage qu'ils nous proposent s'est fortement enrichie des connaissances nouvelles qui ont émergé depuis 2006 mais surtout des expériences nombreuses de l'approche polysensorielle du magasin par les commerçants. Le marketing du point de vente est aujourd'hui sous l'emprise des sens qui participent du nouvel art de vendre et d'acheter. Les entreprises sont de plus en plus nombreuses à mettre en place un marketing sensoriel pour faire de l'achat un moment de plaisir, riche d'émotions diverses : Séphora, Nature & Découverte, Virgin Megastore, Celio, Habitat, Voyageurs du Monde...

Concernant cette pratique marketing, il convient de souligner le décalage entre la posture des chercheurs et celle des professionnels pour appréhender et gérer cet empire des sens qu'est devenu le magasin.

Les premiers tendent, dans une approche analytique, à poser des problématiques dans un cadre épistémologique strict sur une base expérimentale. Ils cherchent des réponses quant aux effets possibles de telle ou telle dimension d'une variable d'atmosphère (musique, couleurs, toucher...), sur les comportements et dispositions mentales du consommateur (physiologiques, symboliques, émotifs et cognitifs). Faire émerger une vérité scientifique sur une seule variable nécessite bien sûr la reconduction multiple des expérimentations. Et puis vient le moment du questionnement sur les effets combinés de plusieurs variables (couleurs et musique, design et musique...) et attendant une réponse hypothétique en combinant la totalité des facteurs d'influence. Parallèlement, les chercheurs mettent au point des instruments de mesure, des plans d'expérience, des systèmes de questionnement virtuels pour faciliter l'appréhension des problèmes (observation de sujets sous scanner à l'exposition d'intérieurs de magasin de différentes couleurs, par exemple).

Les seconds, les professionnels, préfèrent une démarche globale qui répond plus à leur besoin d'action et de pragmatisme. Les commentaires de gens avertis les informent qu'il faut ré-enchanter l'acte d'achat, que le consommateur est devenu hédoniste et qu'il cherche de nouvelles expériences sensorielles. Les commerçants ressentent donc le besoin d'offrir rapidement à ce dernier de nouvelles conditions de magasinage susceptibles de le séduire et le fidéliser. Sans attendre les résultats des recherches, ils se lancent dans la définition d'un univers polysensoriel en cohérence avec l'identité du magasin ou de l'enseigne pour se distinguer dans un environnement saturé de signes, en engendrant une mémorisation émotionnelle. Ainsi notera-t-on, sous forme d'illustration, que les concessions automobiles SAAB de Toulouse accueillent depuis juin 2005 leurs clients en musique et senteur, « dans un nouvel espace reprenant les codes du constructeur : esthétique épurée à la scandinave, clarté et luminosité, matières naturelles et brutes... Avec côté sons, une musique électro-lounge mid tempo, avec des notes colorées et tendances, une programmation sur mesure, tonique et côté senteurs des fragrances légères, fraîches, marines et mentholées à la fois qui s'accordent parfaitement avec ce décor épuré et lumineux ». Les sociétés de conseil, défendant cette sorte de « marketing mix sensoriel » auprès de leurs clients se sont d'ailleurs multipliées ces trois dernières années : Adriant, SocioVision, Quinte & Sens, Sixième Son...

Devant cet engouement des praticiens, on ne peut échapper aux interrogations épistémologiques qui s'imposent.

En premier lieu, toutes les études de l'influence des variables d'atmosphère se sont réclamées du modèle de Mehrabian et Russel (1974, 1995). Ce dernier postule que toutes les réponses à un environnement peuvent être considérées comme des comportements d'approche ou d'évitement qui s'expriment de quatre manières différentes :

- le désir de rester ou non physiquement à l'intérieur du magasin ;
- le désir d'explorer l'environnement contre une tendance au repli sur soi, et à limiter ces contacts avec le magasin ;
- le désir de communiquer avec les autres contre une tendance à éviter ces contacts et à ignorer les tentatives de communication venant des autres ;
- la recherche ou la volonté d'éviter d'accéder à une performance et une satisfaction au sein du magasin.

Ces auteurs posent aussi comme hypothèse que, l'environnement, quel qu'il soit, induit chez un individu un état émotionnel qui peut être caractérisé par trois dimensions médiatrices, mesurées par une échelle *ad hoc* (PAD) :

- une dimension « plaisir/déplaisir » qui correspond au niveau de bien-être et de satisfaction de l'individu ;
- une dimension « stimulation/non-stimulation » qui correspond au niveau d'excitation, d'éveil de l'individu et à son désir d'être actif ;
- une dimension « domination/soumission » qui correspond au sentiment qu'a l'individu de contrôler la situation, et à sa liberté d'action.

Si cette échelle, modifiée à trois reprises, réduite à ses deux premières dimensions, reste pourtant la plus utilisée malgré sa relative inadéquation, d'autres échelles de mesure mériteraient plus d'attention : celle de l'*affect circumplex* de Larsen et Diener (1992), composée de quarante-huit items, représentant huit états affectifs groupés autour des dimensions de plaisir et d'activation ; celle de Panas (échelle d'affectivité positive et négative), développée par Watsen, Clark et Tellegen (1988), composée par une liste de vingt adjectifs traduisant vingt états émotionnels (dix positifs et dix négatifs) et validée en français ; ou celle de la *Multiple Affect Adjective Checklist*, conçue par Zuckerman et Lubin (1985), composée de cent trente-deux items.

En deuxième lieu, mesurer des manifestations émotionnelles chez les consommateurs, c'est-à-dire des éléments nécessitant une grande finesse d'approche, n'est pas chose aisée. Peut-on utiliser la méthodologie commune qui repose sur le déclaratif et des mesures verbales pour étudier des émotions ? Celle-ci peut être source d'importantes ambiguïtés dans la compréhension des phénomènes étudiés. Il est très difficile, par exemple, pour une personne interrogée de savoir réellement si la musique diffusée lui plaît ou lui déplaît, ne serait-ce parce que la question lui est généralement posée lorsqu'elle sort du magasin avec son caddie et qu'elle n'a peut-être tout simplement pas été du tout attentive à la musique, mais elle répondra malgré tout de façon aussi futile que lui semble être la question. La recherche en neurophysiologie permettra peut-être d'échapper à cette insuffisance méthodologique en donnant accès directement à la force et la nature des émotions grâce aux mesures de l'activité cérébrale par l'imagerie par résonance magnétique (IRM). Toutefois, ces images devront être « interprétées » pour donner du sens aux régions de suroxygénation (surbrillance) observées.

Une troisième difficulté épistémologique, déjà soulevée précédemment, reste posée par le fait que, dans les recherches actuelles, nous découpons les sens en unités partielles. Chaque recherche s'intéresse à un sens en particulier, alors que nous savons que les cinq sens correspondent à une seule fonction, produisent simultanément un effet global. C'est la conjonction de la musique, des couleurs, du nombre de personnes se déplaçant dans un magasin qui aura un impact, et non pas chaque élément pris séparément. Mattila et Wirtz, en 2001, vont essayer d'intégrer la notion de gestalt à la perception des environnements commerciaux par les clients à travers l'utilisation conjointe de deux stimuli : l'odeur et la musique. Mais l'avancée majeure vient de Baker *et alii* en 2002 qui proposent un modèle d'interaction à trois dimensions (social, design, ambiance).

Face à tous ces enjeux, le thème de l'utilisation des sens mérite donc une attention soutenue et représente à l'évidence un investissement de recherche majeur dans les prochaines années.

J'éprouve de ce fait une grande satisfaction à saluer ce livre qui développe un regard croisé liant chercheurs et professionnels sur le sujet et qui arrive à point nommé pour relancer et dynamiser la problématique de la conception du magasin lui-même dans la situation actuelle de compétition que se livrent les grandes entreprises de distribution internationales, mais aussi de recherche de nouveaux créneaux de marché pour de jeunes entreprises innovantes. Et tant il est vrai qu'on s'épuise moins à s'attaquer aux « vides » d'un marché qu'aux « pleins » déjà occupés, la « conception sensorielle » du magasin représente une voie de succès riche de possibilités. Donner une personnalité au point de vente, une *personnalité quasi sensitive,* bouscule le schéma traditionnel de l'achat en magasin, car toutes les activités du consommateur, physiques, perceptives, et mentales liées au traitement de l'information, sont modifiées sous l'effet des stimuli de l'environnement tels les dimensions visuelles (taille, forme, aménagement de la surface de vente), auditives (type et intensité de la musique d'ambiance), olfactives (type et intensité des parfums diffusés), et tactiles (impression de foule en particulier). Chacun de ces éléments affecte le comportement d'achat du client, non seulement de façon globale dans la décision de fréquenter ou non le magasin, mais aussi dans ses comportements à l'intérieur du magasin (durée des achats, quantité achetée, temps de fréquentation, pour ne retenir que les principaux).

Cet ouvrage tient au grand mérite de Sophie Rieunier qui en a pris l'initiative et qui a su mobiliser autour d'elle les principaux chercheurs spécialisés dans la thématique de l'atmosphère du point de vente. Grâce à elle, ce livre confère à ce groupe de jeunes universitaires une visibilité méritée dans un champ scientifique qui reste à approfondir sur bien des points et qui est encore ouvert à de multiples réflexions épistémologiques, qu'il s'agisse de la mesure des stimili eux-mêmes ou des effets émotionnels engendrés. Il fédère dans ce domaine un potentiel humain unique en France et je suis particulièrement ravi de voir dans cet ouvrage les contributions de Bruno Dauce, Delphine Dion, Karine Gallopel-Morvan, Bernard Roullet dont j'ai eu l'honneur de diriger les travaux, sans méconnaître le grand apport de Michel Gentric, Virginie Maille, Édouard Siekiersky et Éric Rémy au débat. Il est évident que cette édition ne vient pas achever un savoir établi mais souligne encore le besoin de recherche pour valider les nombreuses interrogations qui subsistent quant aux effets des variables sensorielles sur le comportement des clients dans les lieux d'achat, même si l'objectif poursuivi par certains côtés semble de nature prométhéenne.

Joël Jallais,
Professeur agrégé des Universités,
Université de Rennes 1.

Introduction

Imaginez : il est 11 heures du matin, vous entrez dans une chaîne de magasins de vêtements et vous avez la sensation de pénétrer dans le vaisseau spatial de *La Guerre des étoiles* : le sol et les murs sont en acier, incrustés de petites lumières, deux grosses baffles diffusent une musique techno orchestrée par une DJette aux cheveux argentés, certains clients dansent devant le bar du magasin, les tee-shirts vendus sont présentés sur des androïdes, les cintres se composent d'une matière qui brille sous la lumière noire du fond du magasin, les cabines d'essayage contiennent un système qui permet de se voir sous la lumière du jour ou de la nuit et de déclencher la climatisation si on a trop chaud. Bien entendu, les vendeurs sont également issus de *La Guerre des étoiles* : le crâne rasé ou une tignasse digne de Chewbacca, des jupes pour les hommes, des tee-shirts illuminés par un système électronique à puce et des *piercings* à gogo… Vous pouvez cependant vous relaxer chez Cyberdog en buvant au bar un cappuccino présenté avec l'empreinte chocolatée de la pâte d'un chien. Vous ne rêvez pas, vous êtes chez Cyberdog dans le marché aux puces de Camdem à Londres (v. cahier central, photo couleur du magasin).

Plus près de nous, vous allez faire vos courses alimentaires dans un magasin populaire. Vous rentrez dans un espace chaleureux composé d'un parquet de bois blond, très lumineux, dont la signalétique design vous oriente sans souci. Au rayon viande, vous pouvez sentir les odeurs de la rôtisserie en marche, commander une pizza personnalisée ou encore vous laisser tenter par des charcuteries fraîchement coupées. Le rayon fromage à la coupe n'a pas de comptoir, vous y rentrez comme dans une fromagerie et discutez avec l'employé des dernières nouveautés présentées à la craie sur une ardoise. Pour accompagner ce fromage, rien de tel qu'un petit vin situé dans le rayon « cave ». Très pratique, ce rayon dispose d'un *chiller* qui permet de réfrigérer rapidement les rosés et vins blancs à boire en apéritif en rentrant chez soi. Une hésitation sur le vin ? vous pouvez le goûter accompagné d'un petit plat au bar situé dans le rayon. Vous finissez vos courses par l'achat de pain dont la bonne odeur vous donne déjà l'eau à la bouche. En attendant à la caisse, vous pouvez écouter les rubriques modes de mademoiselle Agnès ou cinéma d'Arnaud Poivre d'Arvor, diffusées selon le moment, par la radio de l'enseigne. S'il est plus de 20 heures, vous aurez même le droit de découvrir une programmation musicale qui devrait plaire au « cadre dynamique urbain » que vous êtes. Vous êtes chez Monoprix Vaugirard à Paris, inauguré en 2002 et largement copié depuis par tous les grands de la distribution alimentaire.

Quel est le point commun entre Cyberdog et Monoprix Vaugirard ? La mise en place d'une réflexion autour du marketing sensoriel du point de vente. Pour l'un, nous sommes dans la théâtralisation et le « *fun shopping* » dans un objectif d'attraction, de plaisir et d'image distinctive. Tous les sens doivent être sollicités pour donner au consommateur l'impression qu'il a vécu une expérience d'achat hors du commun qualifiée de « marketing expérientiel ». Pour l'autre, nous sommes dans une logique de confort, de plaisir et d'image qualitative de l'enseigne. Tous les sens doivent être sollicités de manière positive pour accroître le bien-être et susciter l'envie de réaliser des achats impulsifs qualitatifs.

Le marketing sensoriel peut également avoir pour objectif de donner une image « *discount* » au point de vente. Ainsi, l'enseigne Colryut, roi du *hard discount* en Belgique, travaille tous les sens pour connoter une impression de prix bas : les sols sont bruts, la lumière est composée de néons, les produits sont présentés dans les cartons de transports et les meubles réfrigérés ont été remplacés par une grande chambre froide dans laquelle pénètre le consommateur pour acheter ses laitages, sa charcuterie, ses œufs, etc.

Le marketing sensoriel peut se définir comme le fait d'utiliser les facteurs d'ambiance du magasin (musique, senteurs, couleurs, sensations tactiles et gustatives) afin de susciter chez le consommateur des réactions favorables à l'acte d'achat. En effet, la psychologie environnementale a montré depuis le début du siècle dernier que l'environnement d'un individu peut avoir un impact sur son humeur et son état de détente (réactions affectives), ses pensées (réactions cognitives) et son comportement physique (réactions comportementales).

L'objet du marketing sensoriel du point de vente est donc de travailler sur la manière dont le client s'adapte et réagit à l'environnement physique d'un magasin. Depuis les années cinquante, les entreprises utilisent le marketing sensoriel dans l'objectif d'étudier la perception des produits par les consommateurs. En revanche, ce n'est que depuis les années quatre-vingt-dix, que les magasins analysent l'impact de leur ambiance sur le comportement du consommateur (v. Encadré ci-après). On observe ainsi que le commerce d'aujourd'hui utilise de plus en plus toute la richesse de la palette sensorielle pour proposer des expériences de consommation originales au consommateur : les sensations visuelles et auditives sont largement sollicitées tandis que les sensations olfactives, tactiles et gustatives commencent à être éveillées. Par ailleurs, les recherches universitaires en marketing sensoriel se multiplient depuis une quinzaine d'années. Le marketing sensoriel des points de vente est en train de se construire. Cet ouvrage se propose de réaliser une synthèse de l'ensemble des pratiques et des recherches innovantes en la matière dans le but d'aider les managers intéressés par ce sujet.

Encadré – L'analyse sensorielle des produits : un secteur en avance sur les magasins

Les constructeurs automobiles étudient le son du claquement de la portière, les pastilles Vichy ont revu leur *packaging* pour qu'il ait un toucher « crayeux » rappelant celui du produit, et Décathlon analyse le toucher des semelles des chaussures de randonnée pour maximiser l'impression d'adhésion. Ces dernières ne doivent pas être brillantes (synonymes de glissantes) et doivent contenir des crans. L'enseigne va également étudier le goût du tuba en bouche, ou encore, l'odeur d'un sac de sport oublié pendant plusieurs jours après l'effort. Si ce dernier sent mauvais, le consommateur risque de se dire qu'il n'est pas de bonne qualité. L'enseigne va donc mettre dans ses produits MDD des capsules spéciales capables d'absorber les mauvaises odeurs. Tous ces exemples sont issus de réflexions menées en analyse sensorielle. Cette dernière recouvre « un ensemble de techniques et de pratiques destinées à mesurer et à interpréter de façon systématique les perceptions de l'homme ». L'analyse sensorielle des produits a vu le jour en France dans les années cinquante et dispose donc d'une plus forte expérience que le marketing sensoriel du point de vente.

Cette démarche, centrée sur les sensations liées aux produits, va très loin et donne lieu à des applications en termes de conception de produits et de packaging. Ainsi, la société Adriant a travaillé il y a quelques années sur le bruit des Chips en bouche pour faire émerger les caractéristiques optimales du croustillant du produit. Grâce à des panels de consommateurs et à des experts sensoriels, cette société a, depuis plus de vingt ans, étudié les caractéristiques de multiples produits alimentaires et cosmétiques, mais aussi le toucher et l'odeur d'intérieurs automobiles, l'acoustique de lieux publics, le confort de couches-culottes ou le visuel d'un rayon mercerie. Adriant a notamment travaillé sur les propriétés sensorielles des shampooings au travers d'une démarche ethnographique. Ainsi, les consommateurs étaient filmés dans leur salle de bain, en condition d'utilisation du produit, pour enregistrer leurs sensations en situation réelle. Bien entendu, ces consommateurs avaient donné leur autorisation pour participer au test. Ceci a permis à Adriant de déterminer la place de l'odeur du produit dans son évaluation, l'adéquation de l'odeur à l'usage sur les cheveux, mais aussi de savoir si la mousse est facile à faire partir ou quelles sont les évolutions à faire sur le packaging pour le rendre plus ergonomique (pour en savoir plus : www.adriant.com).

La société Eurosyn intervient également depuis fort longtemps sur ce marché et a traité de multiples sujets. Elle a notamment travaillé sur les sons optimaux. Quel doit être le bruit d'un rouge à lèvres quand on le pose ? Ou quand il se ferme ? Quel doit être le bruit d'un sèche-cheveux ou d'un bouchon quand il se ferme ? Quelle est la température optimale pour un lieu ? Quelles sont les sensations que l'on a lorsqu'on ouvre un yaourt ? Quel poids doit avoir un téléphone portable pour donner une idée de qualité ? Cette entreprise a ainsi formé des jurys d'experts pour évaluer les propriétés sensorielles de produits et pouvoir comparer des produits concurrents sur ces dimensions. Elle intervient également dans le domaine de la formation d'entreprise et a créé un programme d'échange international ouvert à tous sur ce thème (pour s'inscrire au programme : www.eurosyn.fr)[1]. Un ouvrage récent est totalement dédié au marketing sensoriel des produits et explique en détail les méthodes d'analyses sensorielles liées à ces problématiques d'amélioration ou de création de produits : Giboreau A. et Body L. (2007), *Le marketing sensoriel : de la stratégie à la mise en œuvre*, Vuibert.

1. Pour le lecteur intéressé, une synthèse très complète sur les méthodes d'analyses sensorielles des produits est disponible : Urdapilleta I., Ton Nu C., Saint-Denis C. et Huon de Kermadec F., *Traité d'évaluation sensorielle*, Dunod, 2001.

Cet ouvrage est donc né d'une volonté pédagogique de rendre accessible les résultats des recherches souvent restées « littératures grises » et de se faire le reflet du mode de travail d'un bon nombre d'entreprises. Nous tenons à remercier chaleureusement l'ensemble des personnes citées dans ce livre d'avoir accepté de nous ouvrir les portes de leur entreprise.

Les innovations de cette troisième édition

Nous sommes ravis de pouvoir proposer la troisième édition de cet ouvrage, signe que le marketing sensoriel intéresse un bon nombre de lecteurs. Que de nouveautés en trois ans ! Dans le souci de transmettre l'information la plus juste, chaque chapitre a été entièrement réactualisé : les exemples obsolètes enlevés ; les nouveautés mises en avant ; les recherches récentes synthétisées. Si les bases du marketing sensoriel du point de vente semblent acquises, les recherches vont de plus en plus loin dans la compréhension de ses effets sur le comportement des consommateurs : au travers de méthodologies innovantes (comme le neuromarketing) et l'étude des effets d'interactions entre différents sens (musique et odeurs, musique et lumière, musique et foule etc.).

Enfin, un nouvel auteur nous a rejoint sur la thématisation du lieu de vente, chapitre qui a été totalement ré-écrit pour l'occasion.

L'ambition de cet ouvrage vise à démontrer la nécessité pour le commerçant de mener une véritable réflexion autour de la gestion de l'ambiance de son point de vente. À cette fin, nous aborderons dans un premier temps la question de savoir « pourquoi gérer l'ambiance du point de vente ? », puis, dans un second temps, celle du « comment gérer l'ambiance du magasin ? ». Ainsi, les deux premiers chapitres de l'ouvrage permettront au lecteur de cerner l'importance de cette nouvelle orientation marketing. Puis, chaque facteur d'ambiance (musique, senteurs, couleurs, lumière, toucher, foule) sera étudié sous deux angles complémentaires : une synthèse des pratiques des commerçants et une analyse des résultats des recherches publiées (en psychologie et en marketing) sur le rôle du facteur dans l'acte d'achat. Enfin, un dernier chapitre proposera une démarche marketing structurée en sept étapes pour aider les distributeurs dans la mise en œuvre d'une ambiance efficace au sein de leur magasin.

Chapitre 1

Pourquoi investir dans le marketing sensoriel du point de vente ?

Comment expliquer l'intérêt croissant de la distribution vis-à-vis du marketing sensoriel ? Pourquoi le commerçant d'aujourd'hui doit-il réfléchir à l'aménagement et à l'ambiance de son point de vente ? Le marketing sensoriel est-il un effet de mode ?

Quatre facteurs semblent justifier l'importance de cette nouvelle orientation marketing :

- des contraintes commerciales de plus en plus fortes ;
- l'émergence de nouvelles technologies au service de l'aménagement des magasins ;
- des consommateurs en quête d'expériences d'achat agréables ;
- l'efficacité prouvée de l'influence de l'environnement d'achat sur le comportement de l'individu.

Des contraintes commerciales de plus en plus fortes

Un accroissement de la concurrence

Ces dernières années ont été marquées par une internationalisation croissante des chaînes de distribution et, en conséquence, par l'arrivée dans le paysage commercial français de nombreuses enseignes étrangères. Par exemple, dans le secteur de l'habillement, les enseignes françaises ont vu arriver sur leur marché, les chaînes Zara, Gap, Mango ou encore H & M. Ces nouveaux entrants pénètrent le marché avec des magasins tout neufs et n'hésitent pas à casser les codes du design préétablis en proposant le plus souvent des magasins luxueux. Ceci rend rapidement obsolète l'environnement commercial des concurrents directs. Pour rester dans la course, les distributeurs se voient donc contraints de rénover de plus en plus fréquemment leurs points de vente. Ainsi, depuis vingt ans, le cycle de vie des magasins s'est raccourci de moitié. Comme le souligne Georges Olivereau, directeur général de l'agence Dragon Rouge Archi. : « Aujourd'hui, le rythme de changement s'accélère. Tous les cinq ans en moyenne, il faut revoir le concept ». Plusieurs designers complètent cette affirmation en soulignant qu'il est nécessaire de réaliser de petites rénovations tous les trois ans. Les distributeurs sont donc obligés aujourd'hui de combattre l'arrivée des enseignes étrangères en utilisant leurs propres armes : un concept très étudié associé à une ambiance innovante.

Ce phénomène de concurrence touche également les grandes surfaces alimentaires qui pourtant n'ont pas à faire face à l'arrivée de nouveaux entrants. En effet, ces dernières ont bien compris qu'il leur fallait rénover leur parc de magasins si elles souhaitaient rester attractives pour le consommateur.

Des rénovations payantes

Un autre argument qui plaide en faveur de la création d'une réflexion approfondie sur l'ambiance du point de vente réside dans sa rentabilité. En effet, il est fréquent de constater un différentiel très positif de chiffre d'affaires après la rénovation : entre 15 et 45 % selon le type de commerce et le type de rénovation.

Toutefois, la rénovation des magasins a un coût certain qui justifie des études approfondies en amont de cette réalisation (v. Encadré 1.1).

Encadré 1.1 – Les éléments à prendre en compte dans la rénovation d'un magasin

Le coût de la rénovation d'un point de vente varie selon son activité et selon le type de travaux effectués. Ainsi, Jean-Claude Prinz, designer et créateur de l'agence Prinz Design, nous explique :

« Il est très difficile de donner clairement un chiffrage moyen au mètre carré, et ce pour plusieurs raisons. D'une part, les rénovations seront très différentes selon les types de commerce ; une agence de voyage coûte en général moins cher qu'un bijoutier qui a de grosses contraintes de sécurité et qui va donc devoir investir lourdement. D'autre part, elles dépendent des contraintes du concept ; certains sont très chers à cause de l'utilisation de certains matériaux utilisés, de la climatisation à installer, de l'équipement (ascenseur, escalier, etc.). Enfin, il existe également la contrainte du lieu. Certains lieux sont faciles à aménager, avec des murs sains, un bon point de départ et d'autres sont plus difficiles. Dans tous les cas, il faut retirer du coût d'une rénovation l'aspect immobilier. Globalement, il faut que le local soit prêt pour réaliser le concept du magasin. Par exemple, les accès verticaux d'un magasin sur plusieurs niveaux entraînent des coûts qui ne font pas partie du calcul du coût au mètre carré du concept proprement dit. La partie immobilière qui va rester lorsque l'on peut quitter le lieu (par exemple, un faux plafond, les revêtements de sols), et la partie mobilière avec les éléments du concept qui peut être récupérée et exportée sur un autre lieu (les meubles, les éclairages, les panneaux muraux, etc.). Les prix vont donc varier en fonction de tous ces éléments.

Par ailleurs, plus les surfaces sont petites, plus le mètre carré coûte cher, car nous avons des charges fixes comme l'installation de la climatisation, par exemple. Selon moi, il est donc dangereux de donner un prix moyen, il faut préciser exactement ce qu'il y a derrière chaque prix ».

L'émergence du commerce électronique

Les distributeurs doivent aujourd'hui faire face à une nouvelle forme de commerce qui vient concurrencer directement les magasins physiques : leur équivalent virtuel. Selon une étude du Journal du Net réalisée en novembre 2008, 55 % des livres, CD, DVD et logiciels sont vendus via Internet. De même pour les billets d'avion. La vente par le biais du Web touche désormais tous les secteurs : vêtements, high tech, jouets, livres, etc. Dès lors, les magasins physiques doivent offrir autre chose que la mise à disposition des produits s'ils veulent que le consommateur fasse l'effort de se déplacer sur le lieu d'achat. Offrir quoi ? Le plaisir des sens : toucher le produit, s'attarder dans un fauteuil, déguster, sentir, découvrir une ambiance spécifique, discuter avec les vendeurs. Bref, sentir l'âme du lieu. Chose que ne permet pas, pour l'instant, Internet.

Si l'on ose une comparaison un peu audacieuse, ce n'est pas parce que vous avez vos parents ou amis au téléphone ou par Internet tous les jours, que vous n'avez plus besoin d'allez chez eux, de retrouver le plaisir de toutes les sensations du lieu et des échanges physiques interpersonnels.

L'émergence du commerce électronique doit donc pousser les entreprises à travailler l'aménagement de leur point de vente, réel vecteur d'images et d'expériences sensorielles. La Fnac l'a bien compris lorsqu'elle met en place dans chaque nouveau point de vente un café. Le client peut ainsi s'y attarder pendant plusieurs heures en consultant gratuitement les ouvrages à sa disposition.

De nouvelles technologies au service des magasins

Les nouvelles technologies permettent de plus en plus d'innovations en terme sensoriel au sein même des magasins. Ainsi, il est désormais possible de diffuser des odeurs correspondant à des images diffusées sur des écrans plasmas, de réguler les phénomènes de foule en observant les flux de clientèle au moyen de caméras, puis en les modélisant selon différents scénarios, de changer instantanément les couleurs des murs d'un magasin au moyen d'un nouveau système d'éclairage ou encore, d'adapter l'ambiance selon les rayons du magasin (v. Encadrés 1.3 et 1.4). Cette très large palette permet d'attirer l'attention du client, d'accroître le confort d'achat et de communiquer sur les attributs d'image importants pour le distributeur.

Jour après jour, les techniques s'enrichissent. Ainsi, le secteur de la diffusion d'odeur a connu ces dernières années une amélioration technique phénoménale : l'invention de la nébulisation par la société Prolitec. Cette dernière permet de diffuser une odeur de manière extrêmement fine sans que celle-ci ne dépose aucune trace dans le magasin ou sur les vêtements. Cette technique permet également d'annuler les mauvaises odeurs. Ainsi, la société Atmosphère Diffusion, groupe Mood Média en partenariat avec Prolitec, a mis en place un tel système dans le centre commercial Carré Sénart afin de diminuer l'odeur de la zone alimentaire intégrant cinq types de restauration. Selon Aurélie Duclos, responsable du marketing sensoriel de Mood Média :

> « Le consommateur qui se rend dans un restaurant doit y trouver, sans vraiment y prêter attention, l'odeur caractéristique de ce qu'il a choisi de manger (choucroute ou poisson pour une brasserie, frites pour un fast food, chinois...). Cette odeur le met en appétit si elle est contrôlée, respectée et pas trop mélangée aux autres. La solution réside donc dans l'atténuation de l'odeur. Ceci n'est possible que depuis très récemment. »

Dans un même ordre d'idée, l'invention des affiches olfactives ou de la diffusion d'annonces promotionnelles en trois dimensions repose sur des innovations très fortes (v. Encadrés 1.2, 1.3 et 1.4). Toutes ces avancées favorisent l'émergence du marketing sensoriel dans la mesure où le distributeur connaît de moins en moins de limites à son imagination.

Encadré 1.2 – Faire voir, sentir et entendre sa marque au travers d'un seul appareil

En juin 2006, de passage dans le magasin « Le Printemps » à Paris, j'ai eu le plaisir de tester une offre d'un tout nouveau genre : 20 minutes de sieste offertes par la société de cosmétiques Dove, dans une cabine individuelle et multisensorielle. Le consommateur entre dans la cabine, s'installe dans un transat, mets des écouteurs et assiste à la projection, via écran plat, d'une scène de nature, reposante (mer, campagne en été ou garrigue), visant à le pousser à la sieste... Des odeurs correspondant à la scène diffusée sont libérées directement de l'écran, de manière très discrète, et les sons poussent le consommateur à rentrer totalement dans cette expérience reposante. À la sortie de la cabine, le client peut laisser ses coordonnées et ses impressions dans un cahier. Les données ainsi collectées ont été utilisées pour re-contacter 600 individus un mois après l'expérience pour leur demander s'ils se souvenaient du nom de la marque leur ayant offert les 20 minutes de sieste : 69 % étaient capables de citer la marque. Quelle publicité permettrait-elle une telle mémorisation ?

Le marketing sensoriel est un outil formidable pour attirer l'attention des passants sur une marque et offrir à cette dernière un capital affectif important. Toute cette opération reposait sur l'utilisation d'un écran développé par la société Presensia et breveté : le Scentys. Ce dernier a été miniaturisé pour être utilisé comme présentoir de marque et a prouvé une nouvelle fois son caractère attirant et vendeur. Ainsi, la société Hennessy a testé les présentoirs multisensoriels (son, odeurs et vidéo) dans l'aéroport de Roissy, en juillet 2007 : dans le rayon alcools du magasin *duty free*, un petit film montrait au passant comment réaliser un cocktail à base de cognac Hennessy. Au fur et à mesure de la recette, des odeurs liées aux différents ingrédients composants le cocktail étaient diffusées tout au long de l'animation vidéo. Selon Presensia, cette mise en scène a permis à la marque d'augmenter ses ventes de 90 % par rapport à l'année d'avant. Bien entendu, un tel présentoir a un coût supérieur à celui d'un présentoir à base d'affiche, reste à la marque à évaluer la rentabilité de l'innovation.

Pour en savoir plus sur ces produits de diffusion : www.scentys.com

Encadré 1.3 – Réaliser du *zoning* en magasin

Le *zoning* peut se définir comme le fait de diviser un magasin en différentes zones sensorielles selon le type de produits vendus dans chaque espace. Cette technique est souvent utilisée visuellement et commence à intéresser les distributeurs pour leurs ambiances sonores et olfactives.

Plusieurs expériences ont eu lieu dans divers types de commerce. Une agence de voyage avait ainsi prévu autant de zones sensorielles que de continents : les clients étaient donc mis dans l'ambiance de leur future destination dès le début de la transaction. Go Sport, dans les années quatre-vingt-dix avait fait le test d'odoriser et de sonoriser chacun de ses rayons en fonction du sport auquel il était dédié. L'odeur de transpiration au rayon rugby n'était pas réellement des plus appréciées par les clients même si elle permettait de se mettre dans l'ambiance. Un grand magasin avait créé une animation sur le printemps avec une mise en ambiance à base d'odeur d'herbe coupée, d'une diffusion de chants d'oiseaux et des papillons qui voletaient autour de fleurs de saison. Certains magasins traitent également différemment leur rayon lingerie : lumières tamisées, musique invitant à la paresse, voile olfactif poudré et sensation tactiles douces. Ou leur rayon blanc : odeurs de lavande, musique jazz liée au cocooning et invitation à toucher le linge. Le rayon enfant peut être particulièrement travaillé sur la base d'odeurs gourmandes, de couleurs vives, de musiques enfantines, d'offres de bonbons et de la possibilité de tout toucher pour les petites mains curieuses.

Chaque rayon peut donc faire l'objet d'un traitement sensoriel spécifique qui lui permet d'aider le consommateur à rentrer dans l'expérience d'achat proche de la visite d'une boutique spécialisée.
Pour le lecteur intéressé par les innovations techniques liées à la grande distribution, nous lui conseillons de réaliser une visite à l'Échangeur situé rue des Archives à Paris. Cet espace créé par le groupe Galeries Lafayette est ouvert à tous. Sorte de vaste show room, il permet à tout distributeur de se tenir au courant des dernières nouveautés techniques à utiliser dans son commerce en l'espace d'une journée. Les innovations liées au zoning et à la gestion de la foule sont notamment mises en démonstration.

Encadré 1.4 – Diffuser des images sur écran plasma ou en 3 D : quel intérêt ?

L'innovation technologique de ces dernières années en termes de merchandising repose certainement sur l'introduction d'écrans plasma au sein des magasins. Nous faisions déjà état de cette pratique dans la première édition de cet ouvrage publiée en mai 2002 mais force est de constater que depuis, les écrans en tout genre se sont multipliés. Face à cette innovation, il est alors légitime de s'interroger sur l'intérêt réel des écrans plasma au sein des commerces. Il n'existe pas à notre connaissance de recherche universitaire menée sur l'impact de ces écrans sur le comportement du client en magasin. Néanmoins, on peut faire référence aux théories élaborées sur la perception humaine pour mieux comprendre leur intérêt. Ces dernières soulignent que le consommateur va consacrer des ressources attentionnelles à deux types de stimuli : les éléments qui lui plaisent, et ceux qu'il juge inhabituels dans l'environnement (nudité, couleurs vives, *teasing*, photos chocs, etc.). Le magasin peut également utiliser les éléments sensoriels pour attirer l'attention du passant. Les écrans plasma font partie de ces techniques : humainement, personne ne résiste à l'attirance que représente des images animées. Le client mis en contact avec un écran est obligé de le regarder car son œil est attiré par tout élément en mouvement. Plusieurs chaînes de magasins ont ainsi testé l'efficacité des écrans en vitrine : le client regarde nettement plus quand il y a un écran.
Cependant, il reste à définir ce qui se passe après : au-delà de l'attention, que peut apporter l'image animée ? Les réponses sont multiples : des évocations d'univers autour de la marque, une information sur une promotion, sur une technique d'utilisation du produit, du divertissement lors de l'attente aux caisses. Ainsi, Jean-Claude Prinz, directeur de Prinz Design, souligne : « Souvent, c'est utilisé pour créer un univers de "haute technologie" au magasin.

Par exemple, j'ai beaucoup travaillé avec des écrans plasma pour le projet des magasins Orange. Ainsi, sur le nouveau concept des boutiques Orange, il y a des écrans plasmas à l'entrée sur lequel on va diffuser un programme événementiel, des écrans tactiles au niveau des produits pour pouvoir chercher de l'information, des petits écrans LCD intégrés dans le mur comme des petits tableaux et un écran plasma d'une taille assez important au fond du magasin dans la partie *loundge*. Ce dernier écran aura un contenu plus institutionnel. Le travail consiste ensuite à trouver le contenu lié au territoire de marque ».

La chaîne Andaska a renforcé son positionnement sur le sport en diffusant des images de prouesses sportives au sein du magasin. Fnac « Éveil et jeux » ou les Galeries Lafayette diffusent des dessins animés dans certains de ses magasins pour occuper les enfants pendant que les parents se concentrent sur leurs achats. Les clientes d'Etam peuvent patienter aux caisses en visualisant les derniers défilés de la marque, ce qui renforce le positionnement mode de l'enseigne, etc.

Mais l'utilisation de ces écrans n'est pas que positive. L'écran peut devenir très rébarbatif pour la force de vente exposée aux images et aux sons diffusés en boucle au sein du lieu. On observe alors souvent des employés qui coupent le son de l'écran : dès lors, la force du média décroît fortement : coupez le son de votre télé, et vous en ferez l'expérience ! De plus, l'écran peut également perturber l'expérience de visite en magasin et influencer de manière négative l'envie de revenir. Ainsi, le restaurant Kong, situé au dernier étage du mégastore de Kenzo à Paris, offre un environnement de consommation exceptionnel : vue sur la Seine, design de Stark, très bonne carte, excellent service, et le tout à des prix raisonnables. Le seul problème : des écrans qui attirent plus l'œil vers les défilés Kenzo que vers la personne avec qui vous avez décidé de partager un moment. Ici, l'écran a du sens et correspond parfaitement au positionnement de l'enseigne sur la mode et la marque Kenzo, mais détruit en quelque sorte cette intimité propre à une conversation au restaurant.

Des consommateurs en quête d'expériences d'achat agréables et originales

Le commerce a toujours été synonyme de divertissement pour l'individu. Ainsi, les marchés, ancêtres du « tout sous le même toit » proposent depuis fort longtemps la possibilité de se distraire gratuitement ; on se promène, on découvre des nouveautés, on profite des odeurs de chaque produit, on peut les toucher et même les goûter. Aujourd'hui, le consommateur est toujours à la recherche de ce divertissement au travers de son acte d'achat. La distribution alimentaire tente de répondre à ce bénéfice recherché par le consommateur en créant des semaines à thème où le client peut se plonger dans une atmosphère absorbante qui lui rappelle en tout point un pays, une région ou une tradition festive. La distribution spécialisée tente également de travailler sur cette recherche sensorielle du client. Par exemple, Nature & Découvertes propose à son visiteur de découvrir des produits originaux dans une ambiance où chaque sens est sollicité. Françoise Vernet, directrice marketing de l'enseigne, constate d'ailleurs fréquemment au travers de tables rondes que les consommateurs assimilent souvent la visite du magasin à un moyen de se ressourcer et de s'extraire de leur environnement habituel. L'utilisation des cinq sens correspond donc à une nouvelle prise de conscience de la polysensorialité des consommateurs.

Faire les magasins reste aujourd'hui l'un des rares loisirs urbains non payants. Certains distributeurs l'ont bien compris et ont mis en place une déclinaison de leur offre selon les cinq sens. On peut citer en exemple le magasin Antoine et Lili, distributeur de vêtements féminins « ethniques », qui décline son offre de manière sensorielle : le client peut ainsi sentir une forte odeur d'encens à l'entrée du magasin, toucher tous les produits, profiter des couleurs très vives du lieu, écouter de la musique indienne ou encore déguster des plats exotiques à la « cantine » qui jouxte le point de vente. C'est donc à un réel voyage sensoriel qu'invite cette enseigne.

Les consommateurs sont donc à la recherche de nouvelles expériences sensorielles. En témoigne le succès du restaurant « Dans le noir » ouvert à Paris en juillet 2004 (v. Encadré 1.5) ou le magasin Parisien de Baccarat ouvert en 2003 dans un hôtel particulier, redesigné par Stark, qui invite à une découverte luxueuse et amusante de la marque. Dans ce lieu hors normes, le client est accueilli par un tapis rouge qui le conduit vers un aquarium géant où un lustre en cristal est toujours allumé. Puis, des têtes de cristal se mettent à parler par un ingénieux système vidéo déjà utilisé lors d'une exposition sur Stark au Centre Georges Pompidou. Le consommateur poursuit sa visite par la salle d'exposition où les lumières et les matières mettent en valeur l'ensemble des produits. À l'étage, il pourra s'approprier encore d'avantage le lieu en se rendant au restaurant Baccarat où un spectaculaire lustre en cristal noir éclaire une alcôve réservée pour les dîners entre amis. Enfin, le visiteur pourra enrichir ses connaissances de la marque au travers de la visite du musée qui lui est consacré. Un véritable spectacle qui ne manquera pas de marquer le visiteur, de créer du bouche à oreille et surtout, d'enrichir le capital de marque de Baccarat.

Encadré 1.5 – Vivre une expérience de consommation dans le noir...

Manger dans le noir, voici une proposition pour le moins inhabituelle que vous fait tous les jours le restaurant « Dans le noir » situé à Paris. Aucune source de lumière ne permet d'y voir quoi que ce soit : les téléphones portables doivent être débranchés, les clients ne doivent pas actionner la fonction lumineuse de leur montre, et le panneau de « sortie de secours » normalement réglementaire dans tout lieu commercial a été remplacé par un système infrarouge qui permet de rallumer les lumières en cas d'incendie. C'est donc sans la vue que les consommateurs vont découvrir leur repas et se rapprocher ainsi de l'expérience quotidienne vécue par les aveugles qui servent les plats. Une expérience totalement hors du commun où l'on va réaliser petit à petit que manger devient une entreprise périlleuse... Comment trouver son verre pour le remplir de vin ? Comment être sûr de piquer quelque chose dans l'assiette ? Comment savoir si on a fini le plat ? Et même : « comment savoir ce que l'on mange ? », puisque le restaurant propose pour les plus téméraires un « menu surprise » où les plats ne sont révélés qu'à la fin du repas ! On réalise alors que les autres sens prennent le relais de la vue, qu'on écoute plus l'environnement, qu'on se concentre totalement sur le goût du produit, qu'on fait soudainement plus attention à la voix des personnes qui partagent notre table. Tous les consommateurs ne sont pas attirés par cette expérience et beaucoup sont totalement angoissés à l'idée de se retrouver ainsi privés d'un sens pendant quelques heures. Cependant, le restaurant fait salle comble tous les soirs.

Priver le consommateur de la vue a été également testé au travers d'une exposition temporaire sur le design mis en place par le Bon Marché durant l'été 2004. Ici, des objets d'exception étaient exposés dans le noir, et chaque visiteur prenait une lampe torche lui permettant d'éclairer un objet à la fois. Tel un voleur, entré dans l'exposition durant la nuit, chaque client pouvait alors se consacrer à la découverte d'un objet et en éclairer les contours qui l'intéressaient le plus. La lecture du livre d'or situé à la sortie de l'exposition était assez révélatrice de cette expérience hors du commun : beaucoup de visiteurs étaient enchantés de cette expérience nocturne alors qu'une minorité trouvait ça totalement scandaleux qu'on puisse les priver ainsi de la vue de l'ensemble de la collection et se jouer ainsi de leurs sens.

En conclusion, ces deux expériences ont permis aux enseignes d'avoir un nombre de retombées presses et de bouche à oreille phénoménal ainsi que de créer une différenciation très forte avec leurs concurrents... au risque d'exclure ceux qui souhaitent rester en possession de tous leurs sens.

L'ensemble des expériences sensorielles décrites dans ce paragraphe fait partie d'une démarche appartenant au marketing expérientiel. Ce dernier a pour objectif de proposer au consommateur une expérience d'achat absorbante, c'est-à-dire hors du commun. Ainsi, le client aura l'impression d'avoir fait un voyage au cœur de la marque en pénétrant dans le lieu de vente. On nous demande souvent si le marketing sensoriel et le marketing expérientiel sont des synonymes. Il n'en est rien. Ce sont deux concepts qui se rencontrent à un moment donné comme le montre la figure 1.1 ci-dessous.

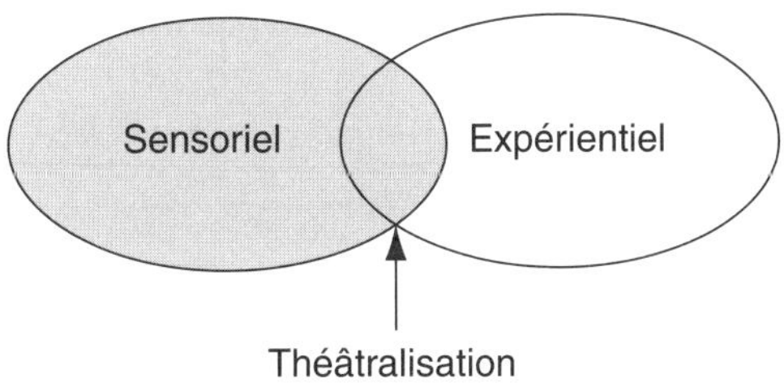

Figure 1.1 – Lien entre les concepts de marketing sensoriel et de marketing expérientiel

Par exemple, un commerçant qui utilise un diffuseur pour annuler une mauvaise odeur au sein de son magasin est dans une démarche de marketing sensoriel mais n'est pas dans une démarche expérientielle. De même, si ce commerçant décide de former l'ensemble de ses vendeurs au théâtre pour les pousser à raconter des histoires pour distraire l'attente des consommateurs, il est dans une démarche de marketing expérientiel, mais non de marketing sensoriel. En revanche, si ce même commerçant en profite pour théâtraliser son lieu de vente et pour réfléchir à un design visuel, olfactif et sonore, il se trouve à l'intersection entre le marketing sensoriel et le marketing expérientiel. Patrick Hetzel (2002) rappelle à juste titre que le marketing expérientiel se compose de cinq actions : surprendre, proposer de l'extraordinaire, créer du lien, utiliser la marque au service de l'expérientiel et stimuler les cinq sens. Le marketing sensoriel fait donc partie d'une démarche de marketing expérientiel mais ne recouvre pas ce concept dans son intégralité.

Une forme d'influence prouvée en psychologie environnementale et en marketing

Un effet de mode ?

Lors des différentes conférences réalisées pour des étudiants ou des professionnels de la distribution, une question est revenue très fréquemment : est-ce que le marketing sensoriel n'est pas un effet de mode ? S'il est vrai que nous sommes dans une discipline récente dont les médias parlent volontiers, il n'en reste pas moins que d'un point de vue théorique, le marketing sensoriel prend ses bases en psychologie environnementale, qui existe depuis près d'un siècle. On ne peut donc pas dire qu'il est juste un effet de mode.

Comment le marketing sensoriel peut-il influencer le client ?

La figure 1.2 ci-après résume le postulat de l'ensemble des recherches conduites sur l'influence des facteurs d'ambiance sur le consommateur en magasin. Il montre que l'ambiance du point de vente peut susciter quatre types de réactions chez le consommateur : affectives, cognitives, physiologiques et comportementales[1].

Pour illustrer ce schéma, prenons l'exemple d'un magasin qui diffuserait un Nocturne de Chopin. Le client qui écoute cette musique va ressentir du plaisir (réaction affective), penser que le magasin a certainement un positionnement haut de gamme puisqu'il diffuse de la musique distinctive (réaction cognitive) et se sentir détendu (réaction physiologique). Toutes ces réactions vont avoir une influence sur son comportement : s'il se sent bien dans le lieu, il va y rester plus longtemps, discuter plus avec les vendeurs et, peut-être, acheter plus (réactions comportementales). Mais le client peut également détester

1. Pour plus de détails, le lecteur pourra se référer à l'article de Daucé et Rieunier, 2002.

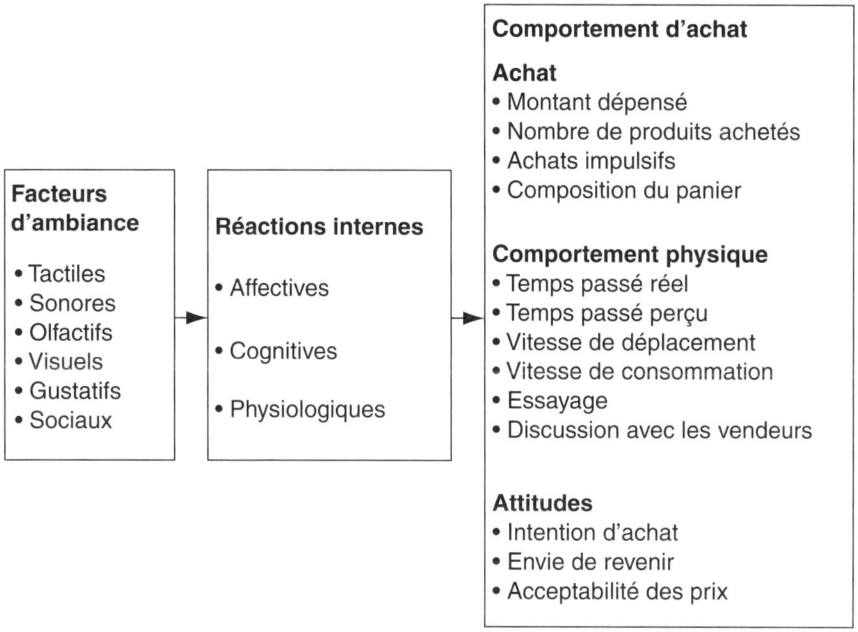

Figure 1.2 – L'influence de l'ambiance sur le comportement des clients en magasin

Chopin et avoir des réactions négatives à ce stimulus. Toute la complexité de la recherche sur l'influence du marketing sensoriel sur le point de vente repose donc sur le fait que les individus ne sont pas identiques, et n'ont donc pas tous les mêmes réactions aux mêmes stimuli. De plus, les variables affectives, cognitives et physiologiques sont très difficiles à mesurer puisqu'elles reposent sur ce qui se passe dans la tête du client. Il faut donc procéder par questionnaire pour évaluer les réactions affectives ou cognitives, et par observation directe des battements de cœurs, de la pression sanguine ou de la sudation de la peau pour mesurer les réactions physiologiques de détente ou de stimulation. Ce qui est impossible en terrain réel.

Néanmoins, le nombre croissant de recherches académiques publiées ces dernières années nous permet aujourd'hui d'avoir un certain nombre de résultats convergents sur l'influence de l'ambiance sur le comportement des clients en magasin. Ces résultats seront exposés dans les chapitres suivants.

De plus, l'observation de la pratique des distributeurs montre qu'ils utilisent la figure 1.2 ci-dessus sans le savoir lorsqu'ils mettent en place un nouveau concept. Ainsi, le marketing sensoriel va souvent être utilisé dans un objectif cognitif : enrichir l'image de l'enseigne au travers de l'ouverture d'un magasin amiral qui ne sera pas forcément rentable, mais qui aura pour effet de faire parler de lui et d'offrir une déclinaison sensorielle de la marque. De même, d'autres distributeurs adoptent une démarche sensorielle avec pour objectif de maximiser le plaisir du client. Mais il est faux de penser que le marketing sensoriel ne peut faire que de l'image ou contribuer au confort d'achat, il peut également être traité dans l'objectif d'influencer le comportement d'achat du client. Ainsi, tous les bouchers savent qu'ils vendent beaucoup plus de poulets (y compris des poulets non cuits) lorsqu'ils mettent en marche leur rôtisserie, certains disent même que ceci marche encore mieux si on ajoute un bouquet de thym dans la machine. De même, on sait que l'odeur de pain chaud, de gâteau au chocolat, ou encore de pop-corn est très efficace pour déclencher des achats d'impulsion alimentaires. Un distributeur nous a récemment raconté qu'il avait fait l'expérience de réaliser une animation commerciale autour du boudin blanc. Il faisait cuire son produit dans le magasin pour attirer l'attention des clients. Un jour, il a eu l'idée de commencer sa cuisson par un oignon frit. Gustativement, l'oignon ne rajoutait pas grand-chose au boudin, en revanche, peu de personnes étaient capables de résister à cette odeur. Ses ventes ont progressé de manière exponentielle grâce à cet oignon. Il en est de même pour le son ou pour toutes les autres sensations : le marketing sensoriel peut influencer le comportement du consommateur de manière positive ou négative. La première chose à faire pour tout distributeur est donc de s'interroger sur l'impact potentiellement négatif que peut avoir son ambiance actuelle sur la clientèle. Ainsi, un travail de recherche mené dans une surface alimentaire française a montré que le caractère agréable de l'odeur, des couleurs, et de l'aménagement intérieur du point de vente appartenaient aux éléments qui contribuent le plus à la satisfaction ou à l'insatisfaction du consommateur (Lichtle, Llosa et Plichon, 2002). Il faut donc que le magasin soit irréprochable sur ces éléments. Toujours dans cette recherche, les auteurs ont souligné que la musique d'ambiance contribuait assez peu à l'insatisfaction du consommateur (s'il ne l'aime pas, ça l'indiffère), mais avait une grande part à jouer dans la satisfaction (s'il apprécie la musique, il est très satisfait du point de vente).

Toutefois, il serait illusoire de croire que le marketing sensoriel peut tout faire pour un magasin. Ainsi, le client ne vient pas en magasin uniquement pour y vivre une expérience agréable. Il s'y rend d'abord pour se renseigner, discuter avec les vendeurs et y effectuer un acte d'achat. Si la force de vente ne suit pas, si les produits ne sont pas bons, ou trop chers, le marketing sensoriel ne pourra pas compenser cette mauvaise évaluation des éléments du magasin. Le marketing sensoriel est donc en quelque sorte la « cerise sur le gâteau » qui va contribuer à renforcer le plaisir, la différenciation et le confort d'achat du point de vente.

Conclusion

La création et la rénovation des points de vente constituent une étape marketing importante dans le secteur de la distribution. Il est primordial pour les enseignes de comprendre quelles sont les réactions des clients et des employés aux différents facteurs d'ambiance mis en place dans le magasin afin de réaliser des investissements *optima*. Une analyse rapide des pratiques des distributeurs en matière de design des magasins suggère que ce travail intègre très rarement une démarche marketing rigoureuse. Ainsi, les chaînes de magasins réalisent en général un prototype de leur nouveau concept et le testent dans un unique magasin en observant les variations de chiffre d'affaires et en interrogeant les vendeurs sur leur perception du concept et les réactions qu'ils ont enregistrées en provenance des clients. Il est encore très rare que le consommateur soit directement interrogé et que des études minutieuses soient menées. Pourtant, comme nous le verrons dans la suite de cet ouvrage, il n'est pas rare que l'intuition du distributeur en matière sensorielle le conduise droit dans le mur.

Mieux connaître les réactions des clients aux variables d'ambiance est donc primordial pour aider le commerçant à investir sur les variables sensorielles les plus efficaces pour influencer le comportement des occupants du magasin, dans le sens souhaité.

CHAPITRE 2

Comment thématiser l'offre et théâtraliser les lieux de vente

Et si d'ici quelques années, les magasins devenaient les seuls lieux de vie, de rencontre, les seuls espaces où perdure l'être ensemble ? Ne voit-on pas, depuis plus d'une décennie, les distributeurs développer leurs concepts au travers de magasins vitrines, amiraux ou musées qui deviennent des portes drapeaux d'une enseigne ou d'une marque ? Ne voit-on pas nos magasins se changer en espaces à vivre, en zone de jeux, de sport, en lieu de détente, en salle de cours ? Dans ces magasins, devenus des théâtres, on vend bien sûr, mais on vit, on joue, on apprend, on revendique des identités, on recherche du lien social.

Le shopping ne se résume plus au caractère utilitaire des achats (les produits et/ou les services offerts par les distributeurs). Autrement dit, l'individu-consommateur serait au moins aussi sensible à l'expérience ludique, émotionnelle et sociale à l'occasion de laquelle sont effectués ses achats. Le shopping peut alors prendre plusieurs formes et répondre à plusieurs objectifs :

– rechercher des gratifications et des stimulations sensorielles à travers ce que Maffesoli (1988) nomme le *réenchantement du quotidien* qui se comprend comme « la construction d'une atmosphère spécifique autour d'événements a priori d'une grande banalité » (Filser, 2000) tels que faire ses courses, ses achats ;
– donner un sens à sa vie, à travers une consommation et une distribution qui deviennent des lieux, des moments de construction de personnalités, d'identités. C'est dans ce cadre que nous pouvons considérer le développement du shopping, comme le résultat de la quête de sens des individus via cette recherche d'expériences consommatoires (Holbrook, 1999) ;
– rencontrer d'autres personnes et établir des liens sociaux (Rémy, 2001). La diminution du lien social traditionnel dans la société, vecteur d'une certaine insécurité due à l'absence ou l'insuffisance de règles sociales, semble trouver un antidote dans la distribution marchande. Le shopping offre des potentialités de socialisation et les magasins peuvent devenir des espaces de lien, de convivialité.

Le développement de ces nouvelles formes de consommation participe à la restructuration du secteur de la distribution. Ainsi, du côté de l'offre se trouve-t-on dans une phase où l'intensité concurrentielle s'est considérablement accrue. Accroissement concurrentiel renforcé par la forme de distribution substitutive que constitue le commerce électronique. Dans ce cadre, la recherche et le renforcement de la fidélité des clients autour d'une marque, d'une enseigne, devient un objectif prioritaire des distributeurs qui les amènent à adopter les techniques d'un marketing devenu relationnel ; les magasins deviennent des vecteurs de communication. Ce phénomène donne lieu à une modification d'ordre stratégique : à la *stratégie de croissance extensive*, caractérisée par une vision quantitative des ventes et des magasins, se substitue une *stratégie intensive d'adaptation,* caractérisée notamment par une démultiplication des services offerts et une reconfiguration de l'espace commercial (Badot, 2003).

De ce contexte, émerge pour la distribution la quête de nouvelles sources d'avantages concurrentiels. C'est ici qu'intervient la problématique de la thématisation des offres de vente. Par **thématisation** nous entendrons *l'habillage* de l'offre marchande du distributeur (Rémy, 2000) permettant de dépasser sa simple fonction utilitaire et d'intégrer ses fonctions hédoniques, symboliques et/ou sociales ; cet habillage se concrétisant de plus en plus par la mise en scène, la **théâtralisation** de l'offre élargie à ses dimensions non-marchandes.

À l'heure où le mot d'ordre du management semble être la création de valeur, la thématisation vient ainsi valoriser de manière intrinsèque l'expérience d'achat et, plus largement, celle de consommation. C'est en ce sens que, sur le plan stratégique, la thématisation devient une nouvelle source d'avantage concurrentiel (première partie). Dans un cadre plus opérationnel, il s'agit de matérialiser cet habillage à travers une mise en scène, la théâtralisation du lieu de vente. Outre les variables d'ambiance développées dans la suite de cet ouvrage, cette théâtralisation met l'accent sur le décor, le personnel en contact, mais également sur le rôle et l'importance de la participation du client dans une approche holistique de l'offre (deuxième partie).

La dimension stratégique : l'essor de la thématisation

Plusieurs éléments stratégiques amènent les entreprises à intégrer la problématique de la thématisation et par là même, les évolutions d'un marketing devenu « expérientiel ».

Thématisation : à la recherche de nouveaux avantages concurrentiels

Le regard expérientiel appliqué à la consommation et la distribution amène un certain nombre de réaménagements et, notamment, une redéfinition des types d'avantages concurrentiels. En effet, l'avantage ne réside plus uniquement dans la perception de l'offre mais dans le vécu d'une expérience de consommation. Il ne s'agit plus de proposer une offre-produit qui soit perçue comme unique par la clientèle mais de proposer un concept-expérience qui soit vécu comme unique par les consommateurs potentiels.

Parler d'expérience de consommation, c'est tout d'abord au niveau du comportement du consommateur, élargir l'unité d'analyse. Celle-ci n'est plus limitée seulement à l'acte d'achat mais, dans un cadre beaucoup plus global et holiste, vient s'intéresser à l'ensemble du comportement du consommateur en matière de fréquentation et de relation avec les points de ventes (v. encadré 2.1).

Encadré 2.1 – Encadré 2.1 – Shopping, butinage et lèche-vitrines : quand l'achat devient un loisir[1]

Alors que beaucoup de distributeurs ne s'intéressent qu'à l'acte d'achat en magasin, les études récentes mettent, au contraire, l'accent sur l'élargissement de ce processus d'achat. Autrement dit, d'une manière globale, il convient de s'intéresser à la fréquentation des lieux de ventes. L'achat en lui-même n'est plus qu'une étape d'un processus de consommation qui peut prendre plusieurs formes : shopping, butinage et lèche-vitrines.

Le *shopping* par exemple correspond au fait d'aller dans des magasins pour acheter. Il peut revêtir une forme utilitaire (recherche d'un rapport coûts-bénéfices) mais également une forme plus récréationnelle (le plaisir d'acheter en lui-même).

Pour les consommateurs se livrant à l'activité de *butinage*, c'est la visite en magasins qui devient elle-même source de valeur, indépendamment de sa fonction d'approvisionnement. On peut bien sûr aborder le butinage sur un plan cognitif et utilitaire, lorsqu'il s'agit de s'informer sur les nouveautés, de préparer des actions d'achats comme celles des soldes (dans ce cadre on parle de *magasinage*). Néanmoins, l'activité de butinage peut également faire référence à une logique plus affective, dans une activité qui devient un loisir à part entière : se faire plaisir, rencontrer du monde, partager des centres d'intérêts...

Enfin, le *lèche-vitrines* se distingue du butinage par le fait qu'il est principalement réalisé à l'extérieur des magasins.

Au niveau de l'offre des entreprises, ce nouveau regard expérientiel (Marion, 2003) a également plusieurs conséquences :

– la dichotomie classique entre une stratégie basée sur la différentiation et une autre basée sur la domination par les coûts s'estompe. Proposer des prix bas ne suffit plus, il faut que ceux-ci s'intègrent dans un dispositif plus complexe visant à faire vivre une expérience spécifique liée au « discount » ;

1. D'après le travail de Cindy Lombart. Pour approfondissement : Lombart C. (2004), « Le butinage : proposition d'une échelle, de mesure », *Recherche et Applications en Marketing*, 19, 2, 1-30.

- par ailleurs, l'expérience de consommation devient une nouvelle forme de différenciation, un nouvel axe pour les stratégies de focalisation. Le marketing, comme dispositif d'offre d'expériences, démultiplie et complexifie les positionnements potentiels ;
- enfin, le regard expérientiel redonne un pouvoir au consommateur dans la constitution et la valorisation de l'offre ; l'expérience est en ce sens coproduite : Cova et Cova (2001) parlent d'un marketing de l'appropriation.

Le discount : de l'avantage prix au thème de l'ascétisme

Contrairement à ce que l'on pourrait penser, le regard expérientiel ne se limite pas à des formes spectaculaires de distribution. Le discount aussi peut être appréhendé avec l'expérience de consommation comme unité d'analyse. Autrement dit, les expériences de consommation peuvent être également très ordinaires. Et pour les entreprises, c'est justement cet ordinaire qu'il convient de thématiser. En ce sens le hard-discount est le résultat d'une véritable stratégie marketing autour du thème de l'ascétisme (v. encadré 2.2). Ce thème de l'ascétisme transforme la quête de bas prix par les consommateurs en une expérience de la frugalité.

Le vécu des courses en hard-discount peut être à la fois une expérience désagréable et satisfaisante[1] – tout au moins pour la frange de leur clientèle les fréquentant par choix et non par contrainte financière. En s'appuyant sur des hypothèses expérientielles, on pourrait même dire : satisfaisante parce que désagréable. Ainsi, la frugalité consiste en des éléments (souvent des aliments) simples, peu recherchés, peu abondants. La théâtralisation développée chez la plupart des discounters fait bien ressortir ces différents aspects liés au caractère frugal de l'offre. Pour le consommateur, cela fait référence à l'absence de musique, d'animations, de créations d'atmosphères. Il en ressort une logique du strict nécessaire décriant des univers « tristes, gris, sombres, qui font penser aux tickets de rationnement, aux pays de l'Est, à l'Union soviétique, aux terrains vagues, tous pareils ».

1. Sans avoir les mêmes conclusions et suivre les mêmes analyses, plusieurs éléments et verbatim repris ici sont issus d'une étude de l'Ifop sur la perception et la fréquentation du hard discount : http://www.ifop.com/europe/disponible/harddiscount.pdf

Toutes ces impressions, ces sentiments, où la notion de plaisir est exclue, peuvent renforcer l'ascétisme entendu ici comme une recherche de contrôle de ses désirs d'achat. C'est en cela que l'expérience discount peut être valorisée par un consommateur qui devient alors responsable, intelligent et place ses valeurs ailleurs que dans la consommation. Autrement dit, la mise en scène discount libère le consommateur de l'hyper-sollicitation, l'aide à se contrôler dans une période de surconsommation culpabilisante.

À l'opposé des expériences extraordinaires que de nombreux experts du marketing expérientiel recommandent de faire vivre aux chalands, la fréquentation des magasins de discount est principalement vécue par leurs clients comme une expérience ordinaire qu'ils peuvent néanmoins valoriser au travers d'une réaction vis-à-vis de la distribution classique et de la société de consommation en général. Ainsi, certains clients de hard-discounts font valoir à leur entourage les produits qu'ils y achètent après avoir mené leurs propres tests comparatifs. Ce système de « démarchandisation par démarquage » prend la forme de bricolages de la part des consommateurs.

Encadré 2.2 – Géant Discount : quand les hypers se mettent au discount[1]

Comme pour toute thématisation, le thème de l'ascétisme ne laisse pas grand-chose au hasard. On connaît cette problématique lorsqu'une enseigne crée sa version discount comme c'est le cas pour Leroy Merlin avec BricoMan ou pour Castorama avec Brico Dépôt. L'ascétisme est lié à l'impression de frugalité révélée par la théâtralisation discount. Prenons le cas de Casino qui a ouvert dans un quartier de Toulouse, un Géant Discount :

- la suppression de 60 % de l'assortiment et de 25 % de la surface de vente (2 000 m) permet de simplifier le circuit client (courses plus rapides) et en même temps de comprimer l'espace afin de favoriser le sentiment de foule ;
- l'omniprésence d'un code couleur (jaune et noir) un peu criard ;
- le merchandising du rayon bazar est travaillé à la manière des solderies. L'offre textile se rapproche de celle de Tati. Les arrivages sont présentés sur palette ;

1. D'après l'article « Géant Discount : un peu d'audace malgré tout », *LSA* n° 1895, 24 février 2005 et le site www.linéaire.com

- la surexposition des produits premiers prix qui dominent les rayons de l'hypermarché contribuant, avec les promotions, à créer l'esprit discount ;
- le magasin propose des gros conditionnements bien en phase avec le positionnement et avec la recherche d'une clientèle familiale ;
- une offre tout en libre-service même pour l'électroménager ;
- pas de programme de fidélisation, diminution par deux du nombre de prospectus, gestion de l'accueil téléphonique par un standard automatique.

La grande distribution à la recherche de thématisations

Avec l'essor du hard-discount comme nouvelle forme de concurrence, la grande distribution semble rechercher un nouveau souffle à travers la différenciation[1]. En fait, l'offre des hard-discounts a modifié le positionnement de la grande distribution classique (hypermarchés, supermarchés et grandes surfaces spécialisées) dans l'esprit du consommateur en la recentrant sur l'axe traditionnel « achat utilitaire/achat plaisir ». Cette perception s'est d'ailleurs trouvée renforcée par une évolution plus qualitative de son offre ses dernières années. Dans ce contexte, après l'amélioration du service de base (accueil, attente en caisse, propreté) et le développement de services complémentaires (livraison à domicile, garderie, conseils, remboursement en cas de surprix...), l'offre d'une expérience ludique de consommation s'avère être un axe essentiel de différenciation.

Encadré 2.3 – Auchan Val d'Europe[2]

Auchan Val d'Europe a marqué un changement à plus d'un titre dans le paysage des hypermarchés français. Comme le rappelle le directeur général d'Auchan France, « dans les années 60/70, il suffisait d'offrir des prix bas et de faciliter l'achat, les clients venaient. Dans les années 80/90, il y a eu ce que l'on appelle l'hyper marchand. Plus de choix, d'accueil, de service ». L'hypermarché troisième génération est quant à lui qualifié *d'hypermarché du mieux vivre*. Outre la

1. « Grande distribution : la crise de la quarantaine », *Les Échos*, 7 mars 2003.
2. D'après l'article « Val d'Europe : un nouveau tremplin pour Auchan », *LSA*, n° 1696, 26 octobre 2000.

mise en place de nouveaux services, comme un espace nursery ou une augmentation des vendeurs et de conseillers, ce qui semble caractériser ce magasin, c'est bien la dimension hédonique qu'il véhicule à travers plusieurs éléments :

- dès l'entrée (sous forme d'arche) un employé accueille les clients, les chariots sont dits anti-stress (avec des poignées à picots), des tulipes viennent orner chaque caisse ;
- tout l'assortiment est rebâti autour des besoins du client (*mieux s'occuper de sa maison, mieux se nourrir, mieux s'occuper de ses loisirs...*), ce qui permet d'adapter l'ambiance au rayon ;
- dans chaque espace, il est possible d'essayer, de goûter les produits comme par exemple dans l'espace artisans où se trouvent des points dégustation ;
- des rayons permettent une consommation sur place (*sur le pouce*) comme une glacerie (où les glaces sont faîtes devant les clients) ;
- l'ambiance froide traditionnelle de l'hypermarché est modifiée grâce à des couleurs, des éclairages, des codes visuels et une signalétique différents ;
- des espaces non marchands comme un espace Internet, un espace home cinéma ou un café ;
- issu de nombreuses tables rondes qualitatives, ce concept a pour objet d'être « un lieu où faire ses courses redevient un plaisir, où l'on peut flâner et perdre son temps ».

Ces grands distributeurs autrefois « mousquetaires de la distribution », pourtant symboles d'industrialisation et de marchandisation du commerce, cherchent ainsi à créer, à côté de l'offre marchande et utilitaire, une expérience hédonique pour le consommateur. Carrefour reconfigure ses magasins en tout un univers, organise des animations les mercredis après-midi pour les enfants, des concerts pendant la fête de la musique ; Auchan, de son côté, lance son concept d'hyper du mieux vivre (v. Encadré 2.3). Les enseignes de la grande distribution ne se contentent pas de valoriser la dimension plaisir de leur offre. Elles développent des espaces exclusivement dédiés aux premiers prix et à leur marque, elles commercialisent de plus en plus de produits du commerce équitable ou de l'agriculture biologique, Dans toutes ces actions, elles cherchent à coller aux tendances de consommation actuelles et, en ce sens, à couvrir l'ensemble des valeurs attribuées à la fréquentation de l'hypermarché.

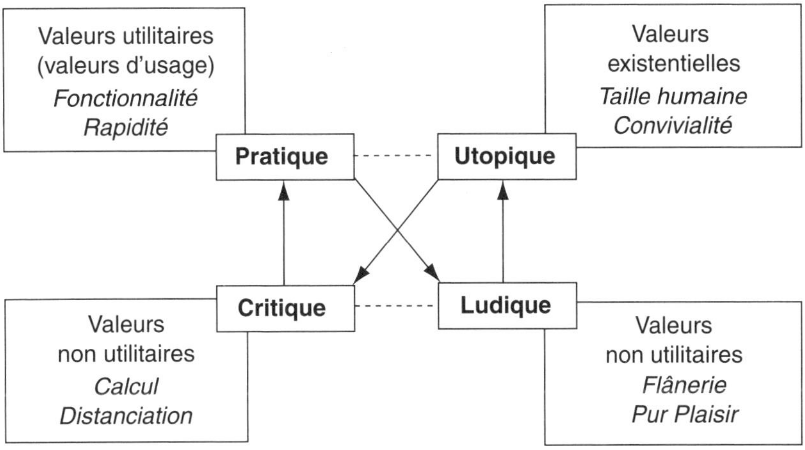

Figure 2.1 – Axiologie des valeurs de consommation[1]

La thématisation de l'espace de vente peut consister à concevoir et implanter au sein même d'une grande surface un certain nombre de sous-espaces thématisés (*shop in the shop* ou *corner*). Si les « manèges à bijoux » et les parapharmacies en sont les premiers essais réussis, les derniers développements se fondent moins sur une catégorie de produits particulière (largeur et profondeur de l'offre) que sur un ensemble de produits hétérogènes réunis au sein d'un thème commun (cohérence de l'offre). Les sous-espaces alors développés peuvent être liés au territoire de production des produits rassemblés, à la détention d'un label (équitable, biologique...), ou encore, au ciblage d'une catégorie particulière de clients : enfants, familles, etc. La thématisation de l'espace de vente peut également avoir un caractère temporaire. L'allée centrale des grandes surfaces est souvent dédiée à des offres saisonnières qui peuvent être largement thématisées comme les semaines du nouvel an chinois, des départs en vacances, de la rentrée de classes...[1]

Pour chercher à rompre avec l'association récurrente faite par les consommateurs entre « achat-corvée », « temps subi » et grande distribution, et associer à cette dernière, ne serait-ce que partiellement, les « achats-plaisir » et le « temps voulu », la grande distribution peut intégrer au sein de ses galeries marchandes des espaces de loisirs : cinéma, piscine, pati-

1. D'après Jean Marie Floch (1989), « La contribution d'une sémiotique structurale à la conception d'un hypermarché », *Recherche et Application en Marketing*, 4, 2, 37-59.

noire… Il s'agit d'adjoindre d'autres espaces de loisirs et de services qui une fois réunis au sein d'un seul et même ensemble constitueront l'espace thématisé du « réenchantement de la consommation ». Au sein de ces centres commerciaux, des espaces de vente regroupés au sein de galeries marchandes cohabitent avec des équipements de loisirs, hôtels, restaurants, cinémas… Les *malls* américains sont emblématiques de cette évolution de l'offre de distribution vers une proposition globale de *retailtainment* mais l'Europe s'engage aussi peu à peu dans cette voie. Le « CentrO » d'Oberhaussen en Rhénanie attire ainsi chaque année près de 20 millions de visiteurs et se présente comme le plus grand centre commercial et de loisirs d'Europe. Ces nouveaux centres commerciaux ne se contentent pas d'associer aux multiples boutiques qui les constituent cafés, restaurants ou complexes cinématographiques. Ils intègrent également des parcs d'attractions : parc aventure et parc animalier pour le centre Bluewater au sud de Londres, aquariums géants et salle d'exposition et de concert gigantesque pour le CentrO ou Vasco de Gama à Lisbonne.

L'animation des lieux de vente devient donc une potentialité pour réenchanter les achats des consommateurs au quotidien (v. Encadré 2.4). Dans ce cadre, le distributeur va, de manière plus ou moins directe, organiser des contacts entre clients. C'est ce qu'ont bien compris certaines GSS ; ainsi Toy'R'Us organise, en partenariat avec des fabricants, des espaces ludiques (des sessions du jeu de cartes Pokemon avec Nintendo et Wizards of The Coast), des séances de maquillage ou des ateliers de créativité pour enfants. Cette thématisation partielle du lieu de vente lui permet de justifier sa spécialisation dans le jouet.

Encadré 2.4 – Surcouf [1] où le client vient chercher sa part du butin

Rompant avec les codes classiques de la distribution informatique liée « à des produits techniques austères avec des processus d'achat fortement cognitivistes », Surcouf propose le thème de la foire à l'informatique. Toute la mise en scène vise à projeter des clients éduqués, spécialisés, professionnels dans un univers évoquant une Foire aux bonnes affaires et donc leur faire perdre leurs repères cognitifs :

1. D'après Olivier Badot (2005), « Marketing méditerranéen et marketing postmoderne : un oxymore ? », *in* SILVA F., CARÙ A. et COVA B. (coord.), *Marketing, Méditerranée et postmodernité*, Éd. Euromed, pp 107-124

- au niveau de l'ambiance *foire*, l'architecture du magasin ainsi que la charte graphique de Surcouf évoquent le cirque. L'atmosphère s'organise autour de stands hétérogènes installés par marques donnant à la vue l'impression d'univers bariolés. Sur fond de musique de cirque, des barbes à papa sont offertes le week-end, des glaces déformantes font rire, de cracheurs de feu et autres buffets campagnards surprennent et un Grand Couf harangue les clients ;
- au niveau de l'ambiance *bonnes affaires*, on trouve chez Surcouf tous les produits, des plus rares aux plus courants, dans une gamme de prix de 2 à plus de 10 000 ce qui favorise l'esprit bazar. Des palettes, des *cut cases*, des racks, des lots, des piles de produits, des gros conditionnements évoquent l'entrepôt, l'usine, en un mot, l'amont du canal donc l'absence d'intermédiaire dans le canal et donc… des prix plus bas que ceux de la distribution finale. Plus loin, des chariots dans des recoins, des produits sortis de leurs emballages, des produits sans marque laissent penser qu'une partie de l'offre provient de canaux alternatifs… des tombées de camions.

Au sein des grandes surfaces spécialisées, ce premier niveau de thématisation a souvent pour objet d'ancrer un positionnement autour d'une image de spécialiste, face à une concurrence accrue de la part des généralistes. La thématisation peut, dans ce cas, s'appuyer sur la technicité des produits, l'accompagnement des clients dans leur processus d'évaluation des produits, ou encore, la transmission de savoir-faire… À titre d'exemple, Castorama[1] qui organise des stages le samedi matin – les Castostages – au cours desquels une douzaine de clients peuvent apprendre à coller du papier peint, poser du carrelage ou du parquet, etc. De la même manière, Décathlon s'est lancé dans l'organisation d'animations en cohérence avec son image de spécialiste du sport. Dans les parcs *la forme*, liés à une terrasse de restauration rapide (à l'extérieur des magasins), les clients peuvent y découvrir le fitness ou la danse africaine, y apprendre les figures de base du roller, donner à leurs enfants quelques cours de conduite de vélo en ville ou encore louer des articles de sport. D'autres évènements peuvent également se faire en extérieur comme les Foulées Kalenji, les b'Twins Days ou bien encore La Belle Rando.

1. Dans le nouveau concept des magasins Castorama, cette dimension pédagogique se matérialise par un mini amphithéâtre au milieu du magasin.

Les thèmes comme niches stratégiques

La stratégie de focalisation repose sur l'idée de niche et sur le caractère volontairement limitatif de l'offre et donc du thème. Gottdiener (1997) identifie dix thèmes principaux pour créer une expérience chez les consommateurs : le statut, le paradis tropical, le *far west*, la civilisation gréco-latine, la nostalgie, les mille et une nuits, l'urbain, la protection, le progrès scientifique et la modernité. Si dresser une liste exhaustive des thématiques possibles paraît relever de la gageure, certaines caractéristiques récurrentes peuvent néanmoins être identifiées.

➤ Le thème lié aux caractéristiques de la cible visée

Une première forme de thématisation repose sur une segmentation de plus en plus fine de la clientèle ciblée. Cette forme de thématisation s'appuie, la plupart du temps, sur des caractéristiques (comportementales et attitudinales) très typées de la cible, à partir desquelles il est alors possible d'asseoir sa différenciation. Cette offre répond bien souvent à une quête de gratification sociale, de statut. La fréquentation de l'enseigne est alors vécue comme un signe d'accession ou d'appartenance à un groupe de référence (Cyrillus dans le vêtement pour enfant, Serge Blanco dans les vêtements sportwear pour homme). Cette thématisation permet aux consommateurs ciblés de rencontrer des pairs, des individus avec lesquels ils partagent des affinités (aux USA, des boutiques branchées pour *teenagers* comme Thisit du groupe Macy's s'avèrent être également un lieu de rencontre pour adolescentes).

Dans ce cadre, il s'agit de coller au mieux aux caractéristiques de la cible pour proposer un concept adapté. Cette thématisation donne ainsi un sens à l'animation, à la mise en scène des produits. Des concepts de magasins comme Apache ou Imaginarium dans le jouet en sont des archétypes. L'offre y est mise à hauteur et au contact direct des enfants (il y a en fait une entrée pour les enfants et une pour les adultes). Les couleurs, les formes et les textures employées rappellent celles des chambres et des jouets des enfants. Des espaces de jeux leur permettent de jouer.

➤ Le thème lié à la valeur sociale ou culturelle de l'offre

Dans un autre cadre, la thématisation ne repose pas sur les caractéristiques de la cible, mais sur une valeur sociale ou culturelle autour de laquelle le distributeur va construire son offre. Par un habillage socioculturel de l'offre, le distributeur permet au client de donner davantage de sens à sa consommation.

La segmentation se fait sur un style, sur le partage de valeurs sociales ou culturelles (Par exemple, vivre une expérience identitaire en achetant un tee-shirt dans une boutique 64 au pays Basque ou dans une boutique 66 en Catalogne). Tel est le cas pour une partie de l'offre de produits religieux (par exemple la chaîne de librairies Siloë), l'offre de produits éthiquement corrects (par exemple les BodyShop), l'accession à la culture (v. Encadré 2.8), ou bien encore pour la nature (v. Encadré 2.5). Le positionnement de l'entreprise passe alors par une valeur partagée qui peut prendre la forme d'un mythe, d'une histoire que la thématisation doit permettre de signifier à l'instar de l'enseigne d'habillement et de décoration Ralph Lauren qui décore ses espaces dans un style néo-british (Hetzel, 2002). Reprenant les termes de Bucci (1998), le marketing doit alors se concevoir comme *design de la relation* ce qui correspond à « imaginer la rencontre entre l'attention de l'individu et l'offre et jouer le rôle de metteur en scène de cette rencontre en utilisant, ou mieux en orchestrant, les différents médias à disposition et qui constituent l'offre globale : produit, service, lieu de vente, ambiance… ». Le magasin devient le support médiatique d'un thème prédéfini par le distributeur comme le cœur de son concept.

C'est sans doute à ce niveau que l'utilisation des dimensions sensorielles (la couleur, les odeurs, la musique, les sensations tactiles et l'impression de foule), est la plus intéressante et la plus efficace (v. Encadré 2.5). Les chapitres suivants montrent ainsi que ces dimensions sensorielles s'avèrent efficaces :

– sur le plan cognitif lorsqu'elles viennent catégoriser le magasin ou informer le client sur l'univers ou le positionnement du distributeur ;
– sur le plan affectif, lorsque l'entreprise cherche à répondre au shopping comme quête de plaisir, créer une sensation de bien-être ;
– sur le plan comportemental lorsque l'on veut favoriser les interactions interpersonnelles, ou bien encore diminuer la perception du temps passé en magasin.

Encadré 2.5 – Nature & Découvertes

Au sein des magasins Nature & Découvertes, le décor est conçu pour faire vivre aux consommateurs une immersion dans la « Nature » ; nature artificielle et idéalisée pour et par les cibles urbaines de ces enseignes.

Comme le précisent les livrets d'accueil, les magasins « sont conçus de manière à offrir des oasis de nature dans un univers urbain. Tous les sens sont mis en éveil : l'ouïe par les musiques de la nature, l'odorat par les senteurs de cèdre, le toucher par les produits en libre-service, et la vision par les matériaux naturels »... « Infusion en libre-service, lieu pour la détente s'ajoutent à cet accueil ». Les produits y sont sélectionnés en fonction de critères de qualité, d'originalité et d'écologie. Sur place, des guides devront partager leur connaissance de la nature, en accueillant dignement ceux qui visitent les magasins. « Il est important de créer un lien privilégié et personnalisé pour briser la glace ». Ils sont les garants de la philosophie de l'entreprise.

La mise en place d'animations pédagogiques (ateliers magasins, ou nature), de sorties sur le terrain (chantiers de nettoyage, expositions...) favorise ce rapprochement avec des clients qui souhaitent s'impliquer un peu plus. Un club permet d'aller plus loin en échangeant davantage avec les clients qui participent régulièrement aux sorties et aux conférences, et avec qui l'entreprise a tissé des liens privilégiés (deux formules, membre actif et partenaire).

Enfin, la création d'une fondation, à laquelle la société verse 10 % de ses résultats annuels, vient montrer que l'entreprise est plus qu'une entreprise commerciale, mais une entreprise ayant une mission pédagogique d'éveil à la beauté de la nature et un devoir de protection de celle-ci.

➤ Le thème lié à la localisation de l'espace de vente

Route du meuble, quartier des concessionnaires automobiles... depuis longtemps certains distributeurs jouent l'union pour développer l'attractivité et la fréquentation de leurs espaces de vente. Aujourd'hui, de nouveaux regroupements moins basés sur une spécialisation produits et davantage sur la déclinaison d'un thème fédérateur apparaissent. Ces regroupements peuvent être initiés par une collectivité locale, un promoteur ou plus rarement par un espace de vente détenteur d'un nouveau concept. Le thème peut être le fruit d'un engouement populaire – jazz à Marciac, vélo à Plouay... –, être basé sur une activité économique locale, un savoir-faire artisanal, ou encore, sur une analyse marketing des tendances de consommation actuelles et à venir, et, des concepts de vente étrangers. Ainsi les créateurs de Bercy Village ont soigneusement sélectionné les différents espaces de vente qui le composent : leur concept doit être en adéquation avec l'art de vivre que le lieu veut symboliser et permettre d'accomplir.

Encadré 2.6 – Bercy Village

Installé en bord de Seine, Bercy Village occupe un lieu historique de Paris : sur la base d'une complète rénovation des anciens chaix qui constituaient le cour Saint-Émilion, Bercy Village a ouvert ses portes il y a une dizaine d'années sur environ 23 000 m^2.

Défini comme « le premier centre festif urbain français » par ses promoteurs, Bercy Village repose sur « la synergie de trois éléments (les loisirs, la restauration et les commerces) mis en scène dans le but de satisfaire les quelques 6 millions de visiteurs annuels ».

« L'offre de Bercy Village est déclinée en quatre thèmes génériques : Nature, Aventure, Culture et Nourriture qui sont répartis dans tout l'espace du cour Saint-Émilion ». Le thème de la culture est matérialisé par la présence de points de vente de produits culturels telles que la Fnac Junior, Musée & Cie, mais également par celle d'un multiplex UGC, ou encore, la présence d'expositions. L'association de nombreuses enseignes telles que Animalis, Pacific adventure, Nature & Découvertes, mais aussi Club Med World, constitue l'offre liée aux thèmes de la nature et de l'aventure. Enfin, les restaurants et cafés à thème tout comme les cavistes associent le thème de la nourriture avec celui de la fête.

L'ancrage de Bercy Village dans l'histoire du lieu participe également de la thématisation. Avant d'abriter des commerces, les anciens chaix (inscrits à l'Inventaire supplémentaire des Monuments historiques) ont été entièrement restaurés. Les dimensions villageoise et conviviale du lieu ont également été préservées. Pour prolonger l'aspect festif du lieu, les horaires d'ouverture ont été décalés vers la fin de journée.

➤ Le thème lié à une offre de lien social

Il y a une forme de thématisation qui va plus loin que les autres dans le domaine social en cherchant à répondre au désir de communauté des clients. Comme nous l'avons précisé, l'émergence du lien social dans le champ de la distribution se retrouve notamment dans la recherche de lieux chaleureux et conviviaux. Au-delà, il est également possible de faire référence à cette forme de thématisation pour des magasins positionnés dans le cadre de communautés de référence (ou communautés de marque).

Le fonctionnement de cette forme de thématisation est lié à la nécessaire prise en compte de la dimension non-marchande de la communauté par le distributeur. Un dénominateur commun se trouve souvent être la passion. On retrouve cette forme de thématisation au travers des communautés existantes dans notre société, comme le funboard, le roller, la moto (v. Encadré 2.7), le hip-hop, la techno ; mais également dans des magasins s'appuyant sur des communautés de types ethniques ou régionales. Les critères d'efficience seront liés ici à l'appartenance du lieu de vente à la communauté, autrement dit au respect des règles culturelles (rites, mythes, codes...) définies par celle-ci.

Cette thématisation repose, pour partie, sur l'hypothèse d'un retour communautaire au sein des relations marchandes. Ce phénomène trouve sa justification dans le fait que la communauté d'aujourd'hui possède certaines caractéristiques spécifiques. Relevons par exemple que cette quête de communauté peut prendre la forme d'une simple expérience où sont, en quelque sorte, concentrés les éléments communautaires, Arnould et Price (1993) font référence dans ce cas à la notion de *communitas* (ou expérience communautaire). Dans le même ordre d'idée, on retrouve ce désir communautaire à travers d'autres formes, comme la communauté imaginaire et émotionnelle (Maffesoli, 1988), traduite par des notions comme l'*émotion contiguë* (Cova, 1999) qui regroupe un esprit, un *imaginaire communautaire* dans lequel les individus cherchent la compagnie des autres sans pour autant partager d'interactions avec eux ; phénomène que l'on retrouve également dans les centres commerciaux.

D'une manière générale, cette quête de socialisation est présente dans des concepts de magasin qui donnent une place importante à la convivialité ainsi qu'à des expériences de type communautaire. C'est le cas de magasins comme Villager's Hardware (du groupe Home Depot) où les clients ont le loisir de tester les outils dans une ambiance conviviale, ou bien encore du café Bricolo du BHV.

Encadré 2.7 – Flash 76

Flash 76 est un magasin de moto implanté dans la région de Rouen. Il emploie 16 personnes, réalise 23 millions de CA, vend environ 750 motos par an et figure dans le top 15 des concessions Yamaha. Sa réussite repose essentiellement sur l'adéquation de son offre au public des motards.

Tous les salariés sont des passionnés de moto et peuvent en parler pendant des heures, partageant avec les clients, les sensations, les joies et les douleurs[1] de la conduite de cet « engin ». Le respect des règles de communication, tels que le tutoiement ou l'humour, est de rigueur, comme celui des règles vestimentaires telles que le port du jean ou du blouson. L'espace convivial est dédié à la moto et l'aménagement n'est pas utilitaire ni fonctionnel mais « style moto » (« quand c'est trop clean, ça fait supermarché ! » dira un vendeur).

Le client peut circuler dans l'atelier et discuter avec le mécanicien en buvant un café offert pendant la réparation. Beaucoup des clients sont, ou deviennent, des copains ou amis du personnel, matérialisant l'intensité du lien social ainsi crée. Les infidélités à Flash 76 sont alors souvent vécues comme des trahisons.

Le magasin est également un lieu de rendez-vous les samedis pour d'éventuelles ballades collectives. Elles sont même parfois directement organisées par le directeur. Ceux qui ne partagent pas les valeurs véhiculées dans le monde de la moto sont la plupart du temps mal vus et souvent rejetés ; parmi ceux-là, il y a les faux motards (les utilitaires) qui viennent à la moto par la 125 cm^3 et n'utilisent leur engin que pour aller au travail ou pour « frimer ».

« On a l'avantage de travailler dans un métier fascinant où l'on mélange la passion et le travail. Le but du jeu, c'est que ça dure le plus longtemps possible, tout en restant une passion. J'inculque ça à tout le personnel qui travaille ici, déjà à la base à l'embauche. Il faut que les gens soient passionnés de moto pour travailler ici, c'est ce qui fait respirer l'ambiance du magasin ; on vend pas n'importe quoi, mais une moto ». Gilles, Directeur de Flash 76.

1. Les récits d'accidents auxquels ont réchappés ou ceux où il y a eu mort d'un proche sont à cet égard très importants.

La mise en œuvre de l'offre thématisée : la théâtralisation

Comment le distributeur peut-il matérialiser, mettre en forme la thématisation de son offre ? Comme pour la marque, on peut distinguer la dimension intangible et la dimension tangible. La première correspond aux messages émis directement ou indirectement par l'entreprise concernant l'habillage de son offre : c'est l'énonciation. La seconde correspond à la dimension physique de la thématisation, sa matérialisation : c'est la théâtralisation[1].

Énonciation du thème

L'énonciation fait référence à la traduction symbolique du thème de l'offre. Le thème du lien social devient la convivialité, le thème de l'ascétisme devient la frugalité. Cette traduction symbolique par l'entreprise, prend la forme de discours, de slogans, de courriers, de publicités, d'éléments architecturaux ou de décors : autant de signaux susceptibles d'être décodés par les clients.

À ces variables contrôlées par les entreprises, s'ajoutent les récits de leaders d'opinion, d'autres clients, le bouche à oreille... de nombreux éléments extérieurs à l'échange pouvant être mobilisés afin de venir légitimer l'énonciation du thème.

Un élément essentiel de la gestion de l'énonciation réside dans la cohérence globale de ces signaux. Cela peut aller jusqu'à l'intégration des relations avec les fournisseurs mais également avec les salariés. Lorsque Ikéa décide de redistribuer les recettes d'une journée à l'ensemble de ses salariés l'entreprise développe, médiatise un certain type de messages aux clients sur les relations sociales de type scandinaves existantes chez Ikéa.

1. Selon le dictionnaire : « Salle, lieu destiné aux spectacles. Endroit où les acteurs jouent. Spectacle auquel on assiste ».

Encadré 2.8 – Fnac : l'accès à la culture pour tous

La Fnac n'est pas que le plus grand distributeur de livres ou de disques en France. Dans l'esprit des clients, elle est devenue un lieu de passage, presque obligé, pour ceux qui s'intéressent un tant soit peu à la démocratisation de la culture. Au niveau de l'assortiment, les dernières nouveautés technologiques mais aussi littéraires ou discographiques ne manquent pas d'être à la libre disposition physique des clients. Mais ce qui fait sans doute son succès c'est la façon dont elle habille culturellement son offre. Les fondations de cet habillage sont sans nul doute à rechercher dans l'histoire de la Fnac, savant mélange des 3C, créé par les deux fondateurs : Max Théret et André Essel (tous deux anciens trotskistes, ayant participé à l'accession de la gauche au pouvoir en 1936 ainsi que pour Théret à la guerre d'Espagne). Il est possible de « prendre la Fnac par la porte du Commerce, les colonnes du Consumérisme ou la voie de la Culture, les 3C, soigneusement imbriqués, qui refusent le moindre classement ».

L'énonciation de cette thématisation culturelle passe par des actions classiques de communication en terme d'image (dont un chargé de communication par magasin est le garant) mais également par des actions dans le domaine culturel et consumériste : le magazine *Epok*, l'invitation de personnalités du monde culturel (écrivains, artistes), des opérations visant à découvrir et aider de nouveaux talents (l'opération Attention Talents) ou encore les traditionnelles fiches techniques qui donnent l'avis de la Fnac sur les produits en toute indépendance.

Principalement située en centre-ville, la Fnac est généralement un lieu de rendez-vous où le client vient flâner, découvrir, accéder gratuitement (plus facilement et librement que dans une bibliothèque nous diront de nombreux clients) à la culture. Les magasins sont aménagés en ce sens, donnant une place importante à des espaces non-marchands (forums, expositions photos, lieux de détente). Des concerts ou des rencontres avec des artistes y sont régulièrement organisés. Les vendeurs ont souvent une véritable passion pour leur offre culturelle ou technique qui les amène à ne pas faire de la vente l'objet principal de leur fonction.

Au total, « tous (les clients et adhérents) ressentent la présence de la Fnac, sa participation à une sorte d'inconscient collectif attaché au paysage urbain et au monde culturel, mais aussi à l'histoire de la consommation et à la genèse culturelle d'un nouveau concept, à la frontière du marchand, du culturel et du commercial… La Fnac on en parle comme d'une personne, proche, familière, qui suscite un réel attachement » Antoinette Prost, directrice de la Cofremca. C'est ce même inconscient collectif qui fait que l'arrivée (exemple au Havre) ou le départ de la Fnac sont vécus comme un évènement culturel dans une localité.

Matérialisation du thème par l'entreprise

Poursuivant la métaphore théâtrale, alors que l'énonciation est en quelque sorte l'histoire, le récit, employé par l'entreprise pour thématiser son offre, la théâtralisation prend en compte des éléments plus physiques : le décor et les acteurs (Filser, 2002).

➤ Le décor

- *De la mise en scène...*

Le décor, l'environnement physique de l'offre donne une indication du positionnement de l'entreprise via la notion d'inférence. Cet intérêt pour le décor, pour la mise en scène de l'offre, n'est pas l'apanage de la distribution moderne comme le montre l'encadré suivant. Des auteurs anglo-saxons parlent de *serviscape* définie comme la scène du service (Bitner, 1992). Ainsi, il est démontré que le *serviscape* permet de fournir une double information au client : d'abord, sur le type d'interaction sociale proposée (par exemple : en proposant des cabines modulables et collectives, on propose aux clients d'entrer à plusieurs) ensuite, sur la durée de ces interactions (en installant des distributeurs ou des coins café, on laisse supposer au client qu'il peut prendre son temps, discuter avec d'autres clients ou des vendeurs).

Encadré 2.9 – Quand la théâtralisation devient roman[1]

L'évolution actuelle de la distribution n'est pas étrangère à celle qui a marqué le développement des grands magasins du siècle dernier (le premier a été créé par Aristide Boucicault en 1852). Dans ce cadre, il peut être intéressant d'analyser cette leçon de commerce à partir de l'ouvrage de Zola *Au bonheur des dames*, très largement inspiré des idées d'Aristide Boucicault concrétisées au sein de son grand magasin : le Bon Marché. Citons ici quelques points qui montrent combien la théâtralisation et l'animation des lieux de vente étaient déjà des variables fondamentales. Le thème est celui de la femme moderne, l'énonciation, le récit correspond *Au bonheur des dames*.

1. D'après Héliès-Hassid M. L. (2000), « Au bonheur des dames ou la leçon de commerce de M. Zola », *Décisions Marketing*, 20, 35-46.

- La théâtralisation montre un temple dédié à la femme : « Où Mouret se révélait comme un maître sans rival, c'était dans l'aménagement intérieur des magasins. Il posait en loi que pas un coin du bonheur des Dames ne devait rester désert ; partout, il exigeait du bruit, de la foule, de la vie ; car la vie, disait-il attire la vie, enfante et pullule » (p. 613).
- Cette recherche d'espaces de vie et à vivre prend la forme d'animations diverses et variées : « Salon de lecture et de correspondance... Des enfants jouent, courent... Des hommes et des femmes âgées viennent attendre des clientes qui font des emplettes. Des passants viennent lire des journaux. Le soir on allume et il faut renvoyer les lecteurs qui s'oublieraient. Puis il y a le buffet où l'on donnait gratuitement sirops et biscuits, et un salon de lecture, une galerie monumentale, décorée avec un luxe trop riche, dans laquelle il risquait même des expositions de tableaux » (p. 612).
- Cette notion de vie est également présente dans ce que nous pourrions appeler aujourd'hui *l'organisation du désordre* : « Octave pourra d'abord avoir fait ranger méthodiquement les rayons, tous les rayons de tissu confectionné d'un côté, tous les tissus de l'autre, puis il s'apercevra que cela localise trop la foule. Alors il mettra un apparent désordre... il disséminera les articles dont une femme peut avoir besoin... » (p. 170). « Mais pourquoi cherchez-vous à ménager l'œil ? dit-il. N'ayez donc pas peur, aveuglez-le... Tenez ! du rouge ! du vert ! du jaune ! Il avait pris les pièces, il les jetait, les froissait, en tirait des gammes éclatantes... Il voulait des écroulements, comme tombés au hasard des casiers éventrés, et il les voulait flambants des couleurs les plus ardentes, s'avivant l'un par l'autre. En sortant du magasin, disait-il, les clientes devaient avoir mal aux yeux... » (p. 434).
- S'adresser à la cible féminine, c'est s'intéresser aux différentes figures de la femme, notamment celle de mère, d'où un passage par l'enfant consommateur : « Mais son idée la plus profonde était, chez la femme sans coquetterie, de conquérir la mère par l'enfant : il ne perdait aucune force, spéculait sur tous les sentiments, créait des rayons pour petits garçons et fillettes, arrêtait les mamans au passage, en offrant aux bébés des images et des ballons. Un trait de génie que cette prime des ballons, distribuée à chaque acheteuse, des ballons rouges, à la fine peau de caoutchouc, portant en grosses lettres le nom du magasin, et qui, tenus au bout d'un fil, voyageant en l'air, promenait par les rues une réclame vivante ! » (p. 612).
- La notion de temple, de sacré, ressort enfin dans la présentation des rayons saisonniers comme par exemple la période du blanc : « Ce qui arrêtait ces dames, c'était le spectacle prodigieux de la grande exposition de blanc... Rien que du blanc, tous les articles blancs de chaque rayon, une débauche de blanc, un astre blanc dont le rayonnement fixe aveuglait

d'abord, sans qu'on pût distinguer les détails, au milieu de cette blancheur unique… Et la merveille, l'autel de cette religion du blanc, était, au-dessus du comptoir des soieries, dans le grand hall, une tente faite de rideaux blancs qui descendait du vitrage » (p. 768).

La question du décor porte en elle la problématique du type de valorisation du lieu de vente à proposer. Traditionnellement, la distribution avait procédé à une valorisation utilitaire ou fonctionnelle de ses espaces de vente. Chaque espace de vente devait être utile (rôle d'entrepôt dans le libre-service), ou correspondre à une fonction (décomposition du magasin en zones). Néanmoins avec la thématisation, la valorisation du lieu de vente s'avère différente et intègre bien souvent une dynamique symbolique. Ainsi, il peut y avoir des modes de valorisation hédonique du lieu de vente (*cf.* Encadré 2.4 sur Surcouf). Cette valorisation est notamment caractérisée par ce qui fera l'objet de chapitres dans la suite de cet ouvrage, à savoir la référence aux éléments sensoriels. Par exemple, dans le cas de la thématisation comme proposition d'un lien social, le lieu pourra faire référence à une valorisation communautaire (lieux cultes ou lieux de liens).

- *… à l'appropriation*

Au-delà du type de valorisation proposée, il convient de s'intéresser à la façon dont l'individu-consommateur vit réellement dans le lieu de vente. À ce niveau, en rompant avec une conception béhavioriste (du type stimuli/réponse) du comportement du consommateur, la gestion du support physique peut être appréhendée en faisant référence à la notion d'appropriation du lieu. Il existe trois pratiques d'appropriation : la nidification, le marquage et l'exploration de l'espace. La nidification correspond « à des formes d'installation qui se réfèrent toujours plus ou moins explicitement à la création d'un chez-soi, et qui, par toutes sortes d'artifices et d'aménagements, permettent à l'individu de faire son nid ». Le marquage correspond « à l'ensemble des relations et des conduites à travers lesquelles l'individu peut inscrire dans l'espace un caractère personnel ». Enfin, l'exploration permet « de repérer, de remarquer, de recevoir des informations diverses et donc d'amorcer l'interprétation du lieu ».

Les différents travaux sur la notion d'appropriation mettent à chaque fois en avant le rôle et l'importance de la liberté d'action du consommateur lui permettant de donner libre cours à ses stratégies d'appropriation. Autrement dit, l'appropriation est favorisée quand le consommateur développe une certaine familiarité avec le point de vente. Cela suppose, notamment, que :

- le consommateur puisse apporter sa touche personnelle par ses pratiques ses actions. En ce sens, un espace trop rigide, peut amener les clients à créer un contre pouvoir en détournant l'espace de ses fonctions initiales ;
- le consommateur puisse exercer un certain contrôle sur l'expérience vécue. En ce sens, un lieu trop ordonné ne favorise pas l'appropriation par les clients ;
- le consommateur puisse retrouver des variables sensorielles qui rejoignent son imaginaire sensoriel. En fait, plus l'univers sensoriel proposé par l'enseigne est familier plus l'individu consommateur peut se l'approprier (v. Encadré 2.10).

Au total, un lieu de distribution appropriable par le client est un lieu qui rompt avec l'agencement rationnel et les espaces trop réguliers laissant ainsi une plus grande liberté aux individus pour découvrir, rencontrer, imaginer. Cela nécessite au préalable un changement d'état d'esprit de la part du distributeur qui doit intégrer le rôle de coproducteur du consommateur. Sa démarche marketing devient alors plus humble, moins axée sur le contrôle, et surtout libérée de ses élans béhavioristes.

Encadré 2.10 – Fruits & Passion : appropriation et extension du domaine d'expérience[1]

La société Fruits & Passion, créée en 1992 au Québec et comptant 76 boutiques au Canada et depuis peu en France (3), commercialise des produits corporels à fragrance de fruits, des huiles essentielles, des produits d'ambiance, et des produits pour l'entretien et la cuisine. L'offre Fruits & Passion s'harmonise autour d'une forte caractéristique olfactive des produits. Il s'agit de faire vivre une expérience hyper-olfactive aux consommateurs au travers d'un concept sensoriel.

1. D'après l'article d'Adeline Ochs (2005), « Le parcours expérientiel. Le rôle de l'expérience olfactive dans le processus d'appropriation d'une expérience de magasinage : le cas Fruits & Passion », 4e Journées normandes de recherches sur la consommation, 24-25 mars, Rouen, Actes CD Rom.

À partir d'une étude de type ethnographique, Ochs dégage deux hypothèses qui montrent combien la base sensorielle, et plus précisément ici olfactive, élargit le domaine d'expérience à prendre en compte :

- les évocations imaginaires contribuent au processus d'appropriation. En fonction de la familiarité que le consommateur va avoir avec les odeurs du magasin, l'appropriation peut être simplifiée : « les odeurs Fruits & Passion, c'est pas agressant : ce sont les odeurs qu'on est habitué de sentir, ce sont des odeurs qu'on connaît depuis longtemps (...), c'est un mélange d'odeurs fruitées, c'est doux, c'est réconfortant ». Inversement, ces mêmes odeurs peuvent rendre impossible ce processus d'appropriation : « ça sent beaucoup dans le magasin. Je ne voudrais pas que ça sente comme ça chez moi. Donc, je reste environ quinze minutes dans le magasin parce que ça sent trop fort, je ne pourrais pas rester là plus longtemps ». Il convient donc de définir le cadre de l'expérience vécue par le consommateur à la fois au travers des perceptions sensorielles réelles mais aussi par ses évocations imaginaires ;
- l'expérience vécue par le consommateur n'est pas limitée au lieu de vente. Outre la prise en compte de l'imaginaire olfactif du consommateur, cette extériorité intervient également dans la définition d'un espace olfactif « emporté » par le client par exemple au travers des languettes. On sait que cette appropriation sensorielle peut se faire via la musique lorsque Résonances ou Nature et Découvertes vendent leurs musiques d'ambiance. Chez Fruits & Passion, en apposant une odeur sur soi ou sur une languette qui est conservée, le consommateur tend à prendre possession indirectement d'un échantillon olfactif d'un objet. « Quand je teste les odeurs, je vais garder deux ou trois languettes dans mes poches avec les odeurs. Comme ça, quand je continue à faire mon shopping, je pourrai sentir, et après aussi, et puis, je pourrai demander l'avis de mon copain plus tard... ».

Comme le montre Ochs, « d'une part le processus d'appropriation peut s'inscrire en amont de l'expérience vécue par le consommateur via l'imaginaire olfactif » ; « d'autre part, le développement de significations personnalisées peut aussi s'inscrire dans la continuité de l'expérience vécue en magasin, via l'extension de pratiques réalisées en dehors du point de vente ».

➤ Les acteurs : le personnel en contact et les clients

Après le décor, la théâtralisation présuppose l'intervention de deux acteurs qui se trouvent sur le lieu de vente et qui vont partager un vécu : le personnel en contact et les clients.

• *Le personnel en contact*

Sa seule présence est un élément qui participe au décor, à la théâtralisation du point de vente (v. Encadré 2.11). Mais au-delà, c'est dans ses contacts avec la clientèle du magasin qu'il participe pleinement à la thématisation de l'offre du distributeur. Sa présence ou son absence, son rôle, ses compétences, son pouvoir sont autant de signes qui vont aider le consommateur à situer l'enseigne dans sa thématisation. Plusieurs choix managériaux en termes de description du rôle assigné au personnel sont alors possibles. À chaque fois, le distributeur devra veiller à une nécessaire cohérence et une collaboration avec le service de gestion des ressources humaines.

À côté de la maîtrise de compétences classiques comme les compétences techniques (en matière de connaissances des produits proposés) et des compétences relationnelles (en matière de sens commercial[1] du personnel), la thématisation repose bien souvent sur des compétences sociales ou culturelles voire sur des compétences communautaires. Autrement dit, dans ces positionnements thématiques, il est souvent demandé aux salariés d'être passionnés (chez Auchan et Carrefour les annonces de recrutement font référence à la passion… de la vente). Derrière cette notion de passion, qui n'est bien souvent qu'un substitut à la notion d'implication, émerge l'idée que les salariés doivent intégrer de plus en plus d'émotion, d'affectif dans leur travail quotidien.

Encadré 2.11 – La tenue vestimentaire du personnel comme élément signifiant

On peut utiliser la métaphore du packaging pour entrevoir le rôle et l'importance de l'habillement du personnel en contact dans le cadre des actions de théâtralisation. Comme le packaging, l'habillement du personnel peut ainsi faire référence à des fonctions techniques, à des fonctions de communication ainsi qu'à une fonction symbolique :

- au niveau technique, il est évident que le vêtement doit servir à protéger (exemple le tablier dans une boucherie). Il se doit également d'être facile d'utilisation et de ne pas entraver le travail du salarié, ce qui est une contrainte à certaines théâtralisation (exemple les déguisements chez Disney) ;

1. Nous faisons référence ici à l'idée qu'être commerçant comporte un double sens : bien vendre mais également être d'un commerce agréable, c'est-à-dire d'une présence agréable.

- au niveau communication, le vêtement a tout d'abord une fonction d'alerte dans le sens où il doit permettre au personnel en contact d'être repéré facilement. Cela rejoint la fonction de reconnaissance (le vert de Leroy Merlin que portent tous les salariés permet de faire masse). Beaucoup de vêtements servent aujourd'hui également de support d'information comme chez Carrefour avec le slogan dans le dos : « je suis là pour vous aider à consommer mieux ». Le vêtement permet également l'identification ce qui se voit généralement sur les badges des salariés comportant les noms, les prénoms et parfois la fonction dans l'entreprise. Enfin, le vêtement est bien entendu une expression du positionnement : par exemple, la salopette rouge de Brico Dépôt se distingue du polo ou de la chemise jaune de chez Castorama (pourtant la même entreprise) en donnant une image plus discount du bricolage et du bricoleur ;
- au niveau symbolique, le type d'habillement donne une idée des thèmes mais également des relations sociales véhiculées par l'entreprise. Au niveau des thèmes, le vêtement participe à l'hyper-réalité proposée par l'entreprise comme par exemple chez Paul où le port d'une toque et d'un tablier par les boulangères favorise l'authenticité perçue. Au niveau des relations sociales qui sont proposées : le choix pour un pharmacien de porter ou non une blouse n'est pas anodin. Dans un cas, il se rapproche du caractère technique et historique de son travail (la préparation des médicaments) ; dans un autre cas, il montre combien son métier évolue vers le commercial. Dans le premier cas le consommateur est un patient, dans l'autre il est devenu un client.

Au sein des magasins où l'offre thématique s'organise autour de valeurs sociales ou culturelles, il est demandé au salarié de partager ces valeurs. Chez Nature & Découvertes par exemple, *les guides* n'ont pas pour fonction unique de vendre, mais de conseiller et de faire partager leurs connaissances et leur passion pour la nature. On parle ainsi de l'importance des vendeurs-passion. La plupart du temps, ces compétences sociales sont mises en pratique dans une implication plus forte des salariés vis-à-vis d'actions extra-commerciales. Chez Nature & Découvertes encore, le personnel peut encadrer des animations pédagogiques, des sorties terrains (dans le cadre du club – *les passionnés de nature*). À la Fnac, certains vendeurs sont ainsi recrutés pour avoir fait le conservatoire de musique ou pour être un ancien disc jockey (Rémy, 2000). Le vendeur est par ailleurs fortement incité à donner son avis sur le produit (« les brèves de Fnac ou les coups de cœur »). Au sein de ces thématiques sociales et culturelles, le savoir être des vendeurs est, au moins, aussi important que leurs connaissances : « ce qui est important c'est moins ce que les guides savent que les sentiments et valeurs qu'ils expriment et communiquent aux clients » (Arnould et Price, 1993).

Dans ce domaine, il semble que la thématisation apporte un certain nombre de difficultés d'adaptation des techniques existantes (Kopel et Rémy, 2001) qu'il s'agisse des instruments de mesure dans le cadre du recrutement, de l'organisation et du contrôle du travail, des critères d'évaluation, de la rémunération et de la motivation des salariés. En fait, l'appel à plus d'émotions dans le cadre du travail n'est pas sans soulever des problèmes de dissonance émotionnelle chez les salariés. Ainsi, par exemple, dans le cadre de la thématisation communautaire, il convient que le personnel en contact, non seulement soit passionné, mais qu'en plus il participe et appartienne à la communauté de référence pour le distributeur. À ce niveau, c'est cette appartenance qui permet de légitimer le magasin au sein de la communauté. Si, dans le cas précédent, une des difficultés de gestion consistait en la reconnaissance et la valorisation de compétences sociales, dans la thématisation communautaire la difficulté provient souvent de ce mélange d'amitié et de vente et plus généralement du mélange de la sphère privée et de la sphère professionnelle ; comme nous le précise un vendeur de Flash 76 (v. Encadré 2.5) : « Moi, j'ai perdu un ami depuis que je travaille ici. Bon, il venait ; au début, je lui faisais toujours une bonne remise, et un jour, il a pas compris que je pouvais pas. Il considérait ça comme un dû. Parfois, faut se méfier de ce côté trop sympa, tu sais, tu travailles dans un magasin comme Flash, t'en as plein qui veulent devenir ton pote. Au début, par exemple, je donnais mon numéro perso de portable. Les gars m'appelaient, le soir le week-end, genre 20 h chez toi ! ».

- *La participation des clients*

Dans la distribution comme dans l'ensemble des activités de service, la participation des clients est souvent limitée à la dimension physique et/ou intellectuelle. Ces deux formes de participation se justifient économiquement, elles permettent de diminuer les coûts de production de l'entreprise et bénéficient directement au client. Cependant, nous avons montré, à travers nos rappels sur le comportement de shopping, que les consommateurs pouvaient justement entrer dans le cadre d'une logique moins utilitaire et qu'un certain nombre de travaux mettent en avant une participation sociale et affective des clients.

Dans les cas de participation sociale des clients à la thématisation, le consommateur cherche d'autres formes d'interventions que l'unique rencontre commerciale. Il en est ainsi lorsque le client, par exemple, participe à des activités extra-marchandes proposées par l'entreprise : Nature & Découvertes propose des ateliers pour enfants le mercredi, la Fnac invite ses adhérents à des forums, des rencontres avec les artistes ; à un autre niveau, Décathlon crée des espaces *Les parcs la forme* qui permettent de tester de nouveaux sports, Castorama donne des cours de bricolage. Dans la thématisation communautaire, le client participe encore plus affectivement. Il devient un porte-parole de l'entreprise au sein de la communauté. Avec une participation affective, le lieu de vente devient un lieu de rencontre (un lieu culte) pour les consommateurs.

La métaphore du théâtre est intéressante car elle permet de souligner l'importance de la mise en scène pour thématiser l'offre mais il faut également lui associer celle de la *commedia dell'arte*[1]. Au théâtre, le client assiste à un spectacle, assis dans la salle, à écouter et à regarder, alors que, dans une situation de service, il est sur la scène, il est acteur. Au sein d'un magasin, le client se sert de plus en plus souvent lui-même, essaye ou teste parfois les produits, interpelle les vendeurs, demande conseil, passe commande d'un autre produit que ceux présentés… il participe souvent à la thématisation du lieu. De plus, au sein d'un espace de vente, les textes des acteurs que sont les vendeurs et les clients ne sont pas écrits à l'avance. Pour énoncer le thème, le distributeur est contraint de travailler non seulement sur les caractéristiques physiques et symboliques de l'espace de vente mais aussi sur les aptitudes du personnel en contact sur les missions qui lui sont données, et sur les attentes des clients.

Le marketing de l'espace de vente est souvent associé à celui des produits mais on voit bien qu'il s'insère autant dans celui des services

1. La *commedia dell'arte* est un genre de théâtre populaire italien apparu au XVIe siècle. Les acteurs y improvisaient leur texte à partir d'un canevas (scénario réglé d'avance), s'inspiraient des circonstances de temps et de lieu, de la situation dramatique, pour faire de la pièce une œuvre sans cesse renouvelée, mais, exploitaient leur propre caractère pour incarner leur rôle.

qui définit précisément le processus de « servuction » au travers duquel peut être mise en œuvre la thématisation d'un espace de vente. Le « management de l'expérience de l'acheteur » (Schmitt, 2003) doit intégrer ce processus où le client est non seulement acteur de sa propre expérience de magasinage, mais également, co-concepteur de cette expérience. Le consommateur peut avoir envie de « rentrer en contact » avec le magasin ou l'enseigne au-delà de ses dépenses. Il peut souhaiter donner son avis, partager ses envies, de manière plus humaine que par le biais de sa seule carte de fidélité. Le magasin peut alors impulser cet échange et entretenir un lien. Le dialogue avec les clients au sujet du magasin, indépendamment de l'issue qui en résulte, est d'importance (v. Encadré 2.12).

Encadré 2.12 – La théâtralisation de la librairie Dialogues[1]

La librairie Dialogues, troisième librairie indépendante française par son chiffre d'affaires et le nombre de titres exposés, a été créée à Brest en 1976 par Charles et Marie Paul Kermarec. Ces derniers n'ont eu de cesse de la faire évoluer au point qu'un grand nombre de librairies de premier rang l'ont récemment pris comme modèle.

L'un des objectifs de ses créateurs était d'insérer le magasin au mieux dans le paysage. Aussi, le bâtiment conserve le style du voisinage. Avant l'implantation de la librairie, l'une des fonctions du lieu était de permettre un large passage entre deux quartiers. Cet ordre antérieur a été préservé : de par ses ouvertures, le magasin continue à assurer cette fonction. En acceptant ce « détournement » du lieu par le public, la librairie renforce son appropriation par ses clients.

La librairie se différencie également des magasins limitrophes par ses frontières : elle ne possède pas de vitrines. Les marqueurs habituels d'un magasin sont absents. La confusion entretenue entre espace public et privé, intérieur et extérieur, limite l'emprise des normes sociales sur les comportements des clients et prédispose à la liberté. L'appropriation du lieu en est facilitée.

1. Les auteurs invitent le lecteur à se reporter aux photographies de la librairie Dialogues, présentées dans le cahier central de l'ouvrage.

Une fois à l'intérieur, l'opacité des parois isole les clients du rythme visuel et sonore de l'extérieur et laisse s'installer le calme, le confort d'un chez soi. Pour que le lieu soit habité et acquière un rythme qui lui soit propre, il faut y laisser entrer la lumière du jour et les passants. En implantant au cœur de la librairie un café qui se transforme au gré des heures en restaurant, en salon de thé, en espace de conférence et de rencontre avec des auteurs, la librairie impulse encore davantage un rythme journalier au lieu. Avec les rentrées littéraires et scolaires, les autres événements annuels, d'autres rythmes s'installent.

L'aménagement intérieur du lieu fournit de multiples incitations à s'y attarder : les très nombreux fauteuils, le café, la largeur des allées, les moquettes épaisses, la forme, la couleur et l'emplacement des caisses les font « s'effacer », les éclairages ont été spécialement étudiés pour ne pas éblouir les clients, le mobilier s'efface également au profit des livres. Ne dit-on pas qu'un bon médium travaille à se faire oublier ?

Le personnel en contact, en nombre, est recruté sur ses compétences mais aussi sur son caractère aimable et serviable. Il ne porte pas d'uniforme mais au contraire est reconnu pour sa personnalité et ses goûts distincts par les clients habitués. Au conseil et à la compétence, l'expérience peut alors associer une socialité, une humanité. Les clients ont alors l'impression que la dimension marchande du lieu laisse la place à une dimension non marchande plus propice à l'attachement.

Les outils informatiques de recherches bibliographiques sont à la disposition des clients, comme une multitude d'autres services allant jusqu'au prêt de lunettes ou de parapluie. Une boîte à suggestion trônant au centre de la librairie permet de récolter les remarques, les envies ou les reproches des clients ; suggestions par la suite systématiquement examinées, commentées et parfois retenues.

Les distributeurs exercent ici d'avantage les métiers de régisseur et décorateur plutôt que celui de metteur en scène.

L'étude des incidents critiques, la collecte des suggestions, les enquêtes de satisfaction sont un premier pas vers l'écoute du client mais ces données déclaratives se prêtent mal à la restitution des expériences. Les méthodes qualitatives sur la base d'entretiens non directifs, introspectifs avec les acteurs (clients, salariés, dirigeants), ainsi que les méthodes issues de l'observation ethnologique semblent plus appropriées pour rendre compte de la mise en place et du suivi, de la thématisation (Rémy, 2000 ; Gentric, 2005).

Une thématisation sous conditions

Derrière le phénomène de thématisation se trouve en filigrane l'idée que, pour se différencier, les distributeurs doivent davantage vendre un savoir-faire qu'un assortiment de produit : « sensibilité, créativité, émotion et effets de mode sont les touches nécessaires pour faire vibrer notre ego »[1]. De ce fait, les « consom'acteurs » évaluent désormais l'offre, non seulement à partir du *retailing-mix* traditionnel, mais aussi, à l'aune de nouveaux critères tels que la cohérence, la légitimité, ou encore, l'authenticité de sa thématisation.

➤ Cohérence et légitimité...

La crédibilité doit être à la base de la gestion des lieux thématiques. La thématisation correspond d'une certaine manière à la construction de ce que certains appellent une hyper-réalité (Firat et Venkatesh, 1993), c'est-à-dire à « la transformation en réalité de ce qui n'était au départ que simulation ». C'est dans la cohérence de cette transformation en réalité que va résider la légitimité de l'enseigne ; cohérence que l'on doit rechercher à plusieurs niveaux :

- tout d'abord, au niveau de l'énonciation du récit, les différentes formes de communication doivent faire référence de la même façon à la thématisation. Nous retrouvons ici une problématique classique de cohérence générale de la communication globale de l'entreprise ;
- ensuite, la cohérence doit également être fonctionnelle entre les éléments de la théâtralisation. Ainsi, au-delà du positionnement, la globalisation de l'offre donne du sens, de la véracité à l'enseigne. Le thème véhiculé dans l'énonciation vient donner du sens à la théâtralisation. Une erreur à ce niveau fait perdre toute la logique de positionnement à l'enseigne ; d'où la nécessité d'une recherche d'harmonisation entre toutes les dimensions sensorielles de l'offre (Rieunier et Daucé, 2000) ;
- enfin, il convient d'être cohérent entre l'énonciation et la matérialisation de la thématisation. Lorsque l'entreprise cherche à se positionner autour d'une valeur sociale, cette cohérence fait de manière

1. Propos de Jean Claude Prinz, cabinet Prinz-design, recueillis par Waché (2002), « Dessine-moi un magasin », *Commerce Magazine*, 41, 30.

implicite référence à la sincérité avec laquelle est développée l'offre. Comme le montre une étude (Rémy, 2000), les clients perçoivent assez mal qu'une entreprise de distribution de produits bio, dont la thématique repose sur le thème de la défense d'une agriculture plus saine et traditionnelle, n'ait pas des vendeuses qui partagent cet esprit bio ou que soient présents dans le magasin des caddies ou des sacs plastiques (symboles d'industrialisation). L'aménagement de l'espace de vente révèle le respect que l'on a du client : la qualité des matériaux, la largeur des allées, la gestion de la lumière, celle du confort thermique. Les rencontres et animations, sous réserve d'une certaine régularité, ritualisent le lien et lui donnent un rythme, une perspective temporelle.

➤ … comme gage d'authenticité…

Cette cohérence permet de donner à l'offre thématisée sa dimension authentique. « Pour une réponse au désir affectif, l'émotion des producteurs doit être perçue comme authentique, spontanée » (Arnould et Price, 1993). Cette quête d'authenticité amène le consommateur à être plus sensible aux déviations qui pourraient intervenir dans la théâtralisation et l'énonciation de la thématisation (Cova et Cova, 2001).

Ainsi, avec la thématisation, le distributeur est amené à véhiculer des dimensions sociales ou communautaires. Ces dimensions fonctionnent sur un mode différent que le mode marchand. Dans la sphère non-marchande, la sincérité et l'authenticité prédominent les relations sociales. L'authenticité est ainsi essentiellement obtenue au travers de la sincérité des entreprises dans leur positionnement.

➤ … pour vivre des expériences d'immersion…

Outre la dimension cognitive de la satisfaction (résultat d'un processus d'évaluation de l'écart entre les attentes et les performances), le caractère expérientiel de la thématisation conduit à l'intégration de dimensions affectives (Plichon, 1999). En mettant en avant les émotions vécues dans une expérience de consommation, la thématisation de l'offre a pour objectif de créer de l'enchantement. Ce concept repose sur des éléments tels que la surprise, le plaisir ou encore le soulagement. C'est ce niveau d'enchantement qui permet le mieux de satisfaire la clientèle.

Plus récemment, des auteurs (Carù et Cova, 2003 pour la France) ont approfondi une notion qui prend en compte les dimensions affective et interactive de l'expérience de consommation permettant son appropriation par les chalands : il s'agit de la notion d'immersion. Avec cette notion, on s'intéresse au processus d'accès à l'expérience par le consommateur. La cohérence et l'intensité des éléments de la théâtralisation, comme par exemple l'univers sensoriel, permettent de faciliter *le plongeon,* l'immersion dans l'expérience. Le personnel en contact peut jouer un rôle essentiel (guide, maestro ou encore animateur) dans ce processus d'immersion (Arnould et Price, 1993 ; Carù et Cova, 2003). Par ses attitudes, son comportement, son savoir, il aide le consommateur à s'immerger. Cette notion d'immersion est désormais essentielle pour approcher le comportement du consommateur dans le cadre d'offres hyper-réelles.

➤ … sources de fidélité des consommateurs

Face au risque d'essoufflement des concepts (démodés par la concurrence, séparés des cibles, ou dépassés par les changements de tendances esthétiques), l'objectif recherché ne doit pas être seulement la différenciation, mais aussi, la fidélisation des clients. Dans un contexte de thématisation, fidéliser ses clients consiste à offrir du « sens » en cherchant à transformer l'émotion en expérience durable : l'émotion est éphémère, l'expérience intègre la mémoire.

L'association des préceptes exposés montre la voie à prendre : une thématisation gagnante propose une offre cohérente et légitime dans laquelle les clients auront envie de revenir s'immerger. Il faut aussi accepter d'interroger ses propres intentions : l'authenticité de l'offre et s'en remettre – se soumettre – à l'expérience des clients. Cela demande du temps, cela demande des moyens, mais cela peut également s'avérer profitable. La théâtralisation de l'espace de vente peut alors s'accompagner d'un processus d'attachement développé par les clients à l'égard du magasin (Gentric, 2005). Si le lieu devient pour ses clients « attachés » une source d'identité individuelle et culturelle, en retour, prosélytisme, dépendance, fidélité et aversion pour les concurrents sont autant de comportements et d'attitudes qu'ils manifestent à son égard, faisant de celui-ci leur lieu d'approvisionnement exclusif.

CHAPITRE 3

Comment gérer l'ambiance sonore ?

Les origines de la musique d'ambiance

C'est à partir des années vingt que la diffusion collective de musique enregistrée a été rendue possible d'un point de vue technique. En effet, il faut attendre cette époque pour que le système d'amplification qui permet de faire « écouter le son à une puissance collective, mais contrôlable » soit inventé (Chion, 1994, p. 18). Ce sont les cafetiers qui, les premiers, ont utilisé la radio pour animer leur commerce, suivis de près par Monoprix qui fut la première chaîne de magasins à diffuser de la musique d'ambiance enregistrée dès 1927.

Dès lors, son utilisation a donné naissance à plusieurs sociétés spécialisées dans la production et la diffusion de fonds sonores à but commercial. Ainsi en 1937, la société américaine Muzak a proposé aux magasins, bureaux et ateliers, sa musique fonctionnelle censée accroître la productivité des travailleurs et éviter leur assoupissement, notamment après le déjeuner (v. Encadré 3.1).

Depuis, d'autres sociétés se sont implantées sur le marché : Mood Média, société française devenue leader européen de la musique d'ambiance, AEI Music Network, société anglaise, aujourd'hui leader mondial, ainsi que d'autres petites sociétés telles que Canal Music, Midis, Atoo Média, Music Matic, BETC Euro RSCG ou encore Sixième Son.

Encadré 3.1 – L'emblématique Muzak

Créée en 1922, la société Muzak a bâti sa renommée sur la musique fonctionnelle (ou *background music*) qu'elle a appelée, en toute modestie, la « Muzak », terme correspondant à la contraction des mots « music » et « Kodak », société avec laquelle le fondateur de Muzak venait de s'associer. Cette musique correspond à la réorchestration d'airs connus selon un certain nombre de règles. Bilheust (1978, pp. 223-224) indique à ce propos : « N'importe quelle musique est utilisée, de préférence des airs connus et reconnaissables ; c'est une musique qui ne comporte ni cuivres, ni instruments à percussion, ni émission vocale et constitue ainsi un véritable tranquillisant ; des airs connus ou à la mode (de *Carmen* aux comédies musicales) sont sélectionnés et réorchestrés en fonction de certains critères (tels que la nature suave, tonique ou émotionnelle du son, le tempo, le rythme et le timbre du morceau) ». Cette réorchestration des morceaux permet de créer une musique qui ne distrait pas et qui n'attire pas l'attention : « On l'entend sans l'écouter » (Bilheust, 1978, p. 124).

À l'origine, l'utilisation de la Muzak avait pour objectif principal d'accroître la productivité des employés. Ainsi, à partir de 1937, Muzak propose aux ateliers et usines une musique censée :

« – réduire la tension nerveuse de l'homme au travail ;

– neutraliser la monotonie et l'ennui sans faire varier l'indice d'attention constante ;

– aider à surmonter la baisse d'énergie mentale et physique arrivant en cours de journée ;

– augmenter le goût pour les tâches à réaliser ;

– créer un sentiment de confort dans le travail. » (Bilheust, 1978, p. 225).

C'est à partir des années soixante-dix que Muzak propose sa musique aux surfaces de vente. La Muzak connaît alors un grand succès aux États-Unis. Ainsi, Chion (1978, p. 226) souligne : « On ne peut pas échapper aux mélodies en sourdine de Muzak. Si vous êtes un de ces incorrigibles originaux qui n'aiment pas Muzak, vous pouvez toujours essayer de le fuir, spécialement dans une grande administration. Si vous ne l'entendez pas chez les dactylos, ou au téléphone, ou dans les couloirs, Muzak vous rattrapera dans l'ascenseur ou dans les toilettes ! Muzak est entendue dans les usines, dans les restaurants, les orangeraies, les hôpitaux, les écoles et collèges, les élevages de poulets et même dans les halls de la Maison Blanche, qui, autrement, seraient silencieux ».

Comme en témoigne le passage ci-dessus, la Muzak a souvent déchaîné les passions des intellectuels à son encontre. Le contenu des critiques porte sur trois points spécifiques. Premièrement, la Muzak est largement critiquée pour son omniprésence « totalitaire » dans le paysage sonore. Deuxièmement, les musiciens et journalistes ont très vite critiqué le résultat artistique d'une telle production (Gould, 1966 ; Chion, 1994). Il est d'ailleurs amusant d'analyser les métaphores culinaires qu'ils utilisent pour qualifier la Muzak. On peut ainsi lire : « sirop musical », « compote stylistique », « diffuser de la soupe » ou encore « musique en boîte » (Gould, 1966 ; Jarno, 1997). Ceci trahit sans conteste un profond sentiment de dédain vis-à-vis d'une musique qui devient plus un objet de consommation courante qu'une œuvre artistique. Troisièmement, l'idée selon laquelle on puisse manipuler le consommateur à son insu en retravaillant le stimulus musical renvoie bien souvent à l'idée de manipulation subliminale.

Aujourd'hui, la société Muzak compose toujours son offre autour de la célèbre Muzak. Cependant, depuis 1985, elle propose aussi de la musique d'ambiance fondée sur la diffusion de musiques connues qui n'ont pas été retouchées. Muzak a ainsi su s'adapter à l'évolution de la demande ainsi qu'aux changements technologiques puisqu'elle propose depuis 1979 des systèmes d'abonnements à des radios cryptées diffusées par satellite.

Les objectifs de l'utilisation de l'ambiance sonore

L'ambiance sonore du magasin peut être utilisée pour atteindre de multiples objectifs. Poursuivre l'ensemble de ceux-ci est irréaliste dans la mesure où certains sont antinomiques avec d'autres. Cependant, il est utile pour le distributeur de se poser des questions sur ses objectifs principaux pour pouvoir définir avec le prestataire de service des priorités de travail. La liste des objectifs, ci-après, devrait ainsi aider les deux parties dans leur réflexion. Globalement, ils peuvent être répartis en trois grands thèmes : affectifs, cognitifs et comportementaux.

Les objectifs affectifs

- La musique doit correspondre aux goûts musicaux des clients afin de leur procurer du *plaisir.*
- La musique doit être enjouée afin de créer une certaine *gaieté* chez le client.

Les objectifs cognitifs

- La musique doit donner une indication au client sur la *cible* du magasin en termes d'âge (jeune *vs* senior), de sexe (femme *vs* homme) et/ou de catégories socioprofessionnelles (magasin populaire *vs* sélectif).
- La musique doit connoter *l'univers du magasin* (par exemple : nature, *high tech*, chaleureux, maritime, etc.) et/ou son *positionnement géographique* (par exemple : italien, indien, japonais, etc.).
- La musique doit attirer l'attention sur une *catégorie de produits* et soutenir un événement (par exemple : les jouets, le jardinage, Noël, l'été, etc.).
- La musique doit donner une *ambiance festive* au magasin (par exemple, l'ambiance de Noël).

Les objectifs comportementaux

- La musique doit ralentir le *rythme* de la visite du magasin, *détendre*, ou au contraire, donner un *dynamisme* et une énergie au client qui adapte ensuite son *temps passé* en fonction de la musique.
- La musique doit contribuer aux *achats d'impulsion.*

Des pratiques très diverses

Pour atteindre les objectifs ci-dessus, les commerçants ont deux possibilités : passer par le biais de prestataires de service spécialisés dans la vente de musique d'ambiance ou la gérer eux-mêmes.

Une gestion autonome de la musique d'ambiance

➤ Diffuser sa propre programmation sonore

Pour une enseigne qui n'a qu'un seul point de vente, il peut être très simple de gérer soi-même son ambiance sonore en achetant des disques dans le commerce. À titre d'exemple, on peut citer un magasin Malouin, situé rue Saint-Vincent, spécialisé dans la vente de produits bretons, dont le gérant diffuse à longueur de journée sa programmation de musiques celtes. Cette pratique permet alors de renforcer son positionnement et de créer une certaine proximité avec le client puisqu'il est facile d'adapter la musique selon le moment de la journée, le type de consommateur entré dans le magasin, la météo, etc.

Dans un même ordre d'idée, le magasin Colette qui vend des produits à la mode, diffuse sa programmation musicale par le biais d'un iPod branché sur le système de sonorisation du magasin.

Une autre pratique consiste à inviter des orchestres ou des DJ à venir jouer en direct. Cette pratique est encore très marginale mais très intéressante. En dehors de certains bars branchés, quelques magasins ont investi dans cette pratique sonore. Elle permet d'animer le magasin en attirant l'attention du public et de donner un caractère festif au point de vente.

➤ La création d'une radio gérée par l'enseigne

À notre connaissance, il n'existe que trois distributeurs qui diffusent et gèrent eux-mêmes leur propre radio : les Mousquetaires avec « Fréquence Mousquetaire », le Bon Marché et le Printemps Haussman. Pour les grands magasins, les principaux objectifs pour créer une radio sont de renforcer l'image du magasin et d'utiliser ce support sonore pour communiquer sur les promotions. Ainsi, le Bon Marché, qui se veut être le plus haut de gamme des grands magasins parisiens, a établi une charte sonore au sein de laquelle il est indiqué que la musique classique doit être utilisée dans 70 % de la programmation car elle permet de renforcer le caractère distinctif de l'enseigne.

Du point de vue promotionnel, on peut citer l'exemple d'un grand magasin parisien qui diffuse chaque année plus de 50 000 messages. Ceci permet d'attirer l'attention du client sur un événement ou une promo et de vendre de l'espace sonore aux marques. Ce même magasin utilise la souplesse de sa propre radio pour lancer des messages de « bienvenue » lorsque des cars de japonais pénètrent dans le magasin.

Pour les chaînes de supermarché, le recours à une gestion en propre de la radio correspond à quatre objectifs principaux : (1) éviter la publicité étrangère à l'enseigne, (2) adapter la musique aux moments de la journée, (3) avoir une bonne diffusion sonore dans tous les magasins, (4) pouvoir communiquer la même chose au même moment dans l'ensemble des magasins. À ce titre, la démarche des Mousquetaires en la matière est intéressante dans la mesure où leur programmation repose sur des musiques aimées du grand public et des flashs d'informations positifs. L'actualité est sélectionnée ; toutes les nouvelles trop « catastrophiques » sont retirées afin de ne pas influencer de manière négative l'humeur des consommateurs. Le positionnement musical de la radio Mousquetaire repose à 70 % sur le style musical le plus apprécié par les Français : la variété française. Les musiques trop engagées politiquement ou trop agressives sont également retirées de la programmation.

Une gestion assistée de l'ambiance sonore

Dès lors que le commerçant est dans une logique de chaîne, il est préférable de passer par un prestataire de services pour homogénéiser l'ambiance sonore de ses points de vente. Ainsi, un concept de magasin se définit autour d'une sélection de produits vendus dans un environnement bien précis. Le directeur marketing de l'enseigne doit donc s'assurer de l'homogénéité de la musique dans chacun des points de vente. En passant par un prestataire de service, il faudra déterminer quel type d'implication sonore est prête à réaliser l'enseigne. Ainsi, les points de vente les plus impliqués dans la musique d'ambiance vont pouvoir investir dans :

- des musiques spécialement compilées pour l'enseigne (sous format CD, ou MP3) ;
- une radio entièrement dédiée à l'enseigne ;
- la création d'une identité sonore spécifiquement écrite pour l'enseigne.

➤ Des musiques spécialement compilées pour l'enseigne

Les directions marketing des enseignes ont aujourd'hui pris conscience du rôle que peut jouer la musique pour renforcer leur image et non plus uniquement pour meubler le silence des points de ventes. Dans cet objectif, un service personnalisé est proposé aux entreprises qui souhaitent diffuser des programmes musicaux spécifiques. Plusieurs enseignes détiennent ainsi une ambiance musicale unique : Yves Rocher, Célio, Habitat, SFR, Apache, Résonances, Truffaut, Starbucks Café, Victoria's Secret, Princesse Tam Tam, Nespresso, chaque chaîne d'hôtels du groupe Accor, Etam, Promod, Mango, etc. À ce titre, Célio fait figure de précurseur en la matière puisqu'en France, c'est la première chaîne de magasins spécialisés à avoir demandé à la société Mood Média de travailler sur une identité sonore propre à l'enseigne. En 1994, Mood Média a créé un département spécifique pour répondre à cette problématique de traduction sensorielle musicale des valeurs d'une enseigne. Aujourd'hui, la société Mood-Média souligne que la totalité de ses clients est en demande d'un habillage sonore spécifique : programmation musicale, jingle, promotions, annonces sonores réalisées spécialement pour l'enseigne. Frank Cottin, *sound designer*, explique la démarche de Mood Média dans la figure 3.1 ci-après.

Bien entendu, les choses ne sont pas toujours si simples et il est parfois nécessaire de multiplier les rencontres avec le prestataire de service pour arriver à trouver un terrain d'entente musical.

Étape 1 : rencontre entre le responsable marketing de l'enseigne et le prestataire de service

Objectifs

– Analyser le positionnement de l'enseigne.
– Définir les objectifs d'utilisation de la musique d'ambiance.

Actions mises en œuvre

– Rencontres avec les responsables marketing de l'enseigne.
– Visites des magasins de l'enseigne.
– Éventuellement : interrogation des clients de l'enseigne.
– Analyse comportementale du chaland.
– Analyse des autres éléments de l'ambiance du magasin.
– Analyse de ses outils de communication (plaquette institutionnelle, logo et publicité).
– Analyse de ses publicités.
– Analyse de son logo.
etc.

Étape 2 : réflexion artistique par le prestataire de service

Objectif

Les programmateurs tentent de définir la musique qui correspond aux profils recherchés.

Actions mises en œuvre

Réflexions en termes de : style de musique, tempo, notoriété de la musique, voix, scénographie, tendances, parti pris, renouvellement, rotation etc.

Étape 3 : présentation de la maquette au responsable marketing de l'enseigne

Objectif

Présenter à l'enseigne le résultat de la réflexion du prestataire de service et des solutions techniques et artistiques. Cette présentation doit absolument se faire au moyen d'un support sonore dans la mesure où le vocabulaire employé pour décrire une musique est loin d'être objectif. En effet, chaque individu pense à des musiques qui lui sont propres, tout en utilisant le même qualificatif qu'une autre personne. Par exemple, une musique « populaire » peut recouvrir des réalités très différentes.

Actions mises en œuvre

Une maquette est proposée au prospect qui doit alors décider s'il signe le contrat avec le prestataire de service. L'enseigne apporte ses corrections sur la base de cette proposition sonore. Ensemble, ils affinent leur approche dans le but d'établir une charte musicale.

Étape 4 : signature du contrat et test en magasin

Objectif

Si le contrat est signé, une dernière étape consiste à tester la musique en magasin afin de vérifier l'acceptabilité de celle-ci par les vendeurs et d'évaluer rapidement les réactions des clients.

Actions mises en œuvre

Après les quelques aménagements définis à l'issu de la troisième étape, un nouveau programme est testé sur quelques magasins au moyen d'observations directes. Après de nouveaux ajustements, un programme est déployé à l'ensemble des magasins de l'enseigne pour diffusion.

Figure 3.1 – Les étapes de la définition d'une ambiance musicale spécifique à l'enseigne

➤ La diffusion d'une radio gérée par un prestataire de service mais propre à un distributeur

Afin de pouvoir choisir les musiques diffusées et adapter la programmation musicale de l'enseigne selon le moment de la journée (pour cibler la clientèle, donner une correspondance sonore à une semaine exotique, etc.), le distributeur peut souscrire à un abonnement à une radio cryptée spécifiquement pour son enseigne. Les mêmes morceaux de musique sont alors diffusés par satellite en simultané dans tous les magasins de la chaîne. Par exemple, Monoprix dispose de sa propre « radio Monop ». L'enseigne formule ses souhaits à Mood Média (en termes de style de musique, de publicités à diffuser, de rubriques), qui diffuse par satellite les morceaux qu'elle a choisis. Par ailleurs, la radio peut servir de support de communication interne en dehors des horaires d'ouvertures. Ainsi le PDG ou le service marketing de l'entreprise peuvent s'adresser à tous les salariés en même temps pour leur communiquer une promotion à mettre en avant ou les objectifs commerciaux de la journée. Ce système est coûteux, mais il peut être amorti en partie par la vente d'espaces publicitaires sonores aux fournisseurs. L'enseigne peut également arriver au même résultat de diffusion par l'abonnement à des *players* MP3 contrôlables à distance.

➤ La création d'une identité sonore spécialement écrite pour l'enseigne

Sur le créneau des musiques spécifiquement étudiées pour une enseigne, on peut également souligner l'existence de prestataires de services spécialisés dans la réalisation de logos sonores avec pour chef de file la société Sixième Son (v. Encadré 3.2). L'offre de ces entreprises se distingue de celle des prestataires de services habituels sur deux points :

- elles travaillent sur la base de créations musicales faites spécifiquement pour l'enseigne et non sur la base de compilations de morceaux déjà existants ;
- la musique d'ambiance ainsi créée a un format de diffusion très court.

Ce niveau d'expertise implique un investissement de la part du magasin en termes de budget et de temps (il faut environ deux à trois mois pour aboutir à la conception d'une identité sonore et le coût s'élève à environ 60 000 euros).

Encadré 3.2 – Sixième Son ou le pionnier de l'identité sonore

Sixième Son se définit comme une agence spécialisée dans le conseil, la création et la mise en place de l'identité sonore des entreprises. La naissance de cette société a été provoquée par un double constat. En premier lieu, les années quatre-vingt-dix ont marqué une maturité en termes d'expertise graphique et visuelle alors qu'un vide existait à ce niveau sur le plan du son. En deuxième lieu, la multiplication et l'amélioration des supports de communication sonore (téléphonie, multimédia, audiovisuel, sonorisation d'espaces...) ont donné l'idée de créer en 1995 une agence dont la fonction serait d'offrir à ses clients une réflexion et une création d'un logo sonore porteur de sens et de notoriété. Pour Michaël Boumendil, président de Sixième Son, la musique est en effet une opportunité de capitaliser sur une image et une identité qui témoignent véritablement du positionnement et des valeurs souhaitées et véhiculées par une enseigne de magasin.

C'est ce besoin qui a poussé des clients tels que Lancôme ou Petits Bateaux, vers ce prestataire de service.

Ainsi, Petits Bateaux a adopté une identité sonore qui évoque les valeurs de la marque : fraîcheur, ludisme et impertinence. Cette dernière se compose à la fois de musiques et de saynètes créées par l'agence : des voix d'enfants qui racontent des histoires ou commentent la sonorisation. Tous les trimestres, depuis quatre ans, l'enseigne reçoit 2 heures de musique.

Enfin, pour Lancôme, l'identité sonore s'est basée sur les six thèmes qui expriment l'histoire, le savoir-faire et la différence de la marque : le prestige, l'expertise, le grain de folie, la créativité, la féminité et la rose.

Environ quatre enseignes de magasins par an font appel à Sixième Son pour concevoir une ambiance musicale qui apporte, au-delà de la seule sonorisation d'un magasin, une stratégie de différenciation et de valorisation de la marque. À l'issue de la conception sonore, l'imaginaire suscité par la musique est mesuré et comparé avec l'image que l'enseigne souhaite ancrer dans l'esprit des consommateurs. À cette fin, des questionnaires sont diffusés sur la clientèle cible des magasins.

La démarche évoquée ici pour des enseignes est également de plus en plus sollicitée par des marques en dehors de la distribution. Sixième Son a créé, par exemple, l'identité sonore de grosses entreprises telles que : Aéroports de Paris, France Télécom, RATP, SNCF ou encore l'attente téléphonique de l'Unicef. Mais elle travaille aussi avec des structures beaucoup plus modestes. Pour Michaël Boumendil, ceci est le signe d'une prise de conscience collective de l'importance du son pour la marque : si des structures très différentes viennent voir Sixième Son, c'est que l'entreprise est convaincue de sa valeur ajoutée.

Quelle que soit la formule utilisée par le commerçant, il ne faut pas oublier que toute diffusion sonore engendre des droits à payer à la Sacem (v. Encadré 3.3).

Encadré 3.3 – Et la Sacem ?

Le commerçant qui diffuse de la musique sur son lieu de vente doit-il régler des droits à la Sacem (Société des auteurs, compositeurs et des éditeurs de musiques) et la SPRE (Société pour la perception de la rémunération équitable) ? La réponse est affirmative (même pour la diffusion d'émissions de radio ou de clips vidéo). Les droits perçus par la Sacem en provenance de la sonorisation des lieux publics représentent d'ailleurs près de 12 % des droits d'auteur perçus pour les créateurs et éditeurs. Le commerçant doit donc obtenir l'autorisation de la Sacem et acquitter des droits. Cependant, les droits à verser diffèrent selon le type de commerce. Ainsi, Denis Crépin, chargé de l'information des utilisateurs à la Sacem, explique : « il y a deux critères retenus. Pour le commerce traditionnel, c'est le nombre d'employés qui travaillent dans la surface de vente du magasin et pour la grande distribution, c'est la superficie, c'est-à-dire le nombre de mètres carrés sonorisés. En ce qui concerne les coiffeurs, ce sera également en fonction du nombre d'employés qui évoluent dans le salon ».

Seules exceptions à cette règle : le secteur des CHR (Cafés, Hôtels, Restaurants) et dans le cas où le commerçant utilise la prestation d'un musicien ou d'un groupe. Pour les CHR, la Sacem calcule les droits selon le nombre d'habitants de l'agglomération, le nombre de places dans le CHR et le mode de diffusion de la musique utilisé (radio posée dans un coin ou derrière le bar, télévision ou système de diffusion par CD ou ordinateur). Lorsque le commerçant fait appel à un artiste en *live*, il payera une redevance en fonction d'un pourcentage du budget engagé pour la prestation.

Par ailleurs, les redevances varient selon des paramètres déterminés avec les groupements professionnels représentant les différents secteurs d'activités. Ainsi, Denis Crépin explique « pour un salon de coiffure qui diffuse de la musique de sonorisation quel que soit le moyen : radio, télévision, CD, ordinateur… pour 5 personnes employées dans le salon, le tarif annuel 2009 groupement professionnel est de 144,54 euros TTC, c'est-à-dire 0,75 euro par jour d'ouverture. Pour une agence bancaire qui emploie 10 personnes, ce sera 508,32 euros TTC en 2009. Si le commerçant n'est pas adhérent à un groupement professionnel ou s'il oublie de faire la demande d'autorisation à la Sacem, il se verra appliquer le tarif général qui, dans ce cas est supérieur ».

Les droits d'auteur et les droits voisins (SPRE) à payer ne sont donc pas très élevés, mais il est nécessaire de ne pas omettre de contacter la Sacem pour être en règle. Pour plus d'infos : www.sacem.fr

L'ambiance sonore et le comportement des clients

Hormis l'aspect technique, financier et logistique de la gestion de l'ambiance sonore du magasin, se pose la question de savoir comment la musique agit sur les clients en magasin. Si les sociétés spécialisées dans la vente de musique d'ambiance ne réalisent pas d'études scientifiques sur cet aspect et avancent de manière plutôt intuitive sur ce terrain, il n'en reste pas moins que de nombreux chercheurs en psychologie et en marketing explorent ce thème de recherche depuis une quarantaine d'années (v. Encadré 3.4). L'analyse des résultats obtenus permet de montrer que l'ambiance sonore mérite une attention particulière de la part du distributeur puisqu'elle est de nature à modifier le comportement du client en magasin.

Encadré 3.4 – Comment mettre en évidence l'influence de la musique sur le comportement des clients ?

Une question qui revient très fréquemment lorsque l'on expose les résultats de recherches sur ce thème réside dans la manière dont les chercheurs arrivent à isoler l'effet d'une telle variable parmi l'ensemble des autres variables qui peuvent aussi expliquer les modifications de comportement des clients en magasin.

Afin d'isoler l'effet de la musique de l'impact des autres éléments tels que la couleur, les promotions..., les chercheurs doivent vérifier qu'ils travaillent dans des conditions *ceteris paribus* (toutes choses étant égales par ailleurs). Pour ce faire, certains travaillent en laboratoire. Ces derniers reproduisent alors l'intérieur d'un magasin, convoquent des clients et les prient de se comporter comme s'ils faisaient leurs achats habituels. Seules changent alors les conditions musicales : certains consommateurs sont soumis à la musique X tandis que d'autres sont soumis à la musique Y. Une fois les données ainsi collectées, il convient également de vérifier que les deux échantillons constitués de manière aléatoire sont réellement identiques en termes de caractéristiques socio-démographiques afin de ne pas attribuer la variance observée à la musique alors qu'elle s'explique par une différence d'échantillon. Si cette approche du laboratoire permet de s'assurer qu'on a bien étudié l'influence de la musique, son caractère artificiel reste très critiqué.

En effet, on peut se demander si le client va réellement se comporter naturellement dans un tel environnement. Certains chercheurs prennent alors le parti de travailler dans un magasin réel. Pour s'assurer que toutes les conditions sont égales par ailleurs, ils doivent travailler sur la base de plans d'expériences. Autrement dit, ils prennent deux échantillons d'individus soumis chacun à un type de musique tout en interrogeant les deux échantillons dans les mêmes conditions (aux mêmes heures, les mêmes jours, soumis aux mêmes promotions, dans le même magasin, sans changement de merchandising, etc.). Ils doivent par ailleurs vérifier également le caractère comparable de leurs échantillons en termes socio-démographiques.

La valeur ajoutée de la musique par rapport au silence

Avant de procéder à l'examen des travaux de recherche réalisés sur la manipulation des différentes composantes musicales, la première question à laquelle il semble pertinent de répondre est celle de la valeur ajoutée de la diffusion de musique d'ambiance par rapport à son absence. En effet, très peu de magasins ne diffusent pas de musique. Dans notre société occidentale, ceci peut s'expliquer par une aversion très répandue vis-à-vis du silence. En effet, celui-ci renvoie l'homme à sa propre mort et entraîne un sentiment d'angoisse (Corbin, 1982). À ce propos, il existe plusieurs cas d'entreprises qui ont dû rajouter des bruits dans leurs bureaux afin de diminuer l'angoisse créée par la mise en place d'un double vitrage trop performant ou d'un climatiseur particulièrement silencieux. Dans un même ordre d'idée, on peut citer les résultats d'une étude qualitative menée auprès de 24 vendeurs d'une chaîne de magasins de vêtements, qui souligne leur aversion pour l'absence de musique qu'ils qualifient de : « glaciale, sans âme, sans vie, triste, vide, bizarre, désagréable, fade, froid, maussade, monotone, mou » (Rieunier, 2000).

Le silence apparaît également synonyme d'absence ; lorsqu'il n'y a personne dans le magasin, c'est silencieux. La musique d'ambiance aurait donc une fonction humanisante pour le commerce. Ainsi, comme le souligne Rouzé (1999, p. 101 et 105) :

> « Caractérisé par l'absence de son, le silence met en évidence la cessation, le deuil, la mort. Par exemple, dans le monde occidental, la minute de silence est un rituel pour rendre hommage et qui évoque le deuil [...]. Même si le silence est une forme de communication particulière, celle-ci reste inacceptable car elle n'est pas directement explicite ».

Dans un même ordre d'idée, Agnès Varda a réalisé un film sur les veuves et leur rapport à la mort du mari. Le visionnage de ce travail fait nettement ressortir que le décès du conjoint se fait notamment sentir à cause de l'absence de discussions et de son odeur. Ces deux sens sont donc particulièrement importants dans la perception de l'autre. D'ailleurs, plusieurs veuves soulignent qu'elles continuent à parler à leur mari et qu'elles se refusent à jeter leurs habits pour garder un repère olfactif.

Les bruits de fonds sonores sont des repères inconscients très forts. Ainsi, tout parent sait qu'il doit se méfier du silence de ses enfants qui jouent dans une pièce voisine. De même, il semble anormal à tout consommateur de conduire une voiture qui ne produit aucun son ou d'avoir des appareils électroménagers insonores. Quelque part, le « clic » de la cafetière en fin de tâche nous informe sur le fait que le café est prêt.

Les résultats des recherches dénotent en effet une influence négative du silence sur le comportement des clients en magasin. Il apparaît que s'il n'y a pas de musique, les clients passent moins de temps dans le magasin (Yalch et Spangenberg, 1993 ; Rieunier, 2000 ; Guéguen, Jacob et Legohérel, 2005), dépensent moins (Guéguen, Jacob et Legohérel, 2002 ; Garlin et Owen, 2006), sont de moins bonne humeur (Alpert et Alpert, 1990), discutent moins avec le personnel de vente (Rieunier, 2000) et sont plus stressés (Tansik et Routhieaux, 1996 ; Garlin et Owen, 2006). Par ailleurs, Morin, Dubi et Chebat (2007) montrent que les individus ont une meilleure évaluation d'une banque, de la qualité des services proposés et de l'environnement dans lequel les clients sont reçus lorsqu'une musique d'ambiance est diffusée en comparaison avec une agence bancaire sans musique.

Une fois que l'enseigne décide de diffuser de la musique, reste à savoir si cette dernière lui permettra réellement d'atteindre les objectifs qu'elle s'est fixés (v. « Les objectifs de l'utilisation de l'ambiance sonore », ci-avant). Une analyse des résultats des recherches académiques obtenus jusqu'à présent peut permettre de répondre à cette question.

La musique d'ambiance et les objectifs affectifs de l'enseigne

Les objectifs affectifs peuvent être de deux ordres : créer du plaisir et mettre les clients de bonne humeur (v. Encadré 3.5). Jean-François Lemoine a ainsi montré en magasin qu'il existe une relation significative entre le plaisir éprouvé vis-à-vis de la musique et les états affectifs du client : les clients sont d'autant plus heureux, contents, satisfaits et gais avec de la musique plaisante (Lemoine, 2003). Trois recherches ont aussi souligné l'intérêt de faire plaisir aux clients en diffusant de la musique qui corresponde à leurs goûts musicaux car ces derniers ont alors tendance à dépenser plus et à réaliser plus d'achats d'impulsion (Herrington, 1993 ; Yalch et Spangenberg, 1993 ; Sibéril 1994). Une autre étude a par ailleurs montré que le plaisir induit par la musique influence positivement la perception du magasin et le jugement des consommateurs par rapport aux vendeurs (Dubé et Morin, 2001).

Toutefois, le commerçant devra se méfier de la diffusion de musiques trop connues. Il apparaît en effet que cette musique risque d'évoquer des pensées très éloignées de l'acte d'achat et de perturber les ventes (Rieunier, 2000). Ainsi, même si les clients, dans leur grande majorité, aiment entendre des musiques très connues, il apparaît que ces dernières sont souvent liées à des moments précis de la vie de l'individu ou à des images (vidéo clip ; spots de publicité ; artistes ; concerts, etc.) dont le rappel en mémoire vient perturber l'acte d'achat. Par ailleurs, certaines velléités d'adapter la musique aux goûts musicaux des clients se sont révélées difficiles à gérer. Par exemple, il y a quelques années, Célio avait eu l'idée d'adapter la musique d'ambiance aux quartiers dans lesquels se situaient ses boutiques. L'idée reposait sur le constat que la clientèle était très différente entre le Célio de Passy et le Célio de Sarcelles et qu'il pouvait être intéressant d'adapter la musique aux goûts musicaux des clients de chaque quartier parisien. Le test réalisé s'est malheureusement soldé par un échec dans la mesure où, en banlieue, les jeunes s'étaient tellement assimilés à la musique d'ambiance qu'ils avaient fait du magasin un lieu privilégié pour réaliser des concours de danse !

Encadré 3.5 – La musique adoucit-elle les mœurs ?

La musique est souvent associée à l'humeur qu'elle fait naître chez ses auditeurs. Ainsi, un extrait triste amène une certaine mélancolie, alors qu'une musique gaie détend, divertit et installe une ambiance chaleureuse...

Alpert et Alpert (1990) estiment que c'est de cette manière que la musique agit sur les comportements des consommateurs. Ces chercheurs en marketing considèrent que l'ambiance sonore place les individus dans une humeur particulière (tristesse, joie) qui a une influence sur la manière dont une marque est évaluée dans un contexte publicitaire. Leurs présomptions sont vérifiées puisqu'ils montrent dans une étude qu'une musique triste a un impact positif sur les intentions d'achat d'un produit à connotation affective triste (des cartes de vœux qui sont achetées pour être envoyées à un ami lointain), alors qu'une musique gaie produit l'effet inverse. Notons toutefois qu'il est difficile de généraliser ces résultats car la taille de l'échantillon testé est restreinte (48 individus). De plus, certains psychologues soulignent qu'il ne faut pas confondre la tonalité perçue de la musique (dramatique, enjouée) avec l'humeur effectivement ressentie à l'écoute d'une œuvre musicale (Meyer, 1956).

La musique d'ambiance et les objectifs cognitifs de l'enseigne

En dehors du plaisir ou de l'humeur qu'elle peut provoquer chez les clients, la musique peut également assurer une fonction cognitive, c'est-à-dire connoter l'univers du magasin, son positionnement, attirer l'attention du client sur une catégorie de produits ou encore modifier la perception du temps passé dans le point de vente.

➤ L'influence de la musique sur l'image de l'enseigne

Pour expliquer ce phénomène, il convient de rappeler la capacité de la musique à évoquer des images et des atmosphères, pouvoir évocateur qui a été largement décrit par des psychologues, philosophes, musicologues et chercheurs en marketing (v. Encadré 3.6).

Encadré 3.6 – La musique est un « langage »

Psychologues, philosophes et musicologues parlent dans leurs écrits des significations véhiculées par la musique.
Ainsi, le psychologue Francès (1958) affirme que la musique suscite des réactions qualifiées de « jugements de signification » : à l'écoute d'une mélodie, l'auditeur est capable de décoder les ondes sonores et de les relier à des ambiances et contextes spécifiques (la musique rappelle l'eau, une saison, un moment dans la journée, la lumière...).
Cette particularité évocatrice de la musique a également intrigué nombre de philosophes : Rousseau relate par exemple l'histoire d'une musique qui a pour particularité de faire fondre en larmes n'importe quel Suisse qui

l'entend, tant elle lui rappelle l'enfance, ses souvenirs, son pays, la manière d'y vivre et exacerbe le désir de revoir le pays natal (Rousseau, 1768, p. 314). Dans le même ordre d'idée, Sartre parle de la musique comme d'« une belle muette aux yeux pleins de sens... tout est là, donné dans les sons, comme la renaissance sourit sur les lèvres de la Joconde. »[1]

Ainsi, lorsque le client est soumis à une musique, il active automatiquement en mémoire un ensemble de pensées qui sont liées au style de la mélodie. L'existence de ces réseaux d'associations mémorielles a été mise en évidence dans de nombreuses études. Par exemple, dans le cadre d'une recherche marketing réalisée sur 244 personnes, il était demandé aux prospects d'indiquer ce que leur évoquaient les trois musiques instrumentales suivantes : Bowie, *I'm deranged* (rock-techno), Albinoni, *Allegro moderato* (baroque) puis Parker, *Lover man* (jazz) (Gallopel, 1998). La figure 3.2 récapitule les pensées ou connotants qui ont émergé à l'écoute de ces trois extraits. Cette figure montre que les réseaux d'associations mémorielles sont très différents d'un style de musique à l'autre : chaque morceau évoque un ensemble de pensées spécifiques.

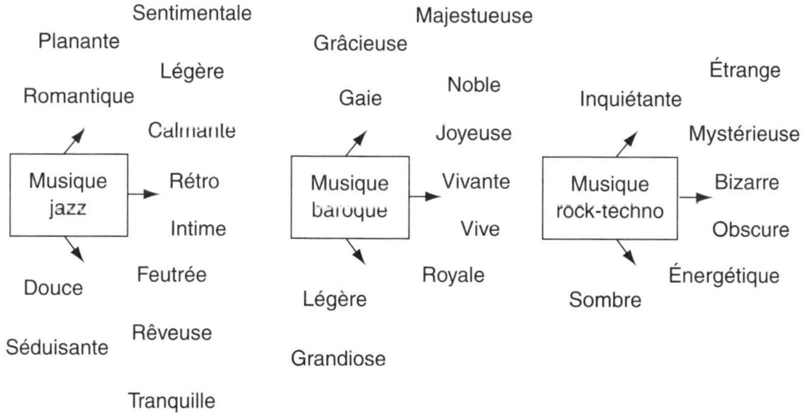

Figure 3.2 – Exemple de schéma d'associations mémorielles liées à des musiques jazz, baroque, ou rock-techno (Gallopel, 1998)

1. Cité par Court, dans Dufourt, Fauquet, Hurard, *L'esprit de la musique, essais d'esthétique et de philosophie*, Klincksieck, 1992.

En vertu des pensées qu'elle active chez ses auditeurs, la musique peut être utilisée à des fins commerciales pour que ces évocations rejaillissent sur l'image d'un produit, d'une marque ou d'un point de vente. Ainsi une mélodie bien choisie peut renseigner le consommateur sur les qualités présumées d'une marque (musique à tempo rapide pour accentuer la puissance et la vitesse qui se dégage d'une voiture) et les valeurs qu'elle représente.

Cette capacité de la musique à modifier ou à renforcer un positionnement de marque a été relatée par des auteurs en marketing (Scott, 1990, Englis, 1991) et validée dans deux études doctorales. La première recherche (Gallopel, 1998) a montré que l'association d'une publicité identique sur le plan visuel à trois extraits musicaux évoquait des significations différentes et modifiait la façon dont les consommateurs percevaient une marque de bière présentée par un annonceur (Bowie, Albinoni ou Parker : v. Figure 3.2). Celle-ci était jugée plus :

- « calmante, intime, relaxante, rêveuse, romantique, sentimentale et romantique » lorsqu'elle était accompagnée du fond sonore musical jazz (Parker) ;
- « majestueuse, noble et royale » lorsqu'elle était accompagnée du fond sonore musical baroque (Albinoni) ;
- « moderne, inquiétante, étrange, bizarre, énergique, vive, vivante, sombre, obscure » lorsqu'elle était accompagnée du fond sonore musical rock-techno (Bowie).

Des résultats similaires ont été mis en lumière dans la recherche doctorale menée par Goudey (2007). Cet auteur montre que le tempo et le timbre de la musique influencent l'image d'une marque. Ainsi, une musique à tempo lent et utilisant le timbre du violon donne un caractère majestueux, aérien et calme à la marque ; un tempo lent et le timbre du piano lui donnent une dimension aquatique, zen et calme. Un tempo rapide et le timbre de la flûte évoquent une marque dynamique et en lien avec la santé. Des exemples concrets de cette utilisation de la musique sont présentés dans l'encadré ci-dessous.

Encadré 3.7 – Evian, Air France… quand les marques comptent sur la musique pour faire évoluer leur image

BETC-Euro RSCG est une des agences de publicité les plus connues en France. Depuis quelques années, l'agence s'est lancée dans la musique d'ambiance pour les lieux de vente. Ainsi, BETC Music ID's a décidé de capitaliser sur son expertise en musique publicitaire. L'agence est en effet à l'origine de beaux succès tels que la campagne Evian au travers de laquelle elle a vendu des milliers d'albums *We will rock you* (1,4 million d'albums vendus dans le monde) et a réalisé un clip vidéo *Waterboys* relatant l'histoire d'une goutte d'eau. Suite à ce succès musical, les parts de marché d'Evian ont augmenté de manière significative en France et à l'étranger et la marque a été associée durablement dans l'esprit des consommateurs à la jeunesse.

On peut également citer la collaboration entre BETC Music ID's et Air France. Au départ, l'agence a créé une publicité qui jouait sur l'articulation entre un premier plan de vie quotidienne et un arrière-plan représentant un avion, le tout bercé par la musique des Chemical Brothers qui s'est alors vendue à des milliers d'exemplaires. Cette première campagne très axée sur la musique a fait évoluer de manière significative le capital affectif lié à la marque. Depuis, Air France, dans sa volonté de faire du voyage une parenthèse de bien-être, a décidé de diffuser à ses passagers une programmation musicale originale pendant le vol, à l'atterrissage et au décollage. Cet univers sonore a été réfléchi pour être en cohérence totale avec la signature de la marque incarnée aujourd'hui par Aswefall, dans la lignée des Chemical Brothers.

Autre exemple intéressant : la Saint Valentin 2008 vue par le café Carte Noire. BETC Music ID's a mis en place pour cet annonceur un jeu concours original : les internautes pouvaient déclarer leur flamme à la personne de leur choix au moyen d'une chanson personnalisée, disponible sur un site Internet dédié à l'évènement. Pour ce faire, l'internaute choisissait son style musical (rock, ballade ou R&B), ses paroles et la chorégraphie du clip puis envoyait le tout par courriel à l'être aimé. En tout, 243 chansons différentes, 81 versions de paroles et 45 clips tournés étaient disponibles.

Au total, ce sont environ 250 bandes son qui sont produites chaque année par BETC Euro RSCG (60 % de création/composition et 40 % d'achat de titres préexistants).

L'originalité de l'approche de BETC repose sur le pré-test des musiques qu'elle utilise. Dans ce cadre, l'agence a eu l'idée en 2001 de créer des soirées parisiennes dénommées « Panik » qui s'exportent aujourd'hui à l'étranger (New York, Jordanie, etc.). Au travers de cet évènement, Christophe Caurret et Fabrice Brovelli, qui ont détecté de nouveaux talents de la scène électronique, peuvent tester en direct les réactions du public au passage des différents morceaux. « Si un morceau fonctionne en soirée, il y a fort à parier qu'il peut faire une bonne musique de publicité ». En l'espace de quelques années, les soirées Panik sont devenues très reconnues par la profession musicale qui s'y presse pour y découvrir de nouveaux talents. D'ailleurs, les maisons de disques se sont mises à courtiser l'agence et les marques pour que leurs musiques soient choisies dans des spots publicitaires. Cherchant à reproduire le succès de la musique publicitaire d'Evian ou d'Air France, les maisons de disques ont conscience de la force des publicités pour lancer des artistes inconnus. À ce jour, l'agence a sorti les compilations des musiques utilisées par Peugeot, Salvetat et Air France.

Cet effet « cognitif » de la musique se retrouve également en magasin. Des recherches soulignent que la musique concourt effectivement au renforcement et à la création de l'image du magasin. Yalch et Spangenberg (1993) ont par exemple montré que le style de la musique influence la perception du positionnement prix et du caractère bas de gamme d'un point de vente : les clients perçoivent celui-ci plus haut de gamme lorsque de la musique classique est diffusée en comparaison avec de la musique de variété.

De même, North et Hargreaves (1998) ont mis en évidence que le style de la musique influence les attributs d'image d'une cafétéria universitaire :

- la musique pop (*vs* classique *vs* easy listening *vs* silence) donne une image excitante, jeune, gaie, bas de gamme, amusante, dynamique, à la mode ;
- la musique classique confère à la cafétéria une image spirituelle, sophistiquée, féminine et sensuelle. Les clients sont d'ailleurs prêts à payer plus cher lorsqu'ils sont soumis à de la musique classique qu'avec d'autres ambiances sonores ;
- la musique *easy listening* lui confère une image de mauvais goût ;
- sans musique, la cafétéria donne une impression de calme.

Par ailleurs, deux chercheurs ont montré que le tempo de la musique a une influence positive sur le plaisir, la stimulation et l'intention de fidélité si le tempo induit une congruence entre l'image du magasin et l'image de soi (Ben Zoubin et Chandon, 2006). Autrement dit, les distributeurs semblent pouvoir cibler leurs clients au travers de la musique : si cette dernière renvoi une bonne image, le client aura une attitude positive vis-à-vis de ce dernier.

➤ L'influence de la musique sur le choix des produits

Le style de musique diffusé permet donc au client de catégoriser le magasin. Certains chercheurs ont également avancé l'idée qu'il oriente la composition du panier d'achat. Ainsi, deux chercheurs américains ont montré que les clients d'une cave à vin achetaient des vins plus chers lorsqu'ils étaient en présence de musique classique que de musique de variété (Areni et Kim, 1993). Le caractère distinctif de la musique classique aurait probablement projeté le client dans un univers haut de gamme favorable à l'achat de vins plus onéreux. Face à un tel résultat, la tentation est grande de se dire qu'il faut diffuser dans toutes les surfaces de vente de la musique classique dans l'objectif d'accroître la valeur du panier moyen. Cependant, une autre expérience menée dans un supermarché a montré, à l'inverse, que les clients achetaient plus lorsqu'ils étaient soumis à de la musique de variété (*vs* classique) (Sibéril, 1994). Ainsi, on peut supposer que si le client est soumis à un stimulus non pertinent avec la catégorie de produits à acheter, il achète moins que si tous les stimuli environnementaux concourent à créer un espace de vente cohérent. Il ne faut donc pas perdre de vue que la musique diffusée dans le magasin doit avant tout être cohérente avec le positionnement et l'assortiment de celui-ci, comme cela a été mis en évidence lorsque la musique est utilisée dans le cadre d'une stratégie publicitaire (Galand, 2003).

De nouvelles recherches montrent également que l'odeur diffusée dans un magasin a d'autant plus d'impact qu'elle est accompagnée d'une musique cohérente avec l'odeur : l'évaluation des marchandises, du magasin et les intentions de visites sont meilleures lorsqu'une odeur évoquant Noël est diffusée avec une musique du même type (Spangenberg, Grohmann et Sprott, 2005).

Le nombre d'articles achetés est également impacté positivement lorsque la musique et l'odeur sont toutes les deux stimulantes (Ben Dahmane, Mouelhi et Brée, 2008).

Dans un même ordre d'idée, North, Hargreaves et McKendrick (1997) ont montré qu'il existait une relation significative entre l'origine géographique de la musique diffusée (française *vs* allemande) et le choix des produits : les clients achètent plus de vins français lorsqu'ils sont soumis à de la musique française et plus de vins allemands lorsqu'ils sont soumis à de la musique allemande. Selon ces chercheurs, l'origine géographique de la musique active en mémoire des pensées liées au pays et influence le choix des individus. Cependant, une lecture approfondie du protocole expérimental mis en place montre quelques faiblesses dans la méthodologie de ces chercheurs (v. Encadré 3.8).

Encadré 3.8 – Quand la musique influence le choix des produits

En 1997, trois chercheurs anglais publiaient un article de recherche sur l'influence de l'origine géographique de la musique sur le choix des produits. Leur recherche montrait ainsi que, dans un supermarché, les clients achetaient plus de vins allemands avec de la musique allemande et plus de vins français avec de la musique française. Dès lors, les médias s'emparèrent de ce résultat de recherche pour communiquer sur la manipulation du consommateur au moyen de la musique d'ambiance. Cependant, une lecture attentive de la méthodologie d'enquête de ces chercheurs révèle que l'expérience a porté sur 44 clients qui avaient des préférences antérieures bien marquées pour chaque catégorie de vin. Par ailleurs, il semblerait que tout ait été fait dans le magasin pour induire dans l'esprit du consommateur l'existence d'une semaine commerciale basée sur un pays. En effet, la musique choisie était réellement caricaturale du pays d'origine (à savoir de l'accordéon pour la France et de la musique bavaroise pour l'Allemagne) et des drapeaux de chaque pays étaient apposés sur les rayons des vins. Il est donc possible que le consommateur ait assimilé la diffusion de musique à une semaine commerciale dans laquelle il pouvait faire de bonnes affaires. Cette expérience mériterait donc d'être reconduite sur une période plus longue avec un échantillon de grande taille. Ceci permettrait d'être sûr de pouvoir attribuer la variation des ventes à la musique d'ambiance et non à la préférence antérieure des quelques individus interrogés ou au fait qu'ils aient cru qu'il y avait une promotion sur les vins de telle ou telle origine.

Source : North A.C., Hargreaves D.J. et McKendrick J., In-Store Music Affects Product Choice, Nature, 390, 13 novembre 1997, p. 132.

➤ L'influence de la musique sur la perception du temps

Un autre effet « cognitif » de la musique a été mis en évidence par plusieurs chercheurs : les consommateurs ont l'impression de passer plus de temps dans un magasin ou de passer plus de temps à attendre lorsqu'ils entendent :

- une musique connue en comparaison avec une musique inconnue (Yalch et Spangenberg, 2000) ;
- une musique qu'ils apprécient (Dubé et Morin, 2001, Hui, Dubé, Chebat, 1997) ;
- une musique à tempo lent qui est associée à un environnement commercial visuel stimulant (Chebat, Gélinas Chebat et Filiatrault, 1993) ;
- une musique inconnue vs. une musique connue (Bailey et Areni, 2006).

Cet effet de la musique va parfois à l'encontre des objectifs du commerçant qui, pour améliorer le confort de ses clients, souhaite minimiser la perception du temps passé à attendre aux caisses. Malgré cet inconvénient, il est tout de même conseillé d'utiliser un fond sonore car l'attente est mieux acceptée par les consommateurs quand elle se fait en musique (Hui, Dubé, Chebat, 1997).

Pour clore ces développements consacrés aux réactions « cognitives » des consommateurs, citons des effets pervers constatés par quelques chercheurs : stimuler le client grâce à la musique d'ambiance peut nuire à sa capacité à se concentrer sur les produits vendus et sur les arguments des vendeurs. Cela entraîne alors une attitude négative des consommateurs par rapport aux produits vendus (Chebat, Gélinas Chebat, Vaillant, 2001).

La musique d'ambiance et les objectifs comportementaux de l'enseigne

Le commerçant peut accroître le temps passé par le client en magasin au moyen de la musique d'ambiance en diffusant de la musique qui correspond aux goûts musicaux des consommateurs (Yalch et Spangenberg, 1993 ; Herrington, 1993). Par ailleurs, le distributeur doit veiller à ce que le volume de la musique diffusée ne soit pas trop élevé au risque de voir les clients passer moins de temps dans le magasin (Smith et Curnow, 1966).

Le temps de présence du client peut être également influencé par le tempo de la musique, dans la mesure où les battements du cœur s'adaptent naturellement aux battements de la musique. Ainsi, Milliman (1982) a montré que les clients se déplaçaient plus vite dans un supermarché avec de la musique rapide qu'avec de la musique lente. Des résultats similaires ont été obtenus dans le secteur de la restauration où on a observé notamment une relation entre le temps passé dans la surface de vente et le tempo de la musique d'ambiance (v. Encadré 3.9).

Par ailleurs, le plaisir et la stimulation induits par la musique d'ambiance influencent parfois les relations entre les clients et les employés d'un magasin. Il a en effet été constaté par Dubé, Chebat et Morin (1995) qu'une musique stimulante et appréciée des consommateurs pousse ces derniers à être plus souriants et à engager des discussions plus sympathiques avec les employés d'une banque.

Encadré 3.9 – Ambiance sonore et restauration : un domaine d'étude spécifique

La restauration est un domaine où la prise en compte de la musique d'ambiance est particulièrement importante. En effet, compte tenu du temps passé par le client sur le lieu de vente et le fait qu'il y vit une expérience de consommation, la musique doit contribuer à créer une ambiance confortable et distrayante. Les chercheurs ont ainsi montré à deux reprises que les clients restaient plus longtemps au sein du restaurant en présence de musique lente qu'en présence de musique rapide (Milliman, 1986 ; Caldwell et Hibbert, 1999).

Curieusement, ces mêmes chercheurs ont noté que les clients consommaient plus de boissons lorsque la musique était lente que lorsqu'elle était rapide. On aurait en effet pu croire le contraire : que les clients suivraient la vitesse du tempo. Cependant, les clients passant plus de temps dans le restaurant lorsque la musique est lente, ils semblent alors se laisser plus aller à commander des apéritifs, du vin, ou encore un café ou un digestif, que lorsqu'ils sont soumis au rythme rapide de la musique.

Une expérience plus récente, réalisée dans un bar pour jeunes, montre que le nombre moyen de boissons consommées varie avec le volume de diffusion de la musique (Guéguen, Le Guellec et Jacob, 2004). Les jeunes consomment plus de boissons avec un volume plus élevé. Ceci souligne qu'il est certainement nécessaire de s'adapter à la cible du restaurant. Les jeunes valorisent plus les musiques rapides, diffusées à un volume élevé, que les moins jeunes. La congruence avec la cible du lieu est donc à rechercher. Ceci a d'ailleurs été confirmé par une autre recherche menée dans un restaurant chic sur l'influence du style de musique sur la consommation (North, Shilcock et Hargreaves, 2003). Les clients dépensaient significativement plus en présence de musique classique qu'en présence de musique de variété ou d'absence de musique[1].

L'adaptation de la musique au moment de la journée

Le client n'est pas prêt à écouter le même type de musique selon l'heure à laquelle il fait ses courses, c'est pourquoi certains distributeurs adaptent la musique au moment de la journée.

Des prestataires de service, tels que Midis, proposent d'ailleurs de choisir le moment de la diffusion d'une musique d'un style particulier : le client remplit une grille pour déterminer les heures de basse/moyenne ou haute fréquentation de son magasin pour l'ensemble des jours de la semaine, et la musique diffusée est alors sélectionnée en fonction de cette affluence. En général, une musique rapide est entendue pendant les heures creuses et une musique plus douce est diffusée pendant les heures pleines.

Des chercheurs ont testé l'utilité d'adapter la musique au moment de la journée. Leurs résultats confirment partiellement l'intérêt d'une telle pratique. Ainsi, il apparaît qu'en supermarché, en période de pointe, le consommateur achète plus d'articles avec de la musique de variété au tempo rapide, alors qu'en période creuse il achète plus avec de la musique classique au tempo lent (Sibéril, 1994). De même, une autre recherche montre que, dans un centre commercial, les clients éprouvent plus de plaisir quand le tempo de la musique correspond au moment de la journée : rapide en période de pointe et lent en période creuse (Eroglu, Machleit et Chebat, 2003). On trouve le même résultat dans un magasin spécialisé dans les vêtements : les clients sont de meilleure humeur lorsqu'on leur diffuse de la musique

1. Pour le lecteur intéressé par le détail de ces expériences, nous lui conseillons l'ouvrage de Guéguen, *100 petites expériences en psychologie du consommateur*, Dunod, 2005.

au tempo lent en heure creuse et au tempo rapide en heure pleine (Rieunier, 2000). Cependant, l'adaptation du tempo de la musique au moment des achats ne permet pas de retenir les clients plus longtemps en magasin ou de faire dépenser plus (Erozlu, Machleit et Chebat, 2003 et 2005 ; Rieunier, 2000).

L'ambiance sonore et les réactions des employés

Pour une gestion optimale de l'ambiance sonore : consulter les employés du magasin

Les employés du magasin ne sont que très rarement consultés lors de la définition de l'ambiance du magasin. Pourtant, il ne faut pas oublier qu'ils doivent vivre huit heures par jour au contact du facteur d'ambiance et qu'ils représentent également le dernier chaînon de la mise en place de la politique sonore de l'entreprise. Ils ont donc le pouvoir de censurer la musique si elle ne leur plaît pas ou affecte de manière négative leur travail. Il n'existe à notre connaissance que deux études réalisées sur le rapport des vendeurs à la musique d'ambiance (Rieunier, 2000 ; Skanchani, Ben Dahmane, Moueldhi, Malek, 2009). Les conclusions de ces études sont les suivantes :

- Les vendeurs ont une grande aversion vis-à-vis de l'absence de musique.
- Ils déclarent aimer écouter la musique lorsqu'il n'y a pas de clients dans le magasin ou lorsqu'ils doivent faire des tâches qui leur demandent peu de réflexion (du type rangement de produits dans les étagères).
- Ils sont assez partagés sur le tempo de la musique : certains apprécient des musiques détendantes alors que d'autres préférent travailler avec des musiques au tempo rapide.
- Ils sont sensibles à la musique d'ambiance et se l'approprient au travers de différentes actions. Ainsi, certains font des quiz pour savoir quel est l'interprète de telle ou telle chanson ; certains découvrent des morceaux et vont acheter le disque pour l'écouter chez eux ; d'autres mettent le volume très fort le matin avant l'ouverture pour se stimuler dans un travail rébarbatif (réassortiments) ; d'autres censurent les

disques qu'ils n'aiment pas ; enfin, certains effectuent une programmation des morceaux qui leur plaisent le plus sur le disque. Chose intéressante à noter : lorsque les vendeurs aiment un morceau, ils ont tendance à augmenter le son de diffusion de celui-ci. Cette pratique peut se révéler parfois négative dans la mesure où le client ne comprend pas forcément pourquoi tout d'un coup la musique est plus forte. Par ailleurs, il est fréquent que le vendeur oublie ensuite de remettre le volume à son niveau d'origine, et la musique continue à être diffusée à un volume très élevé dans le magasin.

- La musique diffusée ne doit pas être répétitive. Ainsi, il apparaît que la musique de Noël est totalement rejetée par les vendeurs qui ne la supportent plus au bout de quelques jours. Il en est de même lorsque la musique est peu renouvelée.

La musique d'ambiance et le travail des employés

De manière plus large, les psychologues se sont déjà intéressés à l'influence de la musique sur le travail des employés en entreprise (dans les bureaux, les usines, etc.). Les résultats de ces recherches montrent que les employés préfèrent en général travailler en musique (Furnham et Bradley, 1997). Malgré l'attitude positive des employés vis-à-vis de cette dernière, plusieurs recherches ont montré qu'il n'existe pas de relation significative entre la diffusion de musique et la production des employés (Furnham et Bradley, 1997). Cependant, il semblerait que cela dépende de plusieurs variables telles que la complexité de la tâche, la nature de la musique et les caractéristiques des employés (âge, personnalité, etc.).

Les résultats des recherches montrent que plus la tâche de travail est complexe, plus la musique est inefficace pour influencer la productivité des employés (Furnham et Bradley, 1997). La musique aurait donc un impact positif sur la production de tâches simples à effectuer (Furnham et Bradley, 1997). Ceci peut s'expliquer par les théories portant sur les ressources attentionnelles. Ainsi, lorsqu'on doit effectuer une tâche complexe, l'attention que requiert la musique entre en concurrence avec la concentration nécessaire à la réalisation de la tâche (Camus, 1996). Les recherches montrent d'ailleurs un effet négatif de la sonorisation d'un lieu de travail sur l'apprentissage.

L'influence de la musique d'ambiance sur les réactions des employés semble également dépendre du type de musique utilisé. Les résultats des recherches montrent que :

- la musique instrumentale (*vs* vocale) est préférée durant le travail par la majorité des employés (Furnham et Bradley, 1997) ;
- les performances sont meilleures lorsque les individus sont exposés à une musique familière (Hilliard et Tolin, 1979) ;
- la productivité est meilleure lorsque les employés sont exposés à une musique peu complexe et diffusée à un volume faible (Kiger, 1989).

Enfin, il semblerait que tous les employés ne réagissent pas de la même manière à la musique d'ambiance. Plusieurs variables méritent ainsi d'être prises en compte :

- L'âge des individus. En effet, il existe un lien négatif entre l'âge et la préférence pour le travail en musique (Furnham et Bradley, 1997). Or, il apparaît que les individus qui aiment travailler en musique ont de meilleures performances et moins de fatigue lorsqu'ils sont dans cette condition (Oldham *et al.*, 1995).
- Le caractère introverti des employés : les introvertis ont moins tendance à travailler avec de la musique (Cambell et Hawley, 1982) et leur tâche est négativement affectée par la présence de musique. En revanche, le travail réalisé par des employés extravertis n'est pas perturbé par le fond musical (Daoussis et McKelvie, 1986 ; Furnham et Bradley, 1997).

L'assurance de l'adhésion des employés à l'ambiance sonore

La musique d'ambiance peut donc affecter le travail des vendeurs. Le distributeur ne doit pas oublier que sans l'adhésion de la force de vente à l'ambiance sonore, il ne pourra jamais mettre en place la musique qu'il souhaite dans le magasin. Plusieurs distributeurs commencent à en prendre conscience et réalisent des opérations de communication interne à destination de leurs vendeurs. Ainsi, Célio a créé une année pour Noël le *Best of vendeurs* : les vendeurs devaient réécouter les disques de musique d'ambiance de l'année et voter pour les meilleurs titres. Un disque a ensuite été gravé reprenant les titres qui avaient été les plus plébiscités par les vendeurs. Ces derniers ont accueilli cette initiative de manière très positive puisqu'ils se sentaient réellement consultés et qu'ils étaient ensuite très curieux de savoir si les vendeurs des 170 autres magasins Célio avaient voté comme eux. Dans un même ordre d'idée, la société Sixième Son a créé un CD-Rom à destination des vendeurs pour leur expliquer les raisons du choix de l'ambiance sonore et leur faire comprendre l'intérêt de diffuser le disque. Par ailleurs, cette même société travaille parfois à base d'enregistrements des bruits spécifiques de l'entreprise pour laquelle elle doit créer une identité sonore et les inclue dans le logo sonore de l'entreprise. Ainsi, Smurfit, une société spécialisée dans la production de sacs en carton s'est dotée d'un logo sonore reprenant en partie le bruit très spécifique des machines de son usine. Les employés, habitués à entendre ce bruit, ont tout de suite adhéré au logo sonore.

Conclusion

Après s'être beaucoup intéressés aux aspects visuels du magasin, les distributeurs ont découvert depuis peu les fonctions que pouvait remplir l'environnement sonore. Facteur d'attraction, d'émotions et d'image, la musique d'ambiance est devenue en l'espace de quelques années un élément incontournable de l'ambiance du point de vente. La diversité des musiques et des formats de diffusion désormais disponibles en font un média particulièrement riche en termes d'applications. Lors du choix de sa charte sonore, le commerçant devra se poser des questions sur quatre éléments musicaux clés :

- le style de musique (classique, opéra, variété internationale, variété française, pop, rock, jazz, techno, acid jazz, house, etc.) qui lui permettra de véhiculer une certaine image de son point de vente ;
- le type d'évocation provoqué par la musique en termes d'univers, d'émotions, etc. ;
- le tempo (lent, moyen ou rapide) qui représente un facteur de détente ou de stimulation ;
- la notoriété (musique connue ou inconnue) qui reflète le caractère populaire ou distinctif du point de vente.

Comme nous l'avons mis en évidence dans ce chapitre, l'ensemble de ces éléments peut avoir un impact non négligeable sur le comportement du client en magasin.

Pour terminer, précisons qu'il ne faut pas s'arrêter à la gestion sonore du seul point de vente. Pour une utilisation optimale de la musique, il est nécessaire de l'intégrer dans le cadre d'une démarche de communication globale, à l'instar de ce que proposent les prestataires de services comme l'agence Atoo Média (v. Encadré 3.10).

Encadré 3.10 – L'univers musical et sonore : la nécessaire cohérence musicale de l'enseigne

L'agence AtooMedia a été créée pour offrir à ses clients une approche sonore multicanal afin de communiquer la même image de marque par SMS, Internet, téléphone, sonorisation d'espace, participation à des évènements etc. Travaillant selon les besoins sur la base de créations ou de compilations de musiques existantes, l'agence s'interroge sur le son de l'entreprise sur l'ensemble des canaux suivants :

- espace : sonorisation d'espaces d'accueil, d'espaces d'attente, lieux de vente avec son offre Espace Son ;
- téléphonie : serveurs vocaux, systèmes d'attente téléphonique, répondeurs avec son offre Musicotel.com ;
- Internet : bannières publicitaires, sites de marque, jeux, animation flash ;
- multimédia : CD-Rom lancement de produit, films d'entreprise ;
- média : spots publicitaires radio et TV, *billboards* ;
- évènementiel : défilés de mode, lancement de produits, conventions, réunions des actionnaires.

L'identité musicale touche des secteurs très variés. Ainsi, les clients d'AtooMedia sont dans des secteurs d'activités très variés : Pier Import, Expert, PicWic, E. Leclerc, Mondial Assistance, Dior, Apax Partners, Chambre nationale des huissiers de Justice, Hilti, Nerim, Gamm Vert, Total, etc.

Son fondateur, Alain Goudey, a soutenu une thèse de doctorat sur l'identité sonore en 2007 à l'Université Paris Dauphine et il vient de créer le premier baromètre des identités musicales.

Ce baromètre repose sur l'interrogation de 200 personnes, de manière régulière sur leur perception des identités musicales de 30 marques, issues de 6 secteurs différents. Plusieurs mesures sont effectuées sur ces identités : l'agrément, la saturation et l'attribution à la bonne marque. Les résultats du baromètre montrent que lorsque l'identité musicale est issue d'une création propre (vs. reprise), la saturation est beaucoup plus faible mais l'agrément l'est également. L'attribution est plus faible en création qu'en reprise de musique existante. Ceci s'explique certainement par la nécessité d'augmenter l'exposition à la musique pour arriver à la faire mémoriser lors d'une création : lorsqu'on connaît déjà une musique, il est plus facile de l'associer en mémoire à une marque que lorsqu'on découvre une musique pour la première fois. De même, l'utilisation d'un « tube » permet un transfert affectif de la musique vers la marque. La création d'une identité musicale doit s'accompagner d'une volonté forte de la promouvoir auprès du public.

Pour en savoir plus : www.atoomedia.com et http://bimm.atoomedia.com

CHAPITRE 4

Comment gérer les senteurs d'ambiance ?

Les senteurs d'ambiance font aujourd'hui l'objet d'une attention accrue de la part des gestionnaires de lieux de service. La presse professionnelle s'est largement fait l'écho de telles pratiques qui concernent de nombreux secteurs : la banque, le prêt-à-porter, le transport passager, les spectacles ou encore la grande distribution. Parallèlement, des ouvrages se sont également intéressés au marketing olfactif. On peut par exemple citer celui de Barbet *et al.* (1999).

La gestion de l'ambiance olfactive d'un lieu n'est pas une pratique nouvelle. Ce qui change aujourd'hui, c'est le recours à des systèmes de diffusion conçus spécifiquement pour une utilisation au sein d'un espace commercial. Par ailleurs, les progrès de la parfumerie ont également participé à la démocratisation d'un usage autrefois réservé aux cérémonies religieuses ou à la prophylaxie. La première partie de ce chapitre nous permettra de revenir sur les spécificités associées aux senteurs d'ambiance à travers les pouvoirs attachés aux odeurs et à ce que les chercheurs appellent « le syndrome de Proust ». Nous examinerons également les conclusions que nous pouvons tirer des recherches menées sur l'influence des senteurs d'ambiance et les spécificités de la diffusion de senteurs d'ambiance. Dans une seconde partie, nous proposerons un ensemble de recommandations managériales quant à l'utilisation de senteurs d'ambiance dans le cadre de l'aménagement d'un magasin.

Spécificités associées aux senteurs d'ambiance

L'homme n'a pas attendu les spécialistes du marketing et de la communication pour utiliser le pouvoir odoriférant de certaines plantes, pour se parfumer ou parfumer ce qui l'entoure. Ces pratiques ancestrales sont rapportées dans de nombreux textes anciens.

Une mythologie des odeurs encore très présente

L'homme a de tout temps attribué aux odeurs certains pouvoirs. Nous en distinguons trois : un pouvoir de discrimination, un pouvoir curatif ou mortifère et un pouvoir dit « de transport », c'est-à-dire d'évocation. Aujourd'hui encore, ces pouvoirs peuvent être rattachés à certaines pratiques.

➤ Le pouvoir de discrimination des odeurs

Jusqu'à Pasteur, le monde des odeurs s'entourait de nombreux mystères. Évanescentes, échappant au regard, elles vont et viennent tout en ne se laissant emprisonner que difficilement par les mots. On ne les désigne que par leur origine (odeur de jasmin, de rose, de musc) ou par leurs effets (odeur agréable, désagréable, appétissante...). De plus, leur mode de propagation reste obscur. Il ne faut donc pas s'étonner qu'elles deviennent le médiateur privilégié des mystères du monde qui nous entoure. Les inclinaisons envers les choses et les êtres vont trouver une justification dans l'odeur qui les caractérise.

Cette odeur peut être réelle ou imaginaire et l'on trouve tout au long de l'histoire des exemples de peuples rejetés en raison de l'odeur qui les aurait caractérisés. Quand on ne veut plus entendre parler de quelqu'un ou de quelque chose, il suffit de dire qu'il ou elle sent mauvais. Si elles peuvent éloigner les hommes, les odeurs peuvent également les rapprocher. Celles associées à certains métiers ou à certaines cuisines peuvent constituer un signe de reconnaissance. Le rôle qu'elles jouent nous renvoie également à certains comportements animaux comme le flairage. En effet, les animaux utilisent leur odorat pour identifier ce qu'ils doivent accepter ou rejeter. Cette pratique subsistait chez certains groupes ethniques. Ainsi, les esquimaux se frottaient le nez comme s'ils cherchaient dans l'odeur de l'autre le secret de son être.

Si l'odeur permet de distinguer ce qui peut être accepté ou rejeté, elle contribue également à la séduction qu'exercent les choses et les êtres. Ainsi, l'usage du parfum participe à la communication olfactive qui s'opère entre les sexes. Son usage ne correspond pas simplement à la volonté d'amplifier des signaux olfactifs naturels (les phéromones), mais également au désir de ne pas susciter la réprobation des autres pour qui sentir c'est sentir mauvais. En effet, hors du contexte amoureux, ces signaux naturels ne sont associés qu'à la part animale que l'homme cherche à refouler. La découverte chez l'homme du système voméronasal, qui chez l'animal participe à la perception des phéromones, ne fait que raviver certains fantasmes. Par exemple, celui de pouvoir métamorphoser l'individu en acheteur compulsif comme si ce dernier était dépourvu de tout cortex.

Les odeurs permettent également de distinguer le Bien et le Mal. En effet, les religions font très souvent référence aux odeurs lorsqu'il s'agit de matérialiser la communication avec l'au-delà ou d'établir la barrière entre le Divin et le Mal. Le Divin et le Bien se caractérisent par les bonnes odeurs et les saints et les saintes ont une odeur de sainteté, signe pour les vivants de l'élection. Au contraire, le Mal est synonyme de miasme et sent le souffre.

En dépit de la levée de certains mystères, les odeurs conservent toujours leur pouvoir de discrimination. En effet, notre nez nous sert de vigie et il intervient encore dans les jugements que nous portons sur ce qui nous entoure. Chacun de nous peut le constater aisément et particulièrement dans le domaine de l'alimentation. Les aliments se révèlent grâce au nez. Si la vue peut nous tromper et nous donner l'illusion de l'excellence, le nez nous trahit rarement. Garante de la maturité d'un fruit, l'odeur est également là pour signaler à la mère de famille la nature corrompue d'un met. Mais, il ne faut pas se limiter au domaine alimentaire. En effet, à chaque instant notre nez attire l'attention des autres sens sur notre environnement. Très souvent, il suffira de quelques flairs pour juger du confort ou de la propreté d'un lieu. Ainsi, la présence d'odeurs corporelles au sein d'une cabine d'essayage peut indisposer des clients, tout comme pouvait le faire la présence d'une odeur de tabac froid dans une chambre d'hôtel. Parfois, l'odeur permettra au client de s'assurer que le ménage a bien été fait. Enfin, certaines odeurs pourront procurer à un lieu une autre dimension. Imaginez ce que vous penseriez d'un bureau où règnerait une odeur de cuir.

➤ Le pouvoir curatif ou mortifère des odeurs

Jusqu'au XIXe siècle, les grandes épidémies sont expliquées par la présence d'un air corrompu se caractérisant par des odeurs putrides. Les mauvaises odeurs deviennent le signe de la mort à l'œuvre et l'air expiré par les pestiférés est réputé véhiculer la maladie. Cette idée est renforcée par la constatation que le nez offre un lien direct sur le cerveau. Il faut donc lui éviter toute odeur susceptible de le corrompre. Maladies et odeurs entretiennent des liens étroits que l'on retrouve dans le vocabulaire et qu'a soulignés avant nous Le Guérer (1998) dans son livre sur « les pouvoirs de l'odeur ». Par exemple, au XIIIe siècle, le terme de « pestilence » désigne aussi bien l'épidémie de peste qu'une odeur infecte. De la même manière, la malaria vient de l'italien « mauvais air ». L'odeur néfaste, synonyme de maladie et de mort, doit donc être fuie et combattue. Pour cela, il faut purifier l'air et accroître les résistances de l'organisme.

Face aux maladies, l'homme a recours à des contre-odeurs dont la valeur hédonique varie selon les époques. Certaines époques privilégient les bonnes odeurs alors que d'autres auront recours à des odeurs encore plus nauséabondes que celles qu'il s'agit de combattre. La découverte du monde microbien vient bouleverser ces pratiques et les techniques de parfumage utilisées pour désinfecter les maisons perdront dès lors du terrain.

Le monde moderne s'est pendant longtemps voulu inodore et la désodorisation s'est peu à peu imposée. Les travaux de Corbin (1982) montrent bien les importants efforts réalisés pour assainir les villes. On construit des égouts et l'on détruit les quartiers insalubres pour en chasser la vermine. Les particuliers sont invités à prendre en charge leurs déchets et les rues tortueuses laissent la place à de grands boulevards qui permettent une meilleure circulation. C'est du mouvement accéléré de l'eau et de l'air que doit venir le salut. Aujourd'hui, c'est au tour des industriels, des exploitants agricoles ou des éleveurs, d'éliminer ou d'assurer le recyclage des déchets inhérents à leurs activités. La lutte contre la pollution a pour corollaire la lutte contre les mauvaises odeurs. Cela contribue à l'appauvrissement de notre environnement olfactif. Ainsi, selon Hall (1971), l'emploi intensif des désodorisants a fait des États-Unis « un pays olfactivement neutre et uniforme dont on chercherait en vain l'équivalent ailleurs ».

Quel que soit le secteur d'activité, on constate une chasse aux mauvaises odeurs. Ainsi, certains constructeurs automobiles, comme Renault, travaillent sur l'identification des matériaux à l'origine d'odeurs désagréables au sein de l'habitacle. La RATP a fait de même pour le métro. Cette neutralisation des mauvaises odeurs correspond à une rupture avec les périodes précédentes où l'odeur avait encore un pouvoir de guérison ou de mort.

Pourtant, on assiste aujourd'hui à la redécouverte du pouvoir thérapeutique des odeurs. L'aromathérapie fait de nouveaux adeptes et l'on ne compte plus les produits mettant en avant les vertus aromachologiques de certaines huiles essentielles (v. Encadré 4.1). Pour se sentir bien, il faut sentir !

Encadré 4.1 – Et si le bien-être était à portée de nez

Depuis quelques années on ne compte plus les lancements de produits parfumants aux vertus relaxantes ou dynamisantes. Fragonnard a ainsi lancé les Aroma-Synergies selon quatre promesses : revitalisant, tonifiant, équilibrant, relaxant. Cette vague trouve son origine dans les années quatre-vingt avec le développement de l'aromachologie (Guichard *et al.*, 1998). Créée par le service de l'Olfactory Research Fund en 1982, l'« aromachologie », nom déposé, est utilisée pour désigner la science qui se consacre à l'analyse des effets de l'inhalation de senteurs sur l'état émotionnel. À la différence de l'aromathérapie, elle ne vise pas à étudier les actions thérapeutiques des senteurs sur certains troubles de l'humeur ou de la santé. S'appuyant sur des recherches menées en aromachologie, des entreprises japonaises du secteur cosmétique ont commercialisé des produits aux propriétés relaxantes ou stimulantes. En 1984, Shiseido lance deux eaux de Cologne pour homme : « Because Psyche Refresh » et « Because Psyche Cool », ainsi qu'un réveil aromatique diffusant peu avant la sonnerie un parfum à base de pin et d'eucalyptus destiné à favoriser le réveil. À la même époque, Kanebo propose quant à lui un parfum d'ambiance aux vertus relaxantes. Cet engouement a gagné les États-Unis et l'Europe et ne s'est plus démenti depuis.

De récentes recherches semblent confirmer l'effet stimulant ou apaisant de certaines odeurs. Ainsi, la société HealthCare International a developpé son activité en s'appuyant sur les résultats de différents travaux montrant l'effet stimulant de l'odeur de menthe poivrée. Elle propose aux sportifs d'utiliser cette odeur en inhalation pour améliorer leurs performances (www.sportsinhaler.com). Enfin, plusieurs études confirment l'effet bénéfique de la lavande sur le sommeil. Ce sont ces propriétés des odeurs que la société Merchanfeeling met à la disposition des propriétaires de boutiques. Associée avec la société Air Aroma, elle propose toute une palette de parfums constitués d'huiles essentielles naturelles afin de générer chez les clients un état de bien être psychologique et physique.

On peut voir dans ces nouvelles pratiques une dimension hédonique. En effet, nous passons d'une lutte contre les mauvaises odeurs au désir de programmer olfactivement notre environnement pour ne soumettre à notre appendice nasal que des odeurs agréables. Odeurs que nous choisirions également en fonction de leurs propriétés thérapeutiques. Cette quête hédonique, qui s'accompagne d'une remise au goût du jour de pratiques ancestrales, est également liée à un autre pouvoir des odeurs. Elles sont capables de transporter l'esprit dans le temps et l'espace.

➤ Le pouvoir évocateur des odeurs

La littérature s'est largement fait l'écho de la capacité des odeurs à évoquer des souvenirs et susciter des émotions. Cette particularité en fait le médiateur privilégié du monde réel. Elles le subliment, le font rejaillir quand on s'y attend le moins. Ce faisant, elles nous permettent de nous enraciner dans le monde et nous font oublier le temps qui passe. Avec elles, c'est tout un monde qui prend possession de notre corps, le livrant au temps et à l'espace comme si toutes les frontières étaient abolies. Selon Baudelaire :

> « Ces extases olfactives qui nous transportent en des paradis de parfums ou de fleurs merveilleuses balancent leurs urnes comme des encensoirs, vous envoient des senteurs d'aromates, des odeurs innommées d'une subtilité pénétrante rappelant le souvenir de vies antérieures. »

De nombreuses marques ont compris comment elles pouvaient profiter des odeurs pour susciter chez le consommateur un doux sentiment de nostalgie. Ainsi, le chocolat Banania a retrouvé ses saveurs d'antan comme pour mieux se rapprocher de ses clients. Par ailleurs, certains magasins comme Nature & Découvertes ou Résonances diffusent et proposent à la vente des senteurs d'ambiance au nom évocateur, véritables concentrés de temps et d'espace : la terrasse du cafetier, la corbeille de la lingère, la table gourmande, l'atelier du menuisier.

Comme nous venons de le voir, l'homme entretient un rapport particulier avec les odeurs. S'il peut craindre d'être possédé ou corrompu lorsqu'elles le pénètrent, elles lui permettent de mieux saisir le monde qui l'entoure en lui donnant à sentir ce qui se cache à ses yeux. Aujourd'hui, sa compréhension du monde est plus complète et l'on assiste à la démocratisation de l'usage affectif du parfum et des senteurs d'ambiance dans le cadre du foyer familial. C'est donc tout naturellement que les commerçants s'intéressent, eux aussi, à cette dimension de l'ambiance d'un lieu de services. Pourtant, on ne saurait gommer d'un trait toutes les croyances associées au pouvoir des odeurs. Les mystères et les pouvoirs dont s'entourent encore aujourd'hui les odeurs ne font que stimuler l'intérêt de certains tout en faisant redouter à d'autres leur non-maîtrise.

Le syndrome de Proust

Au-delà de cette relation particulière qui lie l'Homme au monde des odeurs et à leurs pouvoirs, les chercheurs ont montré pourquoi la perception et la mémorisation des odeurs étaient spécifiques.

➤ Perception et sensation olfactive

Tous les individus ne sont pas égaux dans leur capacité à sentir une odeur passant à portée de leur nez. S'il existe des troubles de la perception des odeurs et des variations dans nos capacités à percevoir les odeurs, nous sommes également fortement influencés par le paysage olfactif dont nous avons fait l'expérience. Par ailleurs, la perception d'une odeur présente la particularité de disparaître au bout de quelques minutes. Ce phénomène est appelé processus d'adaptation.

Certains individus peuvent ne pas percevoir du tout les odeurs. On parle alors d'anosmie totale. L'anosmie peut être partielle et ne concerner que certaines odeurs. Par ailleurs, certaines personnes sont dites hyperosmiques (sensibilité olfactive exacerbée) (v. Encadré 4.2).

Encadré 4.2 – Avec le nez d'un chien pendant trois semaines

Sacks (1988) rapporte un cas clinique d'hyperosmie chez un jeune étudiant en médecine qui se droguait. Il se réveilla un matin avec le sens olfactif particulièrement exacerbé. Cette hyperosmie dura trois semaines et le plongea dans un univers jusqu'alors inconnu. « Je suis entré dans une parfumerie, poursuivait-il. Je n'avais jamais eu tellement de nez pour les odeurs, et maintenant je les distinguais toutes les unes des autres – et je trouvais chacune différente, unique, évoquant à elle seule tout un monde. » Il s'aperçut aussi qu'il pouvait reconnaître tous ses amis – et les autres patients – à leur odeur : « J'entrais dans la clinique, je reniflais comme un chien et je reconnaissais, avant de les voir, les vingt patients qui se trouvaient là. Chacun d'eux avait sa propre physionomie olfactive, beaucoup plus forte et évocatrice que n'importe quelle physionomie visuelle. » Il pouvait, comme un chien, sentir leurs émotions – la peur, la satisfaction, la sexualité. Il reconnaissait chaque rue, chaque boutique, à son odeur, et, rien qu'à l'odeur, il pouvait reconnaître infailliblement son chemin dans les rues de New York.

L'olfaction ne fait pas exception à la règle et, comme pour les autres sens, notre sensibilité olfactive et nos capacités à identifier une odeur diminuent avec l'âge, même si de grandes disparités individuelles subsistent. Par ailleurs, il semble aujourd'hui acquis que les femmes ont une sensibilité olfactive supérieure à celle des hommes. Qui plus est, notre acuité olfactive est influencée par de nombreux facteurs physiologiques (état pathologique, état de vigilance), comportementaux (usage de médicaments et de drogues, tabagisme) et physiques (température, humidité, pollution industrielle).

L'apprentissage joue un rôle particulièrement important dans la perception des odeurs. En fonction de nos expériences, nous ne sommes pas familiarisés aux mêmes odeurs, ce qui nous conduit à percevoir différemment les odeurs ou parfois même à ne pas les percevoir. Les différents travaux menés par Schaal (Schaal et Marlier, 1998 ; Schaal *et al.*, 1996) suggèrent que les premières préférences olfactives se forment avant la naissance, dans l'utérus de la mère. Elles restent disponibles au moins quelques jours après la naissance comme le montre une autre étude menée par Schaal et ses collègues dans une clinique de Strasbourg. Si les nouveau-nés sont en mesure de manifester des réponses préférentielles pour certaines odeurs, cela n'est possible que si ces odeurs ont fait l'objet d'une première intégration prénatale ou postnatale par le nouveau-né. Si l'on a longtemps hésité entre le caractère inné ou acquis du jugement affectif des odeurs, il semble bien aujourd'hui qu'il faille privilégier la thèse de l'apprentissage. Tout au long de sa vie, le nouveau-né va être confronté avec une odeur qui ne le quittera plus et traduira sa singularité aux yeux des autres : son odeur corporelle.

Ce paysage olfactif auquel nous sommes confrontés depuis notre plus tendre enfance influe sur notre perception des odeurs et ne cesse de se modifier au cours de notre vie. En fonction du contexte émotionnel d'apprentissage de cet univers olfactif, chaque individu va développer des préférences en matière d'odeurs qui lui seront propres. La culture joue un rôle particulièrement important dans la perception des odeurs. C'est ce que souligne une anecdote rapportée par Michael Moisseeff, sculpteur d'arôme et pionnier de la médiatisation olfactive. Travaillant pour le compte d'une enseigne de la grande distribution pour l'odorisation d'un magasin en Hongrie, il avait proposé la diffusion d'une odeur marine iodée afin de procurer un confort d'ambiance au niveau du rayon poissonnerie. Les membres de la direction, tous français, reconnurent sans difficulté cette odeur caractéristique. Cependant, poursuivant le test de la senteur auprès d'un groupe de travailleuses locales, leur réaction fut assez inattendue. En effet, si elles appréciaient l'odeur, elles ne comprenaient pas pourquoi l'on diffusait une odeur de pastèque au rayon poissonnerie. En fait, comme pu l'expliquer Michael Moisseeff, certaines molécules utilisées dans les compositions marines se retrouvent également dans les cucurbitacées. Peu familiarisées aux odeurs marines et plutôt accoutumées à consommer des poissons d'eau douce, les Hongroises associèrent cette odeur à la pastèque que l'on trouve là-bas sur tous les marchés.

Ceci montre bien la difficulté qu'il y a à exporter une odeur. Si une enseigne implantée dans différents pays désire recourir à une senteur, elle devra s'assurer que les évocations associées à l'odeur sont bien celles recherchées.

Lors d'une exposition prolongée à un stimulus odorant, on constate que la perception olfactive va en décroissant jusqu'à disparaître totalement. Ce phénomène, parfois très rapide, est appelé « processus d'adaptation » et ne signifie pas pour autant qu'il y ait annulation de la sensibilité à l'odeur. En effet, cette adaptation a pour effet d'élever le seuil de détection. Le temps nécessaire pour qu'il n'y ait plus perception du stimulus va dépendre du stimulus, de sa concentration et de la durée d'exposition. Plus la concentration du stimulus est grande, plus ce temps sera long. Lorsque la stimulation cesse, il y a « récupération » du seuil d'origine. Le temps de récupération sera fonction de la nature du stimulus et du niveau d'adaptation préalable (Köster, 1991). La perception des odeurs présente d'autres particularités (v. Encadré 4.3).

Encadré 4.3 – Bases neurophysiologiques de l'olfaction

Tout comme le goût, l'odorat est un sens chimique et les molécules odorantes transportées par l'air ambiant entrent en contact de deux façons avec le système olfactif. Ainsi, on distingue l'olfaction nasale de l'olfaction rétronasale. Dans le cas de l'olfaction nasale, c'est l'inspiration ou le flair (suite d'inspirations rapides et brèves) qui permet aux molécules odorantes d'atteindre la muqueuse olfactive. Lors de l'inspiration, les molécules odorantes n'atteignent cette dernière que par diffusion. En revanche, lors du flair, les molécules pénètrent directement dans la cavité olfactive et la sensibilité olfactive se trouve alors augmentée. L'olfaction rétronasale est quant à elle expiratoire et permet aux molécules odorantes, libérées dans la bouche lors de l'alimentation, d'atteindre les récepteurs olfactifs. Dans ce cas, les molécules odorantes sont libérées au fond de la cavité buccale et remontent vers le système olfactif.

Une fois libérées, les molécules odorantes entrent en contact avec la muqueuse olfactive. Cette dernière abrite près de 50 millions de récepteurs sur une surface d'environ 5 cm^2. La particularité de ces cellules nerveuses est leur renouvellement constant. Ainsi, on considère qu'il faut 28 jours pour que l'ensemble de ces cellules soit régénéré. Cette caractéristique ne se retrouve dans aucun autre système sensoriel. Elle est sans doute liée au contact direct des cellules nerveuses avec l'environnement extérieur. En effet, rien ne les en protège.

Ces récepteurs transmettent ensuite le signal olfactif tout au long du nerf olfactif jusqu'au bulbe olfactif. Ensuite, l'image olfactive atteint le système limbique (siège des émotions) et ses principales composantes : hippocampe et amygdale. L'hippocampe est étroitement impliqué dans l'apprentissage et la mémoire alors que l'amygdale est nécessaire à l'expérimentation des émotions. Selon Herz et Engen (1996), contrairement aux autres systèmes sensoriels, ce lien est direct. En effet, seulement deux synapses séparent le nerf olfactif de l'amygdale. Or, cette dernière intervient particulièrement dans l'expression et l'expérimentation des émotions. De plus, l'information sensorielle passe du bulbe olfactif aux régions corticales du cerveau sans relais thalamique. Dans le cas des autres modalités sensorielles, ce relais existe et permet le traitement de l'information avant qu'elle n'atteigne le cortex cérébral.

Les neurones olfactifs ont aussi la particularité d'être les plus petits que l'on puisse trouver dans le corps, et leur vitesse de conductivité est aussi la plus faible. Les travaux de Richard Axel et de Linda Buck apportent un éclairage sur la nature des récepteurs de l'odorat. Ces derniers sont exceptionnels à plus d'un titre. Ainsi, alors que la rétine ne comporte qu'un nombre limité de récepteurs, ils sont plus de mille dans le cas de l'odorat. De plus, les gènes permettant leur fabrication constituent la plus grande famille de gènes de tout le génome. Enfin, il semble que chaque récepteur soit sensible à une molécule odorante donnée. Les travaux de ces deux chercheurs furent récompensés en 2004 par l'attribution du prix Nobel de médecine.

➤ La mémorisation des odeurs

De nombreux chercheurs se sont intéressés à la mémoire des odeurs. Selon les différentes études réalisées, elle se caractériserait par deux propriétés spécifiques. Ainsi, comparativement à d'autres variables sensorielles, la mémorisation des odeurs serait plus difficile et se traduirait par un niveau d'acquisition faible. Par contre, une fois mémorisé le souvenir olfactif offrirait une meilleure résistance à l'usure du temps (Shepard, 1967 ; Engen et Ross, 1973 ; Davis, 1975, 1977).

Ces deux particularités de la mémoire des odeurs semblent être liées à la complexité de ce stimulus. En effet, on constate le même phénomène avec la mémorisation de dessins abstraits. Pour Engen (1987), chaque stimulus olfactif constitue une unité distincte dont les attributs sont peu redondants. Cela représente un frein à leur mémorisation car le stimulus ne se prête pas facilement à la décomposition en éléments pouvant faire référence à une catégorie de qualité odorante. Pour Engen (1989) :

> « Les odeurs sont codées de façon globale, comme une perception unique qui n'est pas décomposable, qu'on ne peut analyser de façon parcellaire et qui résiste aux interférences d'autres perceptions. »

Pour conforter cette hypothèse d'un codage holistique (global) on peut constater la difficulté qu'il y a à s'imaginer une odeur en son absence. Cette mémorisation pourrait être facilitée lorsque l'individu est en mesure d'activer un mot correspondant à l'odeur. La principale difficulté est de trouver le mot qui sera le plus susceptible de remplir ce rôle car, comme on peut le constater, les odeurs sont difficiles à nommer et elles évoquent plus souvent un contexte qu'un nom précis. Dans le cadre de la création d'un logo olfactif, il conviendra donc de sélectionner avec attention les indices verbaux qui seront mis à la disposition des clients.

On trouve dans la littérature de nombreuses anecdotes relatant combien les souvenirs olfactifs peuvent être chargés affectivement. Suskïnd l'a merveilleusement illustré avec son livre intitulé *Le Parfum*[1]. Nous avons évoqué les caractéristiques neuroanatomiques qui pourraient accréditer ces récits. Par ailleurs, le contexte dans lequel se déroule l'apprentissage d'une odeur est susceptible de jouer un rôle d'autant plus important qu'il est fortement chargé affectivement. Dans ce cas, l'odeur peut constituer une clé de récupération des souvenirs puissante. Cependant, la possibilité de susciter un état affectif par la simple présence d'une senteur préalablement associée à cet état, le conditionnement olfactif, n'a pas pu être mise en évidence même si elle ne peut pas être exclue.

Un passage célèbre de Proust illustre bien les particularités de la mémoire olfactive. En effet, trempant une madeleine dans du thé, l'auteur se trouve transporté dans sa petite enfance chez sa tante. Elle conduit les chercheurs à parler du « syndrome de Proust » pour évoquer la longévité de la mémoire olfactive et sa forte charge affective.

Les recherches menées sur l'influence des senteurs d'ambiance

Que faut-il attendre de la diffusion de senteur d'ambiance ? Les recherches menées sur l'influence de la diffusion de senteurs sur l'homme sont peu nombreuses et sont issues de différentes disciplines : psychologie, neuropsychologie, marketing. Les résultats obtenus sont le plus souvent difficiles à exploiter. Traditionnellement, l'influence des odeurs est recherchée au niveau des réponses affectives, cognitives et comportementales. Les recherches menées s'appuient sur la comparaison des réponses obtenues auprès de personnes exposées à une senteur d'ambiance avec les réponses de personnes non exposées (groupe de contrôle).

1. Suskïnd P., *Le Parfum*, Fayard, 1989.

➤ Impact des senteurs d'ambiance sur les réponses affectives

Les émotions jouent un rôle particulièrement important dans le comportement des individus. En effet, elles permettent l'évaluation rapide d'une situation (j'aime ou je n'aime pas), elles préparent physiologiquement et psychologiquement l'individu à agir et elles permettent de communiquer aux autres ses intentions de comportement (Scherer, 1984). Elles sont indissociables du comportement. Mais comment mesurer les émotions ? Deux types de mesure ont été utilisés afin d'apprécier l'impact des senteurs sur les réponses affectives : les mesures physiologiques et les mesures verbales.

Concernant les mesures physiologiques, c'est au niveau du fonctionnement cérébral que l'on a recherché des indicateurs de l'augmentation ou de la diminution du niveau de stimulation. En dépit des nombreuses recherches, il paraît assez difficile d'isoler l'origine de ces variations de différentes ondes du cerveau. D'autres mesures physiologiques ont été étudiées (v. Encadré 4.4). Malgré la multiplication des études réalisées, il est toujours difficile de pouvoir procéder à une analyse globale des résultats obtenus pour une senteur. En effet, les indications sur les caractéristiques des senteurs utilisées dans chaque expérience sont trop peu précises. Par exemple, peut-on comparer un jasmin de synthèse à un jasmin naturel ? Par ailleurs, tous les jasmins ne se ressemblent pas. Aussi, dire du jasmin qu'il s'agit d'une odeur stimulante ou de la lavande qu'elle a un effet relaxant est sans doute un peu rapide. Par ailleurs, les senteurs utilisées en magasin sont le plus souvent des compositions. Il est impossible de tirer des conclusions sur l'effet stimulant ou relaxant du jus composé à partir des recherches menées sur ses différents composants. L'effet global ne correspond pas à la somme des effets individuels. Il conviendrait donc de tester chaque senteur pour en déterminer les effets.

Les mesures verbales des émotions consistent à interroger les individus au moyen d'un questionnaire. Autrement dit, à lui demander directement s'il se sent heureux, s'il est de bonne humeur, s'il est énervé, etc. Ainsi, plusieurs échelles ont été élaborées par des chercheurs universitaires pour arriver à mesurer le plaisir ou la stimulation de l'individu. Ce moyen d'évaluer les émotions est beaucoup plus simple à mettre en place que des mesures physiologiques qui demandent un appareillage complexe. Les recherches menées au moyen d'échelles verbales montrent que les senteurs agréables ont un impact positif sur l'humeur des personnes interrogées. Pour autant, les préférences olfactives étant liées à l'apprentissage que fait chaque individu, il en résulte une difficulté pour les professionnels du marketing comme le montre le problème que connu Michael Moisseeff en Hongrie. Ainsi, si un commerçant doit se préoccuper avec raison du confort olfactif de son magasin, il ne suffit pas que cela sente bon pour qu'un effet positif soit constaté. En effet, des odeurs de valence hédonique identiques peuvent produire des influences différentes sur les réponses affectives. Une explication possible résiderait dans la signification des odeurs retenues plutôt que dans leur valence hédonique. Ainsi, comme nous le verrons dans le paragraphe suivant, il est souhaitable de recourir à une senteur d'ambiance congruente avec le positionnement de la marque et le reste de l'aménagement du magasin.

Encadré 4.4 – Mesures physiologiques des émotions

De nombreuses expériences ont recherché au niveau des courants cérébraux une traduction des effets des odeurs sur l'humeur des individus. Parmi ces mesures physiologiques, on trouve les potentiels évoqués, la variation négative dépendante (CNV), les ondes *alpha*, les ondes *bêta*. Une augmentation de la CNV ou une réduction d'activité des ondes *alpha* sont des mesures suggérant un effet stimulant de l'odeur présentée. L'augmentation des ondes *bêta* suggère un effet stimulant. Cependant, comme le montrent certaines études, il n'est pas possible d'exclure une participation de processus cognitifs dans les effets constatés. D'autres mesures physiologiques ont été utilisées : tension systolique, fréquence de pulsation, microvibrations, potentiel de la peau, activité électrodermique… La diminution de l'augmentation de la tension systolique, de l'amplitude des microvibrations, du potentiel de la peau ou de la fréquence des pulsations indique une action relaxante de l'odeur utilisée. À partir de ces différentes mesures utilisées, certains chercheurs ont proposé des inventaires de senteurs relaxantes et stimulantes. Ainsi, parmi les senteurs relaxantes, on trouverait la lavande, le cinéol, le bois de santal, l'orange, la rose, la noix de muscade, le fenouil… Parmi les odeurs stimulantes figureraient le jasmin, la camomille, le musc, le citron, la menthe.

Une recherche menée en 2000 par Chen et Haviland-Jones apporte une nouvelle perspective sur les liens unissant odeurs et émotions. En effet, il semblerait que les émotions aient un impact sur notre odeur corporelle et que notre odeur puisse révéler nos émotions aux autres. L'expérience consistait à recueillir les odeurs de femmes et d'hommes après qu'ils ont visionné un film comique et un film d'horreur. Une semaine plus tard, on a demandé à un groupe d'hommes et de femmes d'identifier les odeurs collectées parmi trois odeurs : « l'odeur de rire », « l'odeur de peur », l'odeur de contrôle. L'odeur collectée après le film comique fut identifiée correctement par les femmes alors que les hommes ne reconnurent cette odeur que lorsqu'elle avait été prélevée sur une femme. L'odeur des personnes effrayées fut correctement identifiée par les hommes et les femmes lorsqu'elle avait été collectée sur les hommes.

➤ Impact des senteurs d'ambiance sur les réponses cognitives

Plusieurs recherches semblent indiquer que l'odorisation d'un produit permettrait d'obtenir de meilleures évaluations. L'une des premières études dont les résultats allèrent dans ce sens fut celle de Laird (1932). On demanda à un groupe de consommateurs d'évaluer différentes pièces de lingerie. Certaines étaient parfumées, d'autres pas. L'étude montra que les produits parfumés bénéficiaient d'une meilleure évaluation alors même qu'à aucun moment il ne fut demandé aux personnes de sentir la lingerie. De plus, l'odeur ne fut jamais avancée comme critère de choix. Une étude similaire fut reconduite en 1940 sur des bas Nylon à l'Université Colgate de Hamilton. Elle conforta les résultats obtenus précédemment pour les produits parfumés.

La présence d'une senteur congruente avec le thème ou les produits vendus au sein d'un magasin est également en mesure d'exercer une influence positive sur l'évaluation qui sera faite du lieu ou des produits qui s'y trouvent. Cet impact serait d'autant plus important que le produit est jugé négativement. En effet, il paraît assez difficile d'améliorer l'évaluation de produits déjà jugés positivement. Selon Mitchell *et al.* (1995), comparativement à l'utilisation d'une odeur incongruente, une odeur congruente exercerait une influence sur le processus de décision du consommateur. Ce dernier aurait une démarche plus longue, plus globale et plus extensive. Ce résultat est confirmé par une étude menée par Morrin et Ratneshwar (2000). Ces deux chercheurs ont étudié l'impact de la diffusion d'une senteur d'ambiance agréable sur l'évaluation et la mémorisation de noms de marques connues et inconnues. Leur recherche montre qu'en présence d'une senteur de géranium, l'évaluation des marques fut particulièrement meilleure pour les marques inconnues. Enfin, la tâche de rappel fut également meilleure suggérant que leur mémorisation fut facilitée par la senteur diffusée. Il semble que ces résultats puissent être expliqués par un temps d'évaluation plus important en présence de la senteur agréable. Une autre recherche menée par Spangenberg, Crowley et Henderson (1996) avait également montré que la présence d'une senteur d'ambiance pouvait conduire à une meilleure évaluation de produits jugés moins plaisants. Pour les commerçants, il apparaît donc que l'odorisation d'un magasin pourrait permettre une meilleure évaluation de nouveaux produits n'ayant pas encore fait leur preuve auprès des consommateurs. Chebat et Michon (2003) ont étudié l'impact de la diffusion d'une odeur de citron sur la perception d'un centre commercial et de produits. Ils constatent un impact positif. Ces résultats sont également ceux retrouvés par Michon, Chebat et Turley (2005). Pour Chebat et Michon (2003), les senteurs d'ambiance devraient faire partie de la boîte à outils marketing des commerçants. En effet, il s'agit de l'une des techniques les moins onéreuses pour améliorer la perception d'un environnement commercial. Cependant, comme le montrent les résultats de différentes études, une attention particulière doit être portée au concept de congruence lors de la sélection de l'odeur (v. Encadré 4.5).

Encadré 4.5 – La congruence avant tout

Différentes recherches montrent que, pour être efficace, une odeur doit être congruente au contexte dans lequel elle est diffusée. L'une de ces recherches a été réalisée avec la contribution d'étudiants à qui l'on présentait des vêtements de nuit en satin pour femmes. Deux odeurs furent testées. Il s'agissait de deux parfums, l'un appelé Lily of the Valley et l'autre Sea Mist. Si les deux parfums étaient jugés aussi agréable l'un que l'autre, un pré-test avait permis de montrer que le parfum Lily of the Valley était jugé comme plus adapté à la mise en scène envisagée pour la présentation des produits. Lors de la diffusion de ces odeurs au sein du local d'étude, les effets les plus significatifs furent obtenus lorsque l'odeur diffusée était congruente. Ainsi, l'attitude des étudiants interrogés était plus favorable à l'égard du produit. Ce fut également le cas pour leurs intentions d'achat et le prix qu'ils étaient prêts à payer pour le produit. Une autre recherche menée dans une boutique de cadeaux a permis de montrer que lorsqu'on associe une odeur relaxante, comme la lavande, à une musique au tempo lent, on peut constater des comportements d'approche plus importants et une augmentation significative de la satisfaction et des achats impulsifs. Des résultats similaires furent observés lorsqu'on maria une odeur (odeur de pamplemousse) stimulante à une musique au tempo rapide. Au contraire, lorsque l'odeur et la musique diffusée n'étaient pas congruentes il n'y a eu aucun impact sur le comportement du consommateur.

Ces différentes recherches montrent combien il est important de prendre en compte de manière holistique la stimulation sensorielle à destination des consommateurs. Les actions doivent être menées de manière coordonnée afin de pouvoir aboutir à une unité esthétique rassurante. D'ailleurs, aujourd'hui de nombreux acteurs du marketing sensoriel proposent cette cohérence multisensorielle en intervenant sur les dimensions visuelles, sonores et olfactives.

Enfin, une recherche, menée au États-Unis dans une boutique de prêt à porter sur un campus étudiant, a permis de montrer qu'il pouvait être important de prendre en compte la congruence de l'odeur avec le sexe de la cible visée (Spangenberg *et al.*, 2006). La moitié de la surface de vente de cette boutique était dédiée aux vêtements pour hommes tandis que l'autre moitié l'était aux vêtements pour femmes. Deux odeurs à l'intensité et à la valence hédonique comparable ont été sélectionnées : la vanille qui était perçue comme plus féminine et une odeur appelée rose du Maroc perçue comme plus masculine. Les résultats montrent que les hommes ont acheté plus lorsque l'odeur diffusée était celle perçue comme plus masculine. Des résultats similaires ont été observés pour les femmes lorsque l'odeur était diffusée était la vanille (plus féminine). Enfin, lorsque l'odeur diffusée était en adéquation avec le sexe des individus on constate qu'en moyenne les personnes ont acheté 1,7 produit pour un montant dépensé de 55,14 dollars. Lorsque cela n'était pas le cas, 0,9 produit a été acheté et le montant moyen dépensé n'a été que de 23,01 dollars.

➤ Impact des senteurs d'ambiance sur les réponses comportementales

Les odeurs désagréables sont en mesure de provoquer des comportements de fuite que d'autres modalités sensorielles auraient bien du mal à susciter. Ainsi, sans que sa vie soit menacée ou qu'il soit exposé à la douleur, l'homme peut trouver dans la fuite la réponse à la présence d'une odeur fortement désagréable comme l'odeur de cadavre ou de sulfure d'hydrogène (odeur d'œuf pourri). Ce signal est parfois utilisé par l'homme pour signaler un danger. Ainsi, il parfume depuis longtemps le gaz de ville. En dehors de ces codes olfactifs ou des odeurs désagréables, il n'existe pas d'odeurs agréables pouvant susciter de comportements d'approche aussi forts. Bien sûr, les odeurs de nourriture peuvent provoquer des comportements d'approche importants. Il suffit de se rappeler la sensation ressentie lorsque quelques heures après un déjeuner rapide l'on passe devant une boulangerie qui déverse dans la rue des odeurs de viennoiseries chaudes. Cependant, les odeurs de nourriture font appel à un mécanisme particulier. En effet, elles provoquent la sécrétion de sucs gastriques qui vont inciter l'individu à se procurer de la nourriture.

On peut dénombrer une dizaine de recherches portant sur l'influence des senteurs d'ambiance sur le comportement du consommateur. Cependant, la plupart d'entre elles n'ont donné lieu qu'à des présentations sous forme de résumés, ce qui rend difficile leur évaluation. On cite régulièrement dans la presse professionnelle une étude réalisée par Hirsch (1995) au sein d'un casino, mais nous préférons ne pas la retenir compte tenu des controverses qu'elle soulève[1]. Selon Jean-Charles Chebat, l'influence de la diffusion de senteurs d'ambiance sur le comportement serait à rechercher chez certains consommateurs. Ainsi, ceux ayant un profil hédoniste plutôt qu'utilitaire seraient plus sensibles à l'influence des éléments de l'ambiance d'un magasin. Plusieurs recherches confirment que la diffusion d'une senteur d'ambiance a un impact sur le temps passé par une personne au sein du lieu ainsi que sur son évaluation du temps passé. L'étude que nous avons réalisée pour les magasins de prêt-à-porter féminin Caroll a permis de retrouver ce résultat déjà obtenu par d'autres chercheurs dans un magasin simulé (Spangenberg, Crowley et Henderson, 1996). En présence de certaines senteurs, les individus auraient tendance à passer plus de temps et à sous-estimer le temps réellement passé (Daucé, 2000). Ce résultat a également été constaté au sein d'une bijouterie (Knasko, 1989) et d'un musée (Knasko, 1993). Enfin, comme nous l'avons indiqué précédemment, la présence d'une odeur agréable contribue à une meilleure évaluation de certains produits. Il est donc probable que cela puisse se traduire par des achats supplémentaires

1. L'étude menée par Hirsch (1995) au sein d'un casino a permis de constater des différences significatives dans les sommes misées dans les automates. Par rapport à des périodes antérieures à la période de test, les sommes misées augmentèrent de 45 %.

même si cela n'a pas été mesuré. Cette incidence pourrait se traduire plus particulièrement en matière d'achats d'impulsion. De récentes recherches tendent à montrer que la diffusion de senteurs d'ambiance pourrait avoir une influence sur le comportement du consommateur. C'est en particulier le cas d'une recherche menée par Guéguen et Petr en 2006 au sein d'une crêperie. En effet, cette dernière montre que, comparée à la situation de contrôle sans odeur ajoutée, la diffusion de lavande augmente le temps de présence des clients ainsi que le montant de leur addition. Dans le cas de la diffusion d'une odeur de citron, il n'y a aucun impact. Une autre recherche réalisée par Spangenberg (*et al.*, 2006) montre une augmentation sensible des sommes dépensées dans certaines conditions (v. Encadré 4.5).

Les contraintes de la diffusion de senteurs d'ambiance

Les senteurs d'ambiance sont indissociables du lieu au sein duquel elles sont diffusées. Elles y réalisent un parcours qui sera fonction de nombreux paramètres atmosphériques. De plus, la perception d'une odeur va également varier dans le temps. Ainsi, selon les saisons, les conditions ambiantes vont différer. Une atmosphère plus humide, plus chaude, plus froide et c'est l'air et la perception de l'odeur qu'il transporte qui se trouvent modifiés. De même, cette perception va également différer selon que l'on sera le matin, le midi ou le soir. Tant parce que les conditions atmosphériques seront différentes que parce que l'individu se trouvera dans un autre contexte.

➤ Des molécules odorantes sensibles à l'air

Contrairement à la musique d'ambiance, la diffusion des odeurs ne va pas se faire de façon homogène car les odeurs sont beaucoup plus sensibles à la présence de flux d'air et à la qualité de cet air.

L'air transporte les molécules odorantes et, en fonction des flux d'air et de l'aménagement du magasin, l'odeur pourra se concentrer en certains endroits, voire être évacuée du local si la ventilation est efficace. De plus, certains paramètres ambiants vont modifier la diffusion de l'odeur. Le taux d'hygrométrie, la température, la pression atmosphérique sont autant de variables influençant la diffusion des odeurs et leur perception. Dès lors, il convient donc de chercher à apprécier ces différents éléments pour les maintenir à peu près constants ou pour adapter la diffusion de senteurs.

➤ Une diffusion qui varie et persiste dans le temps

À la différence de la musique d'ambiance, que l'on ne perçoit plus dès que l'on arrête la diffusion, l'odeur subsiste au sein du local odorisé. Plusieurs facteurs vont favoriser ou non cet écho olfactif : le volume d'air, l'importance des flux d'air (air entrant et sortant), la qualité de l'air (température et humidité), les matériaux utilisés ainsi que les produits vendus.

Les brassages d'air dépendent en particulier de la puissance du système de climatisation-ventilation et de son utilisation continue ou pas. De plus, les entrées et sorties des clients vont provoquer des importations d'air extérieur et des évacuations d'air intérieur. Ce phénomène est accentué en l'absence de portes. Ainsi, à condition de diffusions égales, l'intensité de la senteur d'ambiance variera au cours de la semaine et de la journée selon l'affluence. En période de faible affluence, il va y avoir accumulation d'odeurs au sein de la boutique, ce qui peut provoquer une gêne pour des personnes qui, comme le personnel, sont présentes pour de longues durées. Par ailleurs, certains produits à faible rotation peuvent s'imprégner de l'odeur diffusée.

L'utilisation de senteurs d'ambiance : recommandations managériales

La diffusion de senteurs d'ambiance dans le cadre de l'aménagement d'un magasin présente de nombreux intérêts en raison des spécificités associées aux odeurs. Elle constitue donc un outil privilégié pour la théâtralisation des lieux de vente (v. Chapitre 2). Cependant, la maîtrise de la diffusion de senteurs d'ambiance n'est pas aisée. Nous proposons une démarche en quatre étapes permettant d'aider à la mise en place de senteurs d'ambiance au sein d'un magasin.

Étape 1 : réalisation d'une cartographie olfactive des sources odorantes présentes en magasin

Dans un premier temps, il est nécessaire d'établir une carte olfactive des différentes sources odorantes présentes au sein des différents magasins. Cet état des lieux est une étape indispensable. À partir des différents types de magasin et de localisation, il sera possible de mieux cerner les besoins réels. Cette carte devra également tenir compte de la dimension temporelle, car de nombreuses odeurs peuvent être associées à un moment de la journée ou de l'année. Bien mené, ce travail permettra de préciser les objectifs à atteindre grâce à l'odorisation. Au sein d'un magasin, on peut trouver plusieurs sources odorantes plus ou moins importantes et attractives.

➤ Les éléments de l'aménagement du magasin

Les éléments de construction ou de décor constituent une source olfactive importante. Certains tapis en coco peuvent par exemple dégager une odeur particulière. Par ailleurs, la disposition de certaines fleurs comme le lys au fort pouvoir odorant va donner une note spécifique à l'ambiance olfactive du magasin. Ces éléments sont à gérer avec soin. En effet, si par exemple l'odeur de lys peut être agréable, elle peut parfois devenir entêtante. C'est pour cette raison qu'au Japon cette plante est bannie de la pièce à thé.

➤ Les matières utilisées dans la fabrication des produits

Certains produits ont une odeur particulière. Leur concentration au sein du magasin peut se révéler incommodante. C'est notamment le cas du cachemire ou de certaines matières synthétiques.

➤ Les clients et clientes

Comme tout animal, l'homme et la femme disposent d'une odeur qui leur est propre et qui leur permet de marquer involontairement leur territoire. Dans certains secteurs d'activité comme celui du prêt-à-porter, des nuisances olfactives peuvent interférer sur le comportement du consommateur. En effet, il n'est pas rare de constater, en fin de journée, la présence d'odeurs corporelles au sein des cabines d'essayage. Cela ne peut qu'inciter le client ou la cliente à écourter son temps d'essayage. Si ce problème est souvent signalé par le personnel, il l'est également par les clients. Ainsi, lors d'une enquête que nous avons réalisée auprès de clientes d'un magasin de prêt-à-porter, un tiers des personnes déclarant avoir été gênées par la qualité de l'air cite les odeurs corporelles. L'empreinte olfactive que peuvent laisser certains clients ne se limite pas aux odeurs corporelles, fort heureusement. L'usage, parfois excessif, de parfums ou d'eau de toilette peut aussi contribuer à ce phénomène.

➤ Le personnel

Le personnel constitue également une source odorante et certaines enseignes vont jusqu'à recommander l'usage de déodorants corporels pour limiter les désagréments liés aux odeurs corporelles. D'autres conseillent à leurs salariés d'user avec modération du parfum pour éviter que ces odeurs ne viennent perturber les clients.

➤ Certains services proposés

Il n'est pas rare aujourd'hui de se voir offrir dans un magasin un café ou bien un thé. Si ces odeurs sont agréables chaudes, il faut veiller à éliminer les déchets liés à ces services afin que ne règne pas au sein du magasin une odeur de marc de café froid en fin de journée.

➤ Les produits d'entretien utilisés

Les produits d'entretien utilisés ont également leur propre odeur. Si cette dernière signale que le ménage a bien été fait, l'utilisation de différents produits peut conduire à une odeur parfois désagréable. Par ailleurs, en voulant signaler trop fortement son passage, la société responsable de l'entretien peut surcharger inutilement l'atmosphère du magasin.

➤ L'environnement extérieur

L'environnement extérieur proche, et parfois lointain, peut également être à l'origine d'odeurs qui vont être présentes au sein du magasin. Ainsi, dans une rue passante, les odeurs de gaz d'échappement ne vont pas manquer de s'introduire au sein de la boutique. Par ailleurs, la présence d'une cafétéria à proximité immédiate peut également conduire à la présence d'odeurs particulières au sein du magasin. Ce type de désagrément se manifeste plus particulièrement dans les centres commerciaux où la densité de commerce est plus importante et où l'on a supprimé les portes des magasins.

Étape 2 : détermination des objectifs poursuivis

À partir de la réalisation de la carte olfactive des magasins, il sera possible d'envisager trois stratégies : supprimer certaines odeurs source de nuisances, renforcer certaines odeurs car elles contribuent à la thématique ou participent à l'expérience du consommateur, introduire au sein du magasin de nouvelles senteurs. Dès lors qu'il s'avère nécessaire ou souhaitable de recourir à la diffusion de senteurs, il faudra encore pouvoir déterminer plus précisément l'objectif poursuivi : attirer l'attention du consommateur, apporter un confort d'ambiance et/ou créer une signature olfactive.

➤ Attirer l'attention

Une odeur est un puissant moyen pour attirer l'attention d'une personne. Boulangers et restaurateurs le savent bien et les croissanteries savent profiter des odeurs liées à leur activité. En orientant leur four sur la rue, elles parviennent ainsi à dépasser les limites d'un espace commercial souvent réduit. En dehors des périodes de cuisson, il suffit de laisser chauffer au sein du four des graisses chargées en arômes. Dans le même esprit, un parc d'attractions de la région parisienne aurait eu recours à des diffuseurs de senteurs de pop-corn. En effet, confronté à la baisse de ses ventes en dehors des périodes de préparation, il aurait souhaité disposer en continu de cette odeur autour de ses stands. D'autres secteurs d'activité sont également concernés. Ainsi, certains vendeurs de chaussures auraient recours à des diffuseurs de senteurs de cuir pour réveiller l'ambiance de leurs magasins. Dans ce cas, il convient de prendre garde à ne pas tomber sous le coup de la réglementation concernant la publicité mensongère en faisant croire que le produit a des caractéristiques qu'il n'a pas.

Une expérience menée par Hollywood Chewing-Gum a permis de montrer l'efficacité d'un diffuseur de senteur installé au sein du rayon. Chaque fois qu'un client passait à proximité, une bouffée d'air parfumé à la menthe était envoyée. En attirant l'attention des clients, ce stop rayon d'un nouveau genre avait permis d'accroître les ventes entre 10 et 25 % (Marketing Mix, Le parfum du succès, février 1993). Aujourd'hui, les senteurs investissent à nouveau les grandes surfaces (v. Encadré 4.6). Sur un marché, le chaland est guidé par les arômes que lui donnent à sentir les vendeurs de fruits et de légumes, les crémiers ou bien encore les poissonniers. Ce parcours olfactif contribue à l'ambiance toute particulière qui règne au sein de ces marchés dont beaucoup de communes redécouvrent les vertus. En s'inspirant de ces pratiques, certains hypermarchés ouvrent leurs rayons pour laisser voir et sentir, là le pain en train de cuire, là-bas une tartiflette qui mitonne. Depuis quelques années, la grande distribution multiplie également les opérations d'odorisation de certaines zones de ses magasins.

Encadré 4.6 – La grande distribution se met au parfum

De plus en plus de spécialistes dénoncent l'encombrement publicitaire. Ainsi, un américain âgé de 65 ans aura vu tout au long de sa vie plus de deux millions de publicités télévisées. Pour les marques, il devient donc de plus en plus difficile d'exister. Cependant, nous pouvons constater que ces messages utilisent principalement les dimensions visuelles ou auditives délaissant trop souvent les autres modalités sensorielles. Deux campagnes réalisées au sein de grandes surfaces montrent les alternatives possibles.

Herbal Essences : campagne olfactive au sein de rayons de grandes surfaces

Les shampooings et après shampooings Herbal Essences ont bénéficié en 2004 d'une campagne promotionnelle s'appuyant sur l'actirayon Aroma, un diffuseur de parfum pour les linéaires des grandes surfaces.

Ce dispositif imaginé par la société anglo-saxonne Aroma Company est aujourd'hui proposé en exclusivité en France par la société Mediaperformances spécialisée dans la conception, la commercialisation et la mise en œuvre de solutions médias et publi-promotionnelles. Il s'apparente à un stop rayon équipé d'un dispositif de diffusion d'odeur. Pour libérer l'odeur du produit, le consommateur doit actionner un bouton soufflet qui va propulser de l'air. Outre l'odeur, ce procédé permet au produit d'émerger en linéaire grâce à une affichette et à un dispositif lumineux. Il peut être également accompagné de coupons de réductions ou de bulletins d'information. Il concerne plus particulièrement les secteurs hygiène, beauté, droguerie, cosmétique et alimentation. Cet outil peut, semble-t-il, jouer un rôle important, en particulier à l'occasion du lancement d'un nouveau produit. En effet, des études menées par le Point of Purchase Advertising Institute (POPAI) montrent que 75 % de toutes les décisions d'achat sont prises en magasin. Pour Nestlé, ce chiffre atteindrait 80 %. Procter & Gamble parle même d'un chiffre plus près de 85 %. Par ailleurs, un produit pris en main est un produit acheté dans 87 % des cas (source IFM/MCA 2003). Dès lors, tous les moyens sont bons pour attirer l'attention du consommateur. En ce qui concerne la campagne menée pour Herbal Essences les objectifs étaient multiples : augmenter la notoriété du produit, faire découvrir le parfum grâce au diffuseur de senteurs et inciter à l'essai grâce à une offre de réduction. L'étude menée par Smart Driver IRI montre que la campagne a généré 29 % de volume additionnel.

Nestlé s'initie à des opérations multisensorielles en magasin

Comme toutes les marques de l'agroalimentaire, Nestlé Waters, propose aux grands acteurs de la distribution des opérations promotionnelles sur l'ensemble de ses marques et produits. Traditionnellement, la société s'appuie sur une PLV adaptée en allée centrale du point de vente, des jeux et des lots à gagner, des dégustations proposées par des hôtesses et des offres de réduction et de fidélités.

Nestlé Waters Marketing Distribution a aujourd'hui décidé d'innover en mettant en place des opérations multisensorielles. L'objectif est, en jouant avec les cinq sens, de se différencier des autres offres promotionnelles actuellement réalisées en magasin. Ces opérations sont menées en collaboration avec la société Audiadis SA qui propose l'outil Sensodis™.

Cette campagne « Soif de... » s'appuie sur un écran plasma de 107 cm diffusant des films publicitaires et thématiques, la diffusion d'annonces audiovisuelles personnalisées à l'opération (sur sonorisation dolby digital 5.1) et la diffusion de senteurs thématiques et/ou calendaires.

L'objectif est d'inciter les consommateurs à déguster les diverses eaux aromatisées de Nestlé Waters : Vitalitos, Fraise Délire, Perrier Framboise, Vittel Pêche d'Enfer... Ces opérations ont débuté en France en mai 2005 au sein de différentes enseignes d'hypermarché (Carrefour, Leclerc, Auchan) après une phase de test réalisée durant l'été 2004. Selon Nestlé Waters, cette innovation est intéressante à plus d'un titre. Tout d'abord, la sollicitation des cinq sens permet d'attirer la curiosité des clients, ce qui facilite le travail d'approche des animatrices. Elle permet également d'offrir un cadre d'achat agréable aux clients grâce à des animations audiovisuelles et olfactives pertinentes. Enfin, elle permet d'associer le groupe Nestlé Waters à un concept avant-gardiste d'animation dynamique sur le lieu de vente.

Il n'y a rien de surprenant à ce que l'odeur d'un produit soit en mesure d'attirer l'attention du consommateur sur ce produit lorsque ce dernier se trouve à proximité. Lors d'une étude que nous avons menée pour la chaîne de prêt-à-porter féminin Caroll, nous avons également pu constater que, quelle que soit la senteur agréable diffusée, cela se traduisait par une attention plus grande portée au présentoir où étaient proposés les produits parfumants Caroll (bougie, eau de toilette, encens, pots pourris) (Daucé, 2000).

L'odeur peut également être un outil d'animation commerciale efficace pour le secteur bancaire (v. Encadré 4.7).

Encadré 4.7 – Senteurs toniques pour la Banque Populaire

L'année 2004 a été l'occasion pour la Banque Populaire du Val de France d'innover dans le domaine de la communication bancaire. En effet, ce sont environ 40 000 mailings parfumés qui ont été expédiés en 2004 pour assurer la promotion de sa gamme « Emprunts Tonics ». Cinq vagues de mailings parfumés ont été menées. Coïncidant avec les saisons, chaque offre fut accompagnée d'une odeur spécifique. Au printemps, il s'agissait d'« Envies de printemps » aux fragrances de muguet et d'herbe coupée. Avec l'été vint l'offre « Pêché Mignon » qui sentait bon la pêche de vigne. L'automne fut l'occasion d'une « Rentrée en douceur » parfumée à la réglisse alors que la vague hiver, intitulée « Douce nuit, douces envies », le fut à l'orange et aux clous de girofle. Enfin, une cinquième vague, pour les soldes, fut accompagnée par une odeur de rose. Originale et ludique, cette campagne fut soutenue dans les 200 agences du territoire par la présence des vaporisateurs. On peut tout juste regretter que cette banque n'ait pas été jusqu'à parfumer en permanence ses agences pour faire encore plus écho à cette opération de marketing direct. La banque est satisfaite de l'opération car les résultats furent meilleurs que ceux enregistrés en 2003. Pour autant, il lui est impossible de dire si ces résultats sont imputables à cette opération de mailing olfactif ou bien à la mobilisation du réseau. Toujours est-il que l'opération a été reconduite en 2005.

La Banque Populaire n'en est pas à sa première incursion dans le domaine du marketing olfactif. En effet, en 2002, deux agences du Lot avaient participé à un test visant à décliner le partenariat voile en parfumant leurs distributeurs automatiques de billets (DAB) avec des senteurs marines. Une invitation parfumée avait permis de créer du trafic sur les deux agences concernées.

La société Quinte & Sens, spécialisée dans le marketing sensoriel, a mené des opérations similaires d'odorisation de DAB. Pour Olivier Genevois, son directeur marketing, ce type d'opération donne de très bons résultats.

Dans le cadre de l'aménagement d'un magasin à thème, l'odeur peut intervenir pour parachever la déclinaison qui a été faite sur les différents sens. Elle fera merveille en matière de mise en expérience du magasin. Les diffuseurs de senteurs pouvant même devenir de véritables pôles d'attraction pour les visiteurs-consommateurs.

Plusieurs centres commerciaux sont également équipés de diffuseurs de senteurs d'ambiance. Ainsi, la société Atmosphère Diffusion, filiale de la société Mood Média, équipe une trentaine de centres commerciaux en France. Elle y intervient pour traiter les mauvaises odeurs mais également pour odoriser les différents accès clients. D'autres sociétés, comme Midis ou Air Berger, proposent aussi ces prestations.

➤ Apporter un confort d'ambiance

Dans l'univers domestique, la notion de confort a sensiblement évolué depuis les années cinquante et soixante. Elle ne passe plus aujourd'hui uniquement par une surenchère technologique ou chaque nouvelle machine doit révolutionner la vie du foyer et lui permettre de s'ouvrir toujours plus sur le monde extérieur. Désormais, le foyer, dans un monde où les frontières entre les différents temps et espaces sont toujours plus floues, doit permettre à l'individu de se ressourcer loin de l'agitation permanente. Cela passe par la création d'une bulle sensorielle à l'ambiance maîtrisée. Il s'agit en quelque sorte d'un ressourcement hédonique où l'individu se retrouve avec lui-même ou sa tribu. Il faut sans doute y voir le désir de créer une rupture dans un environnement ou vitesse et complexité se rejoignent. Ce phénomène gagne l'univers marchand où le confort devient un argument de visite. À travers l'attention qu'ils lui portent, les commerçants cherchent à isoler le consommateur du flot continu de sollicitations auquel il est soumis pour qu'il accepte plus facilement de pénétrer dans l'univers de la marque. La diffusion de senteurs d'ambiance permet au commerçant de renforcer l'identité de son magasin et participe à la création de cette bulle sensorielle esthétique.

Comme nous l'avons noté précédemment, le magasin et son environnement ne sont pas exempts de nuisances olfactives. L'utilisation de senteurs d'ambiance est une réponse à ce problème lorsque l'on ne peut pas agir sur son origine. Pourquoi le consommateur devrait-il tolérer ces mauvaises odeurs alors qu'il ne les supporte plus chez lui ? L'exemple du métro parisien illustre combien cette préoccupation est aujourd'hui importante dans certains secteurs (v. Encadré 4.8).

Encadré 4.8 – L'hôtellerie : un secteur qui a du nez !

L'hôtellerie aurait-elle trouvé sa martingale ? Celle qui lui permettrait de gagner le cœur de ses clients !

C'est ce que semblent indiquer les résultats d'une étude menée par l'Institut BVA pour le compte de la société Air Berger. Figure de prou en France de la diffusion de senteurs d'ambiance, Air Berger souhaitait mesurer de manière rigoureuse l'impact de la diffusion de senteurs d'ambiance. Réalisée en partenariat avec la société Novotel, les résultats de cette étude permettent d'objectiver une pratique reposant trop souvent sur les prétendus mystères entourant les odeurs. L'enquête a été menée dans trois hôtels selon un protocole expérimental consistant en l'administration d'un questionnaire, dans un premier cas alors que le hall d'entrée était parfumé, et dans l'autre cas alors qu'il ne l'était pas. Les résultats de l'étude menée dans le Novotel de Bercy sont particulièrement intéressants. L'odeur diffusée était congruente avec l'enseigne et le brief remis et 311 questionnaires ont été collectés. Les résultats montrent que :

« La perception de la clientèle interrogée est plus favorable concernant l'espace d'accueil avec un différentiel positif pour plusieurs indicateurs : espace accueillant, je m'y sens bien, ambiance agréable, décontractée, espace qui me plaît ». Par ailleurs, « l'enseigne Novotel est perçue plus dynamique, plus moderne qu'en l'absence d'animation olfactive. auprès des clients ayant perçu l'ambiance olfactive, le niveau de satisfaction et de recommandation est significativement plus élevé ».

Cette étude n'est pas la première réalisée par Air Berger. Des résultats similaires ont été obtenus lors d'enquêtes réalisées dans les secteurs de la pharmacie et de la distribution du meuble. Pascal Charlier, directeur général d'Air Berger, souligne que même si ces résultats permettent de valider l'intérêt qu'il y a à recourir à la diffusion de senteurs d'ambiance, encore faut-il que l'établissement soit en mesure d'apporter les standards de qualité attendus par ses clients. L'odeur ne fait pas tout, même si elle peut apporter au client cette première bonne impression.

Depuis cette étude, Air Berger a développé pour Novotel une signature olfactive appelée Cosy Lounge. Aujourd'hui, ce sont donc une centaine d'hôtels Novotel qui diffusent dans leur hall d'accueil cette signature olfactive. De la même manière, plus de 130 hôtels Mercure, autre enseigne du groupe Accor, diffusent une signature olfactive. Afin de prendre en compte la variété des hôtels de cette enseigne, une famille olfactive de quatre parfums est proposée permettant à chaque hôtel d'affirmer son identité.

Le groupe hôtelier Accor n'est pas le seul à s'intéresser à la diffusion de senteurs d'ambiance. Ainsi, aux USA, de nombreuses chaînes ont annoncé qu'elles avaient recours à ce procédé. En 2005, le projet de rénovation des hôtels Le Méridien, récemment acquis par le groupe Starwood, s'est accompagné de la création d'une signature olfactive afin d'apporter une unité au nouveau concept mis en place et de faciliter sa communication aux clients. En cours de déploiement dans l'ensemble des hôtels, cette signature est composée de patchouli, iris, orange et vanille. Elle fut inspirée à Eddie Roschi et Fabrice Penot (fondateurs de la compagnie de parfums Le Labo) par une vieille édition du livre *Le Petit Prince* de Saint-Exupéry.

L'hôtellerie de luxe n'est pas en reste. Le parfumeur Blaise Mautin travaille ainsi pour les hôtels Hyatt. Chaque Park Hyatt dispose donc de sa propre senteur. Blaise Mautin trouve son inspiration en partant à la découverte de chacun de ses lieux uniques, en échangeant avec leurs propriétaires pour en exprimer toute l'authenticité. Lorsque l'hôtel Le Bristol lui demanda, il y a maintenant dix ans, un parfum, il n'imaginait pas que des hôtels de luxe seraient prêts à développer des parfums artisanaux sur mesure. Aujourd'hui, cette tendance semble se confirmer et permet aux clients de ces hôtels d'accéder à une offre de parfum originale. Devant le succès rencontré par cette offre, une boutique sensorielle ouvrira au Park Hôtel Vendôme afin de permettre aux clients de cet hôtel d'y retrouver tous les produits développés par Blaise Mautin.

On le voit, tous les secteurs de l'hôtellerie manifestent de l'intérêt pour la stimulation olfactive. Si certains veulent encore se rassurer sur le bénéfice qu'ils en retireront, d'autres semblent plus enclins à parier sur l'expérience esthétique qu'ils apportent ainsi à leurs clients.

Les casinos ne sont pas en reste puisque certains sont équipés de diffuseurs de senteurs d'ambiance pour lutter contre les odeurs de tabacs froids. Rien ne doit venir importuner le nez des joueurs ! Les clubs de remise en forme, les parkings souterrains et les restaurants sont également soucieux de gérer leurs nuisances olfactives pour le bien-être de leurs clients mais également pour éviter tout conflit de voisinage.

Outre le simple confort apporté par une ambiance parfumée, certaines senteurs sont, semble-t-il, en mesure d'agir directement sur le bien-être de la personne et sur son comportement. En effet, selon les aromachologues, on distingue traditionnellement les senteurs stimulantes des senteurs apaisantes.

Si les odeurs sont en mesure d'exercer une action stimulante ou apaisante, on pourrait s'attendre à ce qu'elles agissent sur le comportement des individus. Une étude menée par la société Shiseido (géant japonais du cosmétique) et rapportée par la revue *Sciences et Avenir* (1993)[1] semble le confirmer. Cette étude consistait en l'examen des effets des essences de bois (cyprès, eucalyptus) et de fleurs (rose, lavande) sur le rendement et la vigilance d'ouvriers réalisant une tâche très répétitive, le poinçonnage des clés[2] :

> « Les senteurs de bois ont eu un effet stimulant sur la productivité qui a augmenté de 15 %. Quant aux essences florales, diffusées dans les périodes de vive tension, elles avaient des propriétés apaisantes. Résultat : le taux d'erreurs a chuté de 20 %. »

Une autre étude menée par la même société sur des opératrices de saisie informatiques montre qu'en présence de senteurs florales, elles travaillaient plus vite et faisaient moins d'erreurs qu'en environnement inodore : 16 122 caractères à l'heure dans le premier cas, contre 14 142 dans le second.

Que faut-il penser de ces résultats ? Pour les apprécier à leur juste valeur, rappelons ce qu'est l'effet Hawthorne. À l'origine, on trouve une expérience réalisée en 1924 dans les ateliers Hawthorne de la Western Electric Company. Cette expérience visait à mesurer les effets de l'amélioration de l'éclairage sur le travail des ouvrières. On constata une augmentation de la productivité lorsque l'on améliorait l'éclairage mais aussi lorsque l'on diminuait l'éclairage. Ainsi, l'augmentation de productivité n'était pas due à l'amélioration des conditions de travail, mais à l'attention dont les ouvrières s'étaient senties faire l'objet. On peut donc conclure que les gens réagissent positivement au fait que l'on s'occupe d'eux pour améliorer leur situation. Ce phénomène est d'autant plus marqué que ces personnes occupent une position peu élevée dans l'entreprise. Les expériences menées par la firme Shiseido semblent montrer les effets de certaines senteurs sur le travail. Cependant, encore faudrait-il que ces effets se soient prolongés dans le temps et qu'ils n'aient pas été le résultat de l'effet Hawthorne.

1. « Les odeurs nous mènent par le bout du nez », *Sciences et Avenir*, novembre 1993.
2. Si cette étude est régulièrement citée par de nombreux magazines, nous n'avons pas pu trouver de références scientifiques pour valider les résultats obtenus.

➤ Créer une signature olfactive

Lors d'une enquête que nous avons menée sur les évocations suscitées par plusieurs senteurs auprès de personnes de sexe féminin fréquentant le centre-ville de Nantes, nous avons constaté que l'odeur de cèdre évoquait assez fréquemment le magasin Nature & Découvertes. Cela n'avait rien de très surprenant. En effet, pendant plusieurs années, ce magasin n'avait diffusé que cette odeur. Le plus surprenant est que cette odeur est traditionnellement associée à l'enfance car il s'agit de l'odeur de crayon de bois taillé. On comprend aisément l'intérêt qu'aurait une entreprise à créer une identité olfactive qui lui soit propre. En effet, compte tenu des spécificités de la mémoire olfactive, une entreprise pourrait trouver dans l'odeur un formidable moyen d'évoquer la marque et son identité sans qu'aucun autre signe ne soit présent. Cette stratégie fut celle initiée par Air France en 1995.

La création d'une signature olfactive doit s'appuyer sur la marque. Trois éléments nous semblent indispensables pour permettre au « nez » de réaliser son travail créatif. Tout d'abord, l'entreprise devra avoir travaillé sur les valeurs qu'elle souhaite mettre en avant. Cette démarche devra prendre en compte les valeurs actuellement associées par les consommateurs à la marque ou que l'entreprise souhaiterait leur voir associer à la marque. Ensuite, elle devra fournir les informations relatives à la carte olfactive élaborée pour chaque type de magasin. Enfin, les objectifs devront avoir été clairement spécifiés grâce à l'aide du prestataire de service. En effet, tout en recherchant la création d'une signature olfactive, l'entreprise pourra souhaiter atteindre des objectifs en terme d'animation du point de vente et de confort olfactif. Lorsque l'entreprise sera en possession des propositions du ou des nez(s), elle devra réaliser un test, non seulement auprès de la cible visée mais également auprès des salariés de l'entreprise. Il permettra de vérifier la qualité de la diffusion selon les différents types de magasins. Les réponses collectées permettront de juger des caractéristiques du parfum et de son niveau d'acceptation.

La mise en place d'une signature olfactive présente une difficulté majeure. En effet, si l'odeur est, comme on le pense, mémorisée avec tout son contexte sensoriel, une expérience négative pourrait être associée à la fragrance diffusée. C'est pourquoi, encore faut-il gérer avec discernement cette nouvelle dimension de l'identité d'une marque et ne l'employer qu'à bon escient lorsque l'on maîtrise tous les éléments participant à la qualité du service. Dans le cas du transport aérien, certains passagers vivent le voyage en avion comme une expérience anxiogène. Si le logo olfactif d'une compagnie aérienne était associé au contexte anxiogène d'un voyage en avion, il suffirait que cette compagnie utilise cette odeur dans un mailing pour susciter à nouveau cette réaction de stress. Dans un contexte émotionnel de ce type, il est préférable de changer régulièrement de senteur.

Étape 3 : mise en œuvre

La diffusion de senteurs d'ambiance doit reposer sur une bonne connaissance des contraintes qui reposent sur la diffusion et des objectifs recherchés. Sa mise en œuvre va consister d'abord à choisir la ou les senteurs qui seront diffusées. Ensuite, il faudra définir la ou les techniques de diffusion les plus adaptées. Enfin, il faudra opter entre une diffusion homogène ou une mise en scène de l'odeur au sein du lieu.

➤ Choix d'une ou plusieurs senteurs

C'est sans doute la phase la plus délicate à mener, car le choix de l'odeur est très souvent réalisé de manière très subjective. S'il s'agit d'attirer l'attention ou d'apporter un confort d'ambiance, le choix est assez simple. Par contre, dans le cas de la création d'une signature olfactive, cela s'apparente à la création d'un parfum. Dans tous les cas, il faudra définir un cahier des charges permettant au nez de comprendre les objectifs poursuivis, la stratégie de la marque et les contraintes pesant sur la diffusion. Il faudra également prendre en compte les autres variables sensorielles et pourquoi pas synchroniser images, sons et odeurs comme le propose la société Exhalia (v. Encadré 4.9).

Encadré 4.9 – Exhalia : synchroniser odeurs, images et sons

Au moment de la bulle Internet, les projets visant à parfumer le web étaient nombreux. Certains promettaient même de reconstituer n'importe quelle odeur à partir de quelques odeurs primaires. Malheureusement, cela est strictement impossible.

France Télécom fut l'un des pionniers et ses laboratoires de recherche réalisèrent plusieurs expérimentations montrant qu'il était possible de synchroniser diffusion de senteurs d'ambiance et navigation sur Internet. Ainsi, un ordinateur peut aujourd'hui être équipé d'un périphérique de diffusion de senteurs d'ambiance et vous faire profiter de l'agrément d'une visite parfumée sur Internet. Yvan Régeard assure désormais seul les destinés de ce projet dont il fut l'un des protagonistes chez France Télécom. Ainsi, il a créé en 2004 la société Exhalia qui s'occupe aujourd'hui de valoriser et poursuivre ces travaux menés depuis la fin des années quatre-vingt-dix. Il s'appuie pour cela sur les brevets que France Télécom lui a cédé. Il souhaite désormais se spécialiser sur la synchronisation d'images, de sons et d'odeurs en étant un intermédiaire entre les clients et les fabricants de diffuseur. À cette fin, il propose des outils de pilotage pour la totalité des diffuseurs présents sur le marché. Par ailleurs, il met à la disposition des développeurs un outil de programmation et de développement d'applications.

Exhalia a réalisé pour le BIVB (Bureau interprofessionnel des vins de Bourgogne) des balades olfactives dans les vignobles de bourgogne (www.bivb.com). Cette application disponible sur Internet peut également être utilisée sur cédérom. Ainsi, au fil de la balade, différentes odeurs viennent ponctuer la présentation des vignobles et du travail du vigneron. Yvan Régeard a signé un accord avec une école hôtelière japonaise qui souhaite proposer en ligne des cours de cuisine. Chaque recette est associée à des odeurs afin de familiariser l'apprenant avec les produits utilisés. D'autres illustrations du travail réalisé par cette jeune société sont disponibles sur le portail olfactif www.exhalia.com (v. cahier central, photo présentant le dispositif).

Au fil de l'année, il est intéressant de recourir à des senteurs différentes. Elles pourront rythmer les différentes saisons (printemps-été/automne-hiver) ou accompagner certaines opérations commerciales (Halloween avec une odeur de fraise Tagada, Pâques avec une odeur de chocolat, le mois de mai avec une odeur de muguet…). Ceci présente l'avantage d'éviter une certaine lassitude du personnel. Par contre, il est très délicat d'utiliser plusieurs senteurs simultanément. Les risques de cacophonie olfactive sont importants.

L'entreprise doit également avoir conscience des risques que peut présenter l'utilisation des huiles essentielles (v. Encadré 4.10). Elle devra prendre toutes les assurances nécessaires auprès de son prestataire de services ou se faire conseiller.

Encadré 4.10 – Faut-il avoir peur des parfums ?

La fin de l'année 2004 a été marquée par une vive polémique opposant le magazine *Que choisir* aux fabricants de désodorisants d'intérieur à travers l'Association française des industries de la détergence, de l'entretien et des produits d'hygiène industrielle (Afise). En effet, après avoir étudié 35 produits, *Que Choisir* préconisait ni plus ni moins que de proscrire tout désodorisant d'intérieur. Selon l'association, aucun des produits testés ne pouvait être considéré comme inoffensif et un grand nombre d'entre eux chargeait l'air intérieur de substances « soit classées "cancérigène certain" comme le benzène ou le formaldéhyde, ou "cancérigène possible" comme le toluène ou le naphtalène, allergènes comme le limonène, ou perturbateurs endocriniens comme les phtalates ». Il faut noter que ce communiqué de presse intervenait peu après une première étude concernant les dangers liés aux émissions provenant des produits nettoyants ménagers (Communiqué du 26.10.04). Enfin, dans son numéro de mars 2005, *Que Choisir* publiait une nouvelle étude concernant les risques allergisants des lessives. Entre-temps, au mois de février 2005, Greenpeace lançait contre les parfumeurs une offensive intitulée « Un parfum de scandale ». Selon les résultats d'une étude portant sur la composition de 36 eaux de toilette et eaux de parfum, on retrouverait dans quasiment tous les parfums des phthalates et des muscs de synthèse. En particulier, les analyses ont révélé d'importantes quantités de diéthyl phthalate qui, une fois dans le corps, se transformeraient en monoéthyl phthalate. Selon l'association, cette substance est « suspectée d'endommager l'ADN des spermatozoïdes et de limiter les capacités pulmonaires de l'homme ». Les muscs de synthèse sont également soupçonnés de porter atteinte à la santé de l'homme.

Ces différentes actions menées par *Que Choisir* et Greenpeace s'inscrivaient dans un contexte particulier lié aux discussions portant sur un projet de nouvelle réglementation européenne ou projet REACH pour « Enregistrement, évaluation et autorisation des substances chimiques ». Grâce à ces différentes études, les deux associations avaient très probablement le désir de peser sur la nouvelle réglementation qui est aujourd'hui mise en place et apporte encore plus de protection pour les consommateurs.

Selon M. Clavié, de la société Universcents, ces différentes polémiques ont eu un effet plutôt bénéfique car elles ont permis aux professionnels de montrer leur savoir-faire et les avantages de la technique de micronisation. Ainsi, cette dernière, à la différence de la plupart des désodorisants d'intérieur incriminés par *Que choisir* ne transforme pas par combustion ou chauffage le produit utilisé. Par ailleurs, cette technique assure une bonne odorisation de l'espace sans qu'il soit nécessaire d'utiliser de grandes quantités de produits comme avec les aérosols. Si la technique suppose l'utilisation d'un solvant, tous les professionnels nous ont assuré que les produits parfumés utilisés respectaient les normes IFRA.

En matière de diffusion de senteurs d'ambiance, il n'existe pas aujourd'hui de réglementation spécifique. C'est la réglementation sur les substances et les préparations dangereuses qui prévaut pour les compositions utilisées. Au niveau professionnel, l'IFRA (International Fragrance Association) édite des recommandations concernant l'emploi des matières premières aromatiques à partir des travaux menés, entre autres, par le RIFM (Research Institute Fragrance Materials). Ce code de bon usage est respecté par les ambianceurs. Si la senteur doit être utilisée dans un autre pays que la France, il faudra l'indiquer au concepteur afin qu'il intègre la réglementation de ce pays lors de la formulation de la senteur. En outre, lorsque la senteur est susceptible de se déposer sur des produits alimentaires, il est souhaitable d'exiger le respect des normes GRAS (Generally Recognised As Safe) qui s'appliquent en matière d'arômes alimentaires. En effet, rien n'indique aujourd'hui que ces dépôts sont sans effet sur l'organisme une fois ingérés.

Pour autant, le commerçant désireux de parfumer son magasin doit savoir que le recours à des huiles essentielles présente certains risques liés à leurs propriétés physico-chimiques. Inflammables et corrosives, il convient de s'assurer que le fournisseur d'huiles essentielles présente toutes les garanties nécessaires afin que leur utilisation dans un cadre commercial soit sans risque pour les consommateurs et les salariés. En particulier, un enfant ne doit pas pouvoir avoir accès aux substances utilisées et des consignes précises doivent être données au personnel lorsqu'il est amené à manipuler ces produits. Pour ces différentes raisons, il est nécessaire de s'enquérir auprès du prestataire de différents documents concernant la composition utilisée : la fiche technique du produit, la fiche de données de sécurité et la fiche d'utilisation. On peut également s'interroger sur les risques allergènes. Cependant, rappelons qu'une liste de 26 allergènes a été établie et qu'un règlement européen oblige désormais les fabricants de produits cosmétiques soit à revoir leur formulation, soit à indiquer clairement la présence de ces substances allergisantes.

➤ Choix du ou des diffuseurs

Ce n'est que depuis quelques années que l'on trouve un éventail assez large de diffuseurs permettant d'odoriser l'air contenu dans un magasin. Au début des années quatre-vingt-dix, on ne trouvait que quelques diffuseurs encombrants utilisés pour odoriser des salles de spectacles, des centres de thalassothérapie ou les couloirs du métro. La société Sigmacom, pionnière de la diffusion de senteurs d'ambiance, est plutôt spécialisée dans l'odorisation de ces grands espaces, même si elle a aujourd'hui élargi son offre. Aujourd'hui, il existe différents procédés permettant de parfumer une ambiance : diffusion naturelle, ventilation, chauffage, pulvérisation, micronisation.

• *Diffusion naturelle*

Tout objet ou liquide parfumé odorise naturellement l'air qui l'entoure. En effet, on peut dire qu'il se produit un « arrachage » des molécules odorantes grâce à l'air. La qualité d'une telle diffusion dépend étroitement des capacités de rémanence et de volatilité de l'objet parfumé. Par ailleurs, plus l'air ambiant sera brassé et plus la diffusion sera efficace. La société Atmosphère Diffusion propose, pour des actions de neutralisation de mauvaises odeurs, un gel solide agissant de cette manière.

• *Ventilation*

La ventilation permet d'accentuer la diffusion naturelle. Il suffit d'un petit ventilateur pour que la diffusion naturelle de l'objet ou du liquide parfumé soit beaucoup plus efficace. Aujourd'hui, certains diffuseurs reprennent cette technique en l'améliorant grâce au recours à des pompes permettant une meilleure ventilation et à des cartouches de granulés parfumés au sein desquels l'air circule. Cette technique n'est généralement pas très performante pour odoriser un espace commercial.

• *Chauffage*

Le chauffage va permettre la vaporisation d'un liquide ou la sublimation d'un objet odorant, ce qui va favoriser le transfert à l'air ambiant de l'odeur qui le caractérise. Ce procédé est celui que l'on retrouve avec les bougies parfumées. Cette technique a pour inconvénient de modifier l'odeur diffusée par rapport à celle incorporée au sein de l'objet ou bien celle du liquide. Les spécialistes considèrent que le fait de chauffer une odeur altère ses propriétés aromachologiques.

• *Pulvérisation*

Il est également possible de pulvériser dans l'air ambiant l'odeur désirée. À cette fin, il est nécessaire de recourir à des supports plus légers que l'air qui vont favoriser le transport de l'odeur. Différents procédés de pulvérisation sont envisageables.

- *Aérosol*

Dans ce cas, les particules d'huile essentielle sont en suspension dans un gaz. Les désodorisants domestiques utilisent ce procédé. Son utilisation dans un espace commercial présente certains inconvénients. Tout d'abord, la pulvérisation est humide et provoque des dépôts disgracieux sur le diffuseur et à sa proximité immédiate. Enfin, cette diffusion n'est pas très fine et ne passe pas inaperçue pour les consommateurs. Certains pulvérisateurs diffusent des microcapsules qui sont projetées sur le sol[1]. Le frottement lié au passage des personnes entraîne la diffusion de l'odeur grâce à l'éclatement des micro-capsules. Dans le cas d'une diffusion sur de la moquette ou un tapis, il peut arriver que les microcapsules tombent trop profondément pour qu'elles soient brisées.

- *Brumisation*

La brumisation consiste à projeter de l'eau en fines gouttelettes. Cette eau peut être parfumée ce qui permet d'odoriser un lieu. La fiabilité des appareils pose des problèmes compte tenu du caractère corrosif des huiles essentielles. En effet, les appareils utilisent du caoutchouc qui résiste mal aux huiles essentielles. Enfin, l'humidification de l'air peut aboutir au développement de microbes au sein du système de ventilation-climatisation.

- *La micronisation*

La micronisation consiste à fragmenter les molécules odorantes pour faciliter leur diffusion dans l'air. En raison de la viscosité des huiles essentielles utilisées, certains diffuseurs nécessitent le recours à un support favorisant le passage dans l'air des molécules odorantes. Pour désigner cette technique on parle également de micronisation ou de nébulisation sèche car les particules diffusées sont si petites (cinq microns) qu'elles ne donnent pas la sensation d'humidité. Cette technique est aujourd'hui très utilisée.

Quel que soit le mode de diffusion, il pourrait être intéressant d'utiliser le système de ventilation climatisation pour assurer une diffusion plus efficace de l'odeur. Pourtant, la prudence est de mise car les risques bactériologiques sont importants. Il apparaît que la technique de

1. À ce titre, signalons le travail réalisé par la société Microcapsules Technologies : www.microcapsules-technologies.com.

micronisation pose moins d'interrogations aux spécialistes de la ventilation-climatisation. En effet, nous avons pu constater que des diffuseurs de ce type étaient très souvent utilisés de cette manière. Outre une meilleure diffusion, plus homogène, cela permet de limiter le nombre de diffuseurs.

La diffusion d'une senteur d'ambiance doit s'accompagner de la maîtrise du confort thermique du magasin même si ce dernier représente un coût important. Dans le cas contraire, la senteur diffusée pourrait s'avérer désagréable lorsqu'il fait trop chaud.

En fonction du volume d'air à parfumer, il sera ou non nécessaire d'utiliser plusieurs diffuseurs. Comme nous l'avons vu, les techniques de diffusion sont multiples et il peut être souhaitable de marier les techniques afin d'obtenir un meilleur résultat. En effet, tout en ayant un objectif de signature olfactive l'enseigne peut avoir besoin ponctuellement de masquer la présence d'une odeur désagréable.

Encadré 4.11 – Le plastique vient compléter la boite à outils du marketing olfactif

Le plastique olfactif sera t-il la nouvelle arme du marketing olfactif ? C'est ce que l'on peut imaginer tant aujourd'hui les annonces dans ce domaine se multiplient. Ainsi, parmi les produits parfumés annoncés en 2008 nous avons eu : des ordinateurs portables Asus, des étuis pour iPhone, des chaussures de marque Kool-Aid en collaboration avec Reboock, des bijoux de fantaisies, des produits d'éclairage odorants de marque Mobern… En France, la société Olfactair propose également la réalisation d'objets parfumés réalisés grâce à l'intégration de parfum pur dans une résine composite. Différentes opérations ont ainsi été menées pour des marques comme Soupline, Hugo Boss ou bien encore Mexx. Ce nouveau support complète une boîte à outils déjà bien remplie. En effet, Olfactair propose également des véhicules publicitaires équipés de diffuseurs de senteurs : voitures, segways, vélos, camions. Selon Michel Caffon, « tout en permettant à la marque de partir à la rencontre de ses clients ils contribuent à éveiller la curiosité et la sympathie des passants ».

➤ Diffusion homogène ou mise en scène de l'odeur

Deux stratégies de diffusion sont envisageables : une diffusion homogène de l'odeur ou bien la mise en scène de l'odeur au sein du magasin.

La première stratégie ne peut être adoptée qu'avec une diffusion proche du seuil de perception pour éviter que ne se produisent des concentrations d'odeurs en certains endroits du local. Cela représente donc une difficulté majeure. En effet, cette recommandation va à l'encontre de l'idée selon laquelle ce que l'on fait doit se voir, ou plutôt dans le cas présent, se sentir. De plus, l'intensité de diffusion est une variable parfois mal gérée par les diffuseurs. Il est difficile de prendre en compte cette donnée dans le réglage et la disposition des diffuseurs. Et cela, d'autant plus que la conception de certains diffuseurs aboutit à une diffusion plus forte de l'odeur au bout de quelques heures de fonctionnement.

Dans le cas de la mise en scène de l'odeur, l'objectif est de créer un parcours au sein du local. Devant la difficulté à gérer l'intensité de la diffusion et afin de ne pas occasionner de gêne pour les clients ou le personnel, il est préférable de placer les diffuseurs dans des lieux de passage où ne stationnent pas les personnes et l'air. Les variations d'intensité seront moins gênantes que dans le cas d'une diffusion homogène. Par ailleurs, grâce à cette mise en scène des diffuseurs, il sera possible d'agir sur le parcours du client au sein de la boutique en attirant son attention sur certains points du magasin. Le diffuseur de senteur s'inscrit alors dans une stratégie d'animation du point de vente qui vise à stimuler certains lieux délaissés par les clients. Dès lors, l'intensité de l'odeur devra être suffisamment forte pour qu'elle puisse être notée par le client lors de son passage à proximité du diffuseur. Par contre, elle ne devra pas être trop forte pour ne pas trop attirer l'attention du client qui est là, rappelons-le, pour voir et acheter des produits. De plus, avec une diffusion trop forte, l'odeur risquerait de se propager dans l'ensemble de la boutique en entraînant les inconvénients évoqués précédemment dans le cadre de la diffusion homogène. Si cette stratégie de diffusion convient particulièrement bien à un objectif d'animation du point de vente, elle peut tout aussi bien être utilisée dans le cas d'une amélioration du confort ou de la création d'une signature olfactive. En multipliant les sources odorantes, il est vraisemblable que l'odeur sera plus rapidement mémorisée. En effet, dans le cas d'une diffusion homogène, l'individu ne perçoit plus l'odeur au bout de quelques minutes au sein du magasin. Cependant, il faut veiller à ne pas multiplier les différents points de diffusion pour ne pas trop distraire le consommateur de l'objet de sa visite.

Étape 4 : accompagnement et évaluation

Les pratiques en matière de diffusion de senteurs au sein des magasins sont encore peu nombreuses même si elles se développent. Par ailleurs, en raison de la mythologie associée aux odeurs, certaines inquiétudes peuvent émerger tant chez le personnel que chez les clients.

Ainsi, le personnel doit être impliqué dès la détermination de la carte olfactive du magasin et cela tout au long des différentes phases. En effet, c'est généralement lui qui devra assurer la maintenance des diffuseurs. Par ailleurs, il sera exposé tout au long de la journée à cette senteur et il convient donc de s'assurer son soutien afin de donner toutes les chances de succès à cette opération. Les différentes réunions permettront de rassurer le personnel en levant certaines craintes liées à la mythologie des odeurs. Il est également souhaitable de proposer aux salariés des activités ludiques autour des odeurs. Des animations de ce type sont proposées par l'association Asquali dont s'occupe Michael Moisseeff (depuis 1989, l'association Asquali propose différentes activités autour des odeurs pour développer la culture olfactive des petits et des grands : expositions, conférences, ateliers de découverte, animations, dégustations d'odeurs, formations, odorisation de lieux…).

En ce qui concerne les clients, il convient de les informer de la diffusion de senteurs d'ambiance au sein du magasin, en particulier lorsque l'objectif est de créer une signature olfactive. Dans le cas contraire, mener une telle opération pourrait donner lieu à certaines rumeurs sur les objectifs de l'entreprise. Par ailleurs, il est probable que la mémorisation de l'odeur sera facilitée en raison de la possibilité pour le client d'associer un marqueur verbal à l'odeur. Enfin, si elle souhaite décliner cette odeur en produits parfumant, cette transparence sera bénéfique. S'il est difficile de quantifier l'impact d'une telle pratique sur le personnel ou les clients, cela n'est pas impossible comme le montrent les travaux de recherche réalisés.

Conclusion

Autrefois réservée à la religion et à la médecine, la diffusion de senteurs d'ambiance, après avoir conquis le foyer des particuliers, gagne peu à peu les temples de la consommation postmoderne. En effet, il ne s'agit plus pour le commerçant de simplement distribuer des produits mais plutôt de nouer une relation durable entre une marque et des chalands parfois plus visiteurs qu'acheteurs. Ce qui compte aujourd'hui c'est l'ambiance, l'univers dans lequel la marque va pouvoir absorber le chaland l'espace d'un instant. De plus en plus, ces fractures spatio-temporelles transforment nos centres commerciaux en véritables *patchworks* multisensoriels.

À la différence des autres variables sensorielles, les odeurs s'entourent encore de toute une mythologie qu'il serait trop dangereux de vouloir négliger lors de la mise en œuvre d'une opération d'odorisation d'un espace commercial. Par ailleurs, la diffusion de senteurs d'ambiance présente certaines spécificités qui rendent la maîtrise de la diffusion délicate. Si les recherches menées sur cette variable sont encore peu nombreuses, elles confirment cependant l'intérêt porté aujourd'hui par les aménageurs d'espace. Pour autant, de nouvelles recherches sont nécessaires afin de conforter ce que la neuroanatomie du système olfactif laisse subodorer, et enfin pour apprécier l'impact de la diffusion de senteurs sur le comportement du consommateur et sur l'image de la marque. Les commerçants doivent pouvoir s'appuyer sur ce type d'études et les intégrer dans la démarche que nous avons proposée.

CHAPITRE 5

Comment gérer les couleurs et les lumières ?

Lorsqu'un point de vente est implanté pour la première fois ou réaménagé, les questions de l'éclairage et de la couleur se posent nécessairement. Certaines couleurs peuvent être imposées par l'appartenance du magasin à une enseigne nationale (franchise, réseau, etc.), par le secteur d'activité ou par la réglementation (sites protégés, hygiène et sécurité, etc.) ; d'autres seront simplement choisies en fonction du goût personnel ou des préférences subjectives du décideur.

La couleur est un thème qui a toujours fasciné, qu'il s'agisse de sa perception, de la sensation qu'elle suscite, de sa signification ou encore de sa symbolique. Ce thème revêt une importance particulière dans le contexte du magasin dans la mesure où 80 % des informations qui nous parviennent sont visuelles[1] et où la couleur est une propriété intrinsèque des éléments qui nous entourent. Pourtant, peu d'études universitaires s'y sont intéressées : une dizaine porte sur la couleur (réalisées en magasin simulé) et trois sur l'intensité lumineuse (en magasin

1. Notre cerveau comporte plus de trente aires visuelles spécialisées. Plus d'un quart du cortex est dédié à la vision.

réel) auxquelles s'ajoutent celles consacrées aux sites Web. Les raisons principales tiennent à la difficulté à mener et interpréter ce type d'études (Turley & Milliman, 2000). La manipulation de cette variable de l'ambiance du magasin sera, par conséquent, plus « aisée » pour un point de vente spécialisé, ciblant une typologie de clients bien spécifique (vs. un généraliste multi-rayons).

Comment le gestionnaire peut-il donc traiter la couleur dans son magasin ? Nous verrons successivement les fonctions des couleurs associées aux différents éléments constitutifs du point de vente et les effets de ces dernières sur le consommateur.

De façon liminaire, on définit la couleur elle-même selon trois dimensions : sa teinte, sa luminosité et sa saturation.

- La teinte fait référence à la « tonalité chromatique » proprement dite (jaune, rouge ou bleu) (c'est-à-dire la longueur d'onde dominante de la lumière perçue).
- La luminosité indique la clarté d'une couleur, qui peut prendre différentes valeurs possibles, allant du noir au blanc purs (nombre de photons par unité de temps et de surface).
- La saturation ou chroma est définie comme le degré d'éloignement, d'un gris de même clarté ou comme l'intensité d'une teinte donnée. Plus une couleur chromatique s'éloigne de ce gris, plus elle est « saturée », plus la tonalité est « pure » (unicité d'une longueur d'onde dans un flux lumineux).

Ainsi, un *jaune vif* fait référence à la tonalité « jaune », à la luminosité « claire » et à une saturation « élevée ». Des atlas internationaux normalisent de manière objective des couleurs précises et facilitent leur définition et leurs échanges (v. Encadré 5.1).

En France, l'Afnor recommande l'utilisation de termes dépendant des niveaux de clarté et de saturation pour une teinte donnée (v. Tableau 5.1).

Tableau 5.1 – Les descriptions de couleurs selon l'Afnor

Niveau clarté ↓	*Niveau saturation* →		
	tonalité X	**« lavée »**	**« saturée »**
	« sombre »	rabattue	profonde
	« claire »	pâle	vive

Encadré 5.1 – Normalisation de la couleur

Depuis longtemps, on a cherché à codifier l'identification des couleurs, à des fins d'échange, d'études et de comparaisons. Ces normes, ces atlas ou « systèmes » couleurs évitent de présenter systématiquement un échantillon. La plupart des systèmes définissent la couleur par les trois dimensions définies par Munsell en 1915.

Aujourd'hui, au sein des organismes nationaux ou internationaux de normalisation, des atlas cohabitent, la plupart faisant référence explicite aux définitions de la Commission internationale de l'éclairage (CIE) de 1931. La version Munsell « renotée » est le standard pour l'ANSI américaine (Z138.2), la JISC japonaise (JIS Z8721), l'Afnor française (NF X08-003) ou la DIN allemande (DIN 6164/74). Les normes ISO 7010 (2003) et ISO 3864-2 (2004) s'appliquent désormais pour les symboles graphiques de communication.

Pour le domaine qui nous intéresse ici, à savoir la conception et l'aménagement de points de vente de détail, les designers, concepteurs ou coloristes se fondent essentiellement sur quatre systèmes ou référencements de couleurs :

- le RAL Design System, d'origine allemande, principalement pour les peintures ;
- le Natural Color System (NCS), d'origine suédoise, à vocation généraliste ;
- le Munsell Book of Color, d'origine américaine, à vocation généraliste (Kollmorgen Corp.) ;
- et le Pantone Color System, américain également, surtout pour le secteur de l'imprimerie.

Le développement considérable des activités multimédia et Internet, entraîne l'utilisation grandissante de normes propres telles que RVB (définition de teintes à partir des trois couleurs primaires rouge, vert et bleu, présentes dans les photophores des écrans plats), CMYK (Cyan, Magenta, Yellow, Black), ou HTML. Le site officiel du World Wide Web (w3.org) conseille les meilleures couleurs à employer[1].

1. Pour en savoir plus : Déribéré (1996), Fraser, Murphy & Bunting (2003), http://www.boutique.afnor.fr/ et http://www.afnor.fr/portail.asp, le site de l'Agence française pour la normalisation, http://pourpre.com, site très complet sur les systèmes couleurs, www.pantone-france.com, http://www.ral.de/ral-farben.html?&L=1.

Comment les couleurs affectent-elles l'efficacité du point de vente ?

Les couleurs et la luminosité d'un point de vente concourent à remplir des fonctions distinctes pour ce dernier :

- Une fonction d'*alerte* ou d'attention : un magasin doit être repérable à distance pour le chaland, qu'il soit à pied ou en voiture ; son apparence externe doit pouvoir attirer l'attention du passant par sa saillance propre (effet de contraste).
- Une fonction d'*attraction* : le point de vente doit susciter un intérêt auprès du consommateur, un comportement d'approche auprès de ce dernier, dès lors qu'il est concerné/impliqué par un processus d'achat donné. La présentation, l'apparence, l'identité du point de vente, participent de cette attraction.
- Une fonction de *bien-être*, visant à optimiser les conditions (« l'ambiance ») dans lesquelles les procédures de recherche, de sélection et d'achat éventuel seront conduites par le consommateur. Ce bien-être induira une image positive dans l'esprit du consommateur et le conduira à passer plus de temps dans le magasin et à y dépenser davantage.
- Une fonction de *congruence*, à savoir de cohérence, de rapprochement entre l'offre globale (agencement, autres éléments de l'ambiance et assortiment) et l'attente du consommateur. Il s'agit donc de conforter le positionnement choisi par le point de vente.

Gérer les couleurs dans un point de vente suppose de les aborder globalement pour l'ensemble des éléments qui le composent. Le commerçant désireux de revoir l'aménagement visuel de son magasin doit s'interroger sur ces éléments principaux. Sans être exhaustif, nous pouvons distinguer les éléments chromatiques suivants, dans le tableau ci-après (Tableau 5.2).

Tableau 5.2 – Les éléments chromatiques d'un point de vente

Éléments extérieurs	Éléments intérieurs
• Lumière (éclairement naturel et éclairage artificiel) • Devanture • Vitrines • Enseigne • Logotype • Emblème et totem • Pignons et murs aveugles	• Lumière (éclairement naturel et éclairage artificiel) • Surfaces délimitantes • Signalétique • Mobilier et linéaires • Assortiment • PLV • Tenues du personnel de vente

Les couleurs dans l'environnement extérieur du point de vente de détail

Un point de vente de détail s'efforcera le plus souvent d'être repérable facilement à distance, en tenant compte du mode principal d'accès : à pied dans une rue piétonne du centre ville ou en voiture en périphérie. Les trois dimensions de la couleur (teinte, luminosité, saturation) varieront selon ces objectifs. Dans le premier cas (centre ville, peu de recul), la teinte sera le meilleur instrument de discrimination entre les points de vente. Dans le second (périphérie, espacements entre points de vente), les teintes vives (claires *et* saturées) seront privilégiées pour attirer le regard et l'attention (désaturation avec la distance). Que l'on pense aux couleurs des boutiques Plein Soleil (rouge-orange) en centre-ville ou à celle du fronton (jaune d'or) de Midas en périphérie. Certaines franchises alimentaires de centre-ville (sandwicheries *Subway*, par exemple) recourent également à des « totems » ou drapeaux qui reprennent et déplacent les couleurs de la marque sur la voie publique, tout en attirant le regard des passants. Située en périphérie de ville, l'animalerie grande surface « 1 000 Amis » doit être repérée de loin, au sein de zones d'activités commerciales. La façade à dominante vert profond (sombre et saturé), sur laquelle se détachent des silhouettes blanches d'animaux, possède un fort pouvoir attractif. Un jaune d'or, associé au mot « amis », renforce le caractère chaleureux du terme et « réchauffe » les autres tonalités, froides ou neutres.

En centre commercial, des couleurs vives contribuent au repérage et au positionnement du point de vente. La boutique « Tape à l'œil », par exemple, (enseigne de vêtements pour enfants jusqu'à 12 ans, qui compte environ 150 magasins au total), mobilise les teintes mangue, framboise et pistache, à la fois en vitrine pour afficher clairement les différentes cibles nourrissons/enfants et à l'intérieur pour identifier distinctement les parties du magasin en fonction du sexe ou de l'âge (v. cahier central, photos de ces enseignes). Un commerçant indépendant, non franchisé, a naturellement plus de latitude quant au choix esthétique du magasin. Néanmoins, les plans d'urbanisme, les réglementations municipales et les lois régissant les sites et patrimoines historiques contraignent la conception de la façade d'un magasin, premier vecteur de communication à destination du consommateur.

Après le repérage initial du point de vente, les couleurs peuvent contribuer au trafic de clientèle : leurs effets sont susceptibles d'inciter à l'arrêt devant une vitrine, voire à l'entrée dans le point de vente (Freyssinier *et alii*, 2006). Des travaux de recherche ont conclu que les couleurs « chaudes » (du jaune au rouge) suscitaient une force d'attraction sur le consommateur, mais moins de contentement, alors que les couleurs « froides », moins attractives, entraînaient le plus de satisfaction ou d'évaluations positives (Bellizi *et al.*, 1983 ; Freyssinier *et al.*, 2006 ; mais voir aussi *infra* Kaltcheva & Weitz, 2006 pour des variables modératrices). Ces auteurs recommandaient ainsi des couleurs « chaudes » pour l'extérieur du magasin et, selon le processus de décision concerné, des couleurs « froides » (achat réfléchi) ou « chaudes » (achat d'impulsion) à l'intérieur du magasin. De même, la zone de décompression à l'entrée du magasin peut être rendue plus activante/attractive pour susciter un ralentissement du visiteur[1]. Néanmoins, certains points de vente très spécialisés ou ciblant une clientèle « décalée » peuvent prendre le contre-pied de leurs concurrents et opter pour des couleurs « froides » et saturées (bleu marine ou vert bouteille, par exemple). Ainsi, la librairie *Taschen* à Paris se décline autour du noir. Une entrée noire accueille le client qui pénètre ensuite dans un

1. Underhill (1999) évoque la « zone de décompression » (ou zone vestibulaire) d'un magasin, en se référant à l'observation que, lorsque un client entre dans un magasin, il a généralement besoin d'environ 3 à 5 mètres (soit environ 5 à 10 secondes) après son entrée, pour s'acclimater au nouvel environnement (différente luminosité, différente implantation, vitesse différente). On déconseille généralement d'y implanter des articles de valeur ou des messages qui seront largement ignorés (Gladwell, 1996 ; Underhill, 1999 ; 2007).

décor au plancher de bois très sombre, aux meubles laqués de noir éclairés de manière intimiste par de petites lumières intégrées dans le plafond. Cette librairie, spécialisée dans les livres d'art, donne ainsi un écrin aux produits vendus : les seules touches de couleurs concernent les livres exposés eux-mêmes comme des œuvres d'art. Traditionnellement, les points de vente « haut de gamme » optaient pour des couleurs lavées ou achromatiques (blanc, noir, gris) ; cette position est en passe d'évoluer vers des teintes plus tranchées et plus saturées, conformément à l'évolution parallèle des produits grand public. L'orange est ainsi (re)devenu une couleur *fashion*, voire la couleur de la décennie, pour les enseignes de luxe (Rotstein, 2006). Les périodes de crise économique sont parfois propices (par réactance) à l'étalage de couleurs.

D'autres stratagèmes peuvent être utilisés pour capter l'attention du chaland : vidéo, variations lumineuses et chromatiques à partir de projecteurs à diodes (v. Encadré 5.2), miniflashes ou animations. Ainsi, les structures extérieures des croissanteries « Bonne Journée » changent-elles de couleur en fonction de l'heure de la journée (Silly, 2005). Dans un contexte commercial très surchargé en informations visuelles, dans lequel le consommateur atteint rapidement un seuil de saturation, le mouvement (ou l'impression de mouvement) est la composante visuelle ayant la plus forte attractivité, devant la forme ou la couleur. Les écrans flexibles extra-plats OLED permettront dans un avenir proche d'avoir des murs vidéo affichant toute image, film ou couleur. Mais le corollaire de cette surcharge grandissante d'information est un vieillissement accéléré des chartes graphiques des enseignes. Certains professionnels du design et de l'aménagement considèrent ainsi qu'il faut renouveler l'environnement marchand tous les trois à cinq ans.

Encadré 5.2 – Les nouvelles technologies LED

Selon le magazine professionnel *Chain Store Age*, 28 % des points de vente américains en 2008 recouraient aux éclairages LED (contre 90 % pour l'éclairage fluorescent) et cette part augmente régulièrement, du fait des réglementations de plus en plus contraignantes (le Title 24 du Code californien par exemple). Son emploi est généralisé en supermarchés (52,4 %). Son usage se développe également en France dans la perspective de la disparition des lampes à incandescence en 2010 (supérieures à 80 W ; Grenelle de l'environnement[1]). En effet, « dans certains secteurs d'activité comme le secteur tertiaire, l'éclairage représente près de 35 % de la facture énergétique ». La part de la LED ne représente encore que 0,55 % des achats français (180 millions d'unités au total en 2007). Les obligations réglementaires publiées au J.O. du 17 mai 2007, de ne pas dépasser pour l'éclairage général des locaux (supérieurs à 100 m) une puissance de 2,8 watts par mètre carré de surface utile par tranche de 100 lux, sont de nature à encourager les solutions recourant aux techniques de diodes LED[2].

Les avantages de la diode LED sont nombreux, parmi lesquels une basse consommation (environ 2 à 3 W par LED ; 16 W de consommation de lampes LED correspondent à 30 W en lampes fluo-compactes et 100 W en halogène), un rendement supérieur (9 fois l'incandescence), une émission thermique réduite, une absence d'émission UV, une plus grande résistance aux chocs (pas de filament) et une durée de vie sensiblement étendue (plus de 50 000 heures contre 1 000 heures pour l'incandescence). La maîtrise récente de toutes les raies d'émission du spectre autorise la réalisation de projecteurs trichromatiques permettant la reproduction de millions de couleurs. La gamme « LivingColors » de Philips (4 diodes) en est un exemple.

Sources : Wilson (2008) – Signature de la convention d'application de l'engagement du Grenelle Environnement relatif aux ampoules à incandescence, dossier de presse du 23 octobre 2008 (www.developpement-durable.gouv.fr).

Les couleurs dans l'environnement intérieur du point de vente de détail

L'extérieur du magasin doit attirer l'attention du chaland et susciter son intérêt. L'intérieur du point de vente, pour sa part, assumera principalement les fonctions d'information, de bien-être et de congruence avec l'image du magasin ou la catégorie de produits du rayon. Abordons les principaux éléments constitutifs de l'intérieur.

1. La lettre d'information de l'AFE indique dans sa livraison du 15 décembre 2008 : « La commission de régulation vient de voter à Bruxelles, le 8 décembre 2008, un projet de règlement touchant l'éclairage domestique et, plus particulièrement, les lampes non directionnelles. Ce texte doit encore être soumis au Parlement européen, au printemps 2009 ». Le projet prévoit le retrait des lampes à incandescence supérieures à 80 W fin 2009, à 65 W en 2010, à 45 W en 2011 et à 7 W en 2012. (Validation de la commision du Parlement le 23/02/2009).
2. L'arrêté du 3 mai 2007 relatif aux « caractéristiques thermiques et à la performance énergétique des bâtiments existants », impose dans son chapitre VII (« Éclairage des locaux ») des obligations de rendement et de seuil de puissance installée (*cf.* texte).

➤ La lumière dans le magasin

Le point de vente bénéficiera d'un apport lumineux, qu'il soit naturel ou artificiel. On privilégiera autant que possible un éclairage naturel, qui respecte le mieux les couleurs des articles en vitrine ou à proximité de celle-ci[1]. Cependant, une exposition prolongée à la lumière naturelle tend à dénaturer certaines encres ou teintures. Des films protecteurs anti-UV collés sur les vitrines peuvent pallier ce problème. Dans le cas d'un éclairage artificiel, il est important de choisir des sources qui respectent ou s'approchent le plus possible du spectre solaire naturel. Pour cela, il faut une température de couleur suffisamment élevée. Des lampes à incandescence ou à halogène (température 2 700 °K) peuvent avoir tendance à privilégier des grandes longueurs d'onde (du jaune au rouge profond), tandis que des tubes à décharge (gaz rares – néon, krypton – température de 2 700 °K à 6 500 °K) autorisent des spectres plus larges (incluant des longueurs d'onde plus courtes, du vert au bleu). Des décalages spectraux trop importants dans l'éclairage peuvent donner des perceptions erronées et parfois défavorables des produits exposés (problème du métamérisme)[2]. Les nouvelles diodes blanches peuvent également dépasser 6 000 °K avec des IRC > 80. Des condiments et des produits d'épicerie supporteront mieux des lumières « chaudes » que les produits de la mer et réciproquement. L'Ademe conseille par exemple 2 800 °K pour les boulangeries, 3 000 °K pour l'habillement et 4 500 °K pour les boucheries. Il existe aujourd'hui des lampes dites « *daylight* » (plus de 5 000 °K) qui reproduisent fidèlement le spectre visible. La plupart des grands producteurs mondiaux en proposent dans leur catalogue[3].

---

1. L'Afnor a publié, le 5 juin 2003, la norme NF EN 12464-1 : éclairage des lieux de travail intérieur. Cette norme définit les exigences que doit atteindre une installation en termes de performance et de confort des locaux de travail. Voir aussi : http://www.syndicat-eclairage.com/pdf/eclairage_des_commerces.pdf
2. Le métamérisme est un phénomène qui se produit lorsque deux échantillons sont de même couleur sous un éclairage donné et de teintes différentes sous un autre éclairage (naturel/artificiel, par exemple). Dans la norme NF, on recommande une valeur minimale de l'IRC (indice de rendu des couleurs). Pour un commerce d'habillement, un IRC d'au moins 85 est conseillé pour restituer les couleurs le plus fidèlement possible (source : Syndicat de l'éclairage).
3. L'essentiel du marché est partagé entre General Electric Lighting, Philips Éclairage et Osram/Siemens.

Encadré 5.3 – Efficience énergétique du point de vente

Depuis quelques années, la Californie s'est dotée d'une réglementation énergétique parmi les plus exigeantes de la planète, qui contraste avec la réglementation fédérale des États-Unis. Le « Titre 24 » du Code californien dispose que l'éclairage général des lieux publics ne peut excéder une puissance électrique équivalente à environ 13 W/m^2. La réglementation thermique actuelle en France (RT 2005 ; complété par l'arrêté du 3 mai 2007) stipule 2,8 watts par mêtre carré de surface utile par tranche de 100 lux et ce, pour les points de vente de plus de 100 m^2. La future norme RT 2010 sera 15 % en deçà des normes de 2005. Alternativement, l'éclairage général de ce point de vente doit présenter un rendement supérieur à 55 %, avec des lampes affichant une efficacité lumineuse supérieure à 65 lumens par watt (lm/W). Par comparaison, les lampes à incandescence atteignent 12 à 20 lm/W, les halogènes 18 à 25 lm/W, les LED de 20 à 80 lm/W et les lampes à décharge de 60 à 100 lm/W. Les ingénieurs prévoient à partir de 2015 une prévalence de la LED, même devant la lampe à iodure métallique, avec plus de 150 lm/W.

Selon l'Ademe, la France consomme 40 TWh pour l'éclairage, soit 10 % de la consommation électrique globale. Sur l'ensemble de la consommation électrique d'éclairage, les commerces représentent 16 % (EDF – AITF, 2006). En 2008, les commerces français consommaient 8 milliards de kWh pour le seul éclairage, soit 23 % en moyenne de leur consommation électrique (Ademe, 2008).

Pour un niveau d'éclairement satisfaisant de 600 lux (en GMS), des lampes à halogène nécessitent 120 W/m^2, contre 30 W/m^2 pour les tubes à décharge et 25-30 W/m^2 pour les LED (en voie de réduction). Sur la base d'une ouverture de 10 heures par jour, 310 jours par an, une boutique de 100 m qui changerait de mode d'éclairage réduirait sa facture électrique de près de 3 000 € HT (sur la base de 8,03 centimes d'euro HT du kWh en janvier 2009). Le simple fait de passer de tubes fluorescents classiques (26 mm, ballasts magnétiques) à des tubes plus performants (16 mm, ballasts électroniques), tout en réduisant l'éclairement de 1 000 à 600 lux, permet de réduire significativement sa facture énergétique. Le Super U de Dannemarie (Haut-Rhin) économise ainsi 78 680 kWh par an, soit environ 6 320 € HT, avec un retour sur investissement d'environ 3 ans et demi.

Le programme européen GreenLight initié en 2000 vise à promouvoir les bonnes conduites dans le domaine de l'éclairage du commerce de détail.

http://www.eu-greenlight.org/pdf/gl_broch2002_fr.pdf

En outre, il faut que l'éclairage soit suffisamment intense pour percevoir toutes les couleurs et les formes : en deçà d'une certaine intensité lumineuse, les cônes rétiniens de l'œil ne fonctionnent pas et que seuls les bâtonnets peuvent transmettre de l'information. La mesure de l'éclairement (flux lumineux par unité de surface) est généralement exprimée en lux, dont l'unité correspond à un flux lumineux de 1 lumen atteignant une surface de 1 m^2 (la loi des distances photométriques indique cependant que l'éclairement est inversement proportionnel au carré de la distance de la source). Pour fixer les idées, une « pleine lune » éclaire à environ 1 lux et en plein soleil de midi, cette valeur atteint 100 000 lux. L'œil humain distingue donc une plage extrêmement vaste d'intensités lumineuses. L'Association française de l'éclairage recommande certains niveaux d'éclairement[1]. Si 300 lux suffisent pour un coin lecture à domicile, il est préférable de prévoir au moins 600 lux pour un point de vente généraliste ou une librairie. Certaines grandes surfaces vont jusqu'à 1 000 lux. Un magasin plus spécialisé souhaitant créer une ambiance plus intime choisira une valeur moins élevée. Pour calculer la puissance nécessaire à un bon niveau d'éclairement, il faut savoir que pour 100 lux, 20 watts par m^2 sont nécessaires en halogène et 5 watts par m^2 en fluorescence. Ainsi, pour éclairer une surface commerciale de 100 m^2, éclairée par des tubes à décharge, il faut 3 000 watts pour atteindre un éclairement de 600 lux.

À titre d'exemple, les boutiques Brice présentent un intérieur sobre, aux tonalités chaudes pastels, faiblement saturées, mettant d'abord l'assortiment de vêtements masculins en valeur. Le sol en parquet confère une atmosphère plus chaleureuse à l'ensemble. L'intensité lumineuse est modérée, privilégiant de multiples sources d'éclairage et concourant au renforcement positif de l'enseigne. Bien que l'éclairage d'un magasin semble important, il existe peu de recherches marketing concernant l'influence stricte de la lumière sur le comportement des clients en magasin (Areni & Kim, 1994 ; Summers & Hebert, 2001 ; Freyssinier *et al.*, 2006). Selon ces auteurs, l'intensité lumineuse contribue à favoriser des comportements d'approche. Les consommateurs examinent un nombre

1. Voir par exemple les sites des professionnels de l'éclairage : http://www.afe-eclairage.com.fr/ ou http://www.feder-eclairage.fr/pdf/publications/eclairer_juste.pdf
Des chercheurs spécialisés dans les troubles du sommeil et le dérèglement de l'horloge biologique recommandent pour les ouvriers travaillant en « 3 × 8 » des ateliers très lumineux, de l'ordre de 1 200 lux.

plus élevé d'articles lorsque la lumière du magasin est forte (*vs* faible). L'étude de Summers et Hebert (2001) semble indiquer en outre que le niveau d'éclairement influence le temps passé en rayon et le nombre de prises en main. Par conséquent, un magasin souhaitant instaurer une ambiance intime grâce à un éclairage tamisé doit éclairer suffisamment l'assortiment.

Pour optimiser l'éclairage intérieur, il faut aussi tenir compte du niveau de réflexion des surfaces, qui est fonction de leur nature. Ainsi, du plâtre reflète environ 85 % de la lumière reçue, contre 55 % pour le ciment. L'aspect de la peinture ou du revêtement (mat, satiné ou brillant) modifiera ces valeurs à la hausse ou à la baisse. En fonction de la couleur des murs et pour conserver un niveau d'éclairement satisfaisant, il faudra varier la puissance de l'éclairage artificiel. Dans cet esprit, on peut comparer les niveaux d'éclairage respectifs de Nature & Découvertes et de Grand Optical. La première enseigne présente des murs de briques et des teintes rabattues, avec des îlots de lumière, mettant en valeur les produits exposés en situation (ambiance plutôt intimiste). La seconde, dans un environnement blanc brillant et fortement éclairé, propose l'intégralité de son assortiment en présentoir (ambiance plutôt technique et clinique).

Plusieurs contraintes additionnelles devront être prises en compte lors du choix de l'éclairage du point de vente :

- L'éclairage d'un magasin permet au consommateur de le catégoriser. Des éclairages halogènes donnent généralement une impression de confort et de qualité, tout en fournissant une lumière respectueuse des couleurs. À l'inverse, un magasin éclairé au « néon[1] » (anciens ballasts) pourra induire une image bas de gamme (ou la présence de prix très attractifs) alors qu'un magasin éclairé de manière moins directe bénéficiera d'une ambiance plus intime. Ainsi, en décoration, on recommande généralement aux architectes d'intérieur de multiplier les sources de lumière pour créer des ambiances conviviales au sein de la maison. Par ailleurs, la forme des lampes et des appliques permet aujourd'hui de créer des ambiances spécifiques : lampes tempêtes pour une ambiance marine, guirlandes multicolores, etc. Enfin, de nouveaux systèmes chromatiques (par exemple, les LED ou les néons couleurs)

1. En fait souvent un autre gaz rare, l'argon, associé à des vapeurs de mercure.

peuvent permettre au commerçant de changer les couleurs des murs de son magasin de manière quasi instantanée à moindre frais, tel le magasin Marionnaud, situé sur les Champs-Élysées, qui change souvent la couleur de ses murs ou encore les boutiques Caroll, qui peuvent moduler leur atmosphère en fonction des saisons, des collections ou des messages promotionnels.

- Les commerces ciblant la clientèle des seniors doivent prendre en compte le fait que l'âge fait diminuer la perception de l'intensité lumineuse (vieillissement du cristallin). Les valeurs indiquées plus haut peuvent être multipliées par 1,5 pour les personnes de 60 à 75 ans, et par 2 au-delà[1]. De manière générale, les hautes températures de couleur sont à privilégier, c'est-à-dire les couleurs « froides » (blanc bleuté ; Park & Farr, 2007).
- Certains éclairages (incandescence ou halogène) produisent de la chaleur, ce qui peut vite devenir un problème en été. Ainsi, un magasin à Paris utilise tellement de spots lumineux qu'il n'a pas besoin d'être chauffé en hiver. Cet avantage se transforme vite en problème dès que les beaux jours reviennent. Les projecteurs LED constituent une réponse attractive à ce problème (peu d'effet Joule associé). Certains secteurs doivent d'ailleurs prendre garde à la chaleur des lampes. On peut citer les commerces de produits frais (poissonneries, boucheries, surgelés) et les bijouteries : une trop longue exposition des perles ou des gemmes à la chaleur les détériore sensiblement.

➤ Les surfaces et les infrastructures du point de vente

Les couleurs, appliquées aux surfaces qui délimitent l'espace de vente proprement dit, induiront des perceptions bien spécifiques en termes de superficie, de hauteur et de volume apparents. Les teintes les plus claires seront les plus « expansives » ; les tonalités les plus sombres et les plus saturées apparaîtront plus « contractiles ». Les espaces du village JouéClub à Paris, boulevard des Italiens, dédiés aux enfants et à leurs parents, proposent des couleurs vives et festives qui transfigurent des lieux de passage (escaliers en vert pomme) ou de fête (salle d'anniver-

1. Il convient de distinguer le besoin d'un lieu plus éclairé pour les seniors, de la notion d'éblouissement, qui est consécutif à un contraste important entre deux éclairements successifs. De manière similaire, l'adaptation à l'obscurité est plus lente. Le consommateur senior est donc très sensible à des variations brusques d'intensité lumineuse mais requiert néanmoins des niveaux d'intensité fixe supérieurs.

saire en framboise) (v. cahier central). Autrement dit, pour « agrandir » un local, il convient d'utiliser des teintes claires ; des teintes sombres, au contraire, « réduiront » le local. Un espace présentant une hauteur insuffisante de plafond suscitera moins un sentiment d'oppression avec des teintes pastel. Pour ce qui est des sols en grande surface, une teinte neutre, voire achromatique, est préférable (blanc, coquille d'œuf, jaune paille), pour des raisons de fatigue oculaire. On peut cependant imaginer des couleurs plus « chaudes » pour des zones à plus forte fréquentation, nécessitant un trafic ou un rythme de marche plus soutenu : ce serait le cas de certains rayons (liquides ou BD jeunesse). Par contre, pour inciter le consommateur à rester plus de temps dans un rayon non alimentaire, on peut envisager des teintes plus « froides » et « lavées » (habillement, équipement de la maison). Des couleurs ou des matériaux différents induiront des ambiances différenciées (moquette, parquet, etc.). Des études en milieu hospitalier ont ainsi montré des effets émotionnels différentiels selon la dominante couleur des chambres : une dominante verte était plus lénifiante qu'une dominante orange (Dijkstra., Pieterse & Pruyn, 2008).

Les couleurs d'un environnement commercial peuvent influer sur la croyance et les attitudes du consommateur à l'égard d'un produit (Middlestadt, 1990 ; Chebat & Morrin, 2007). Il semble que cette influence soit plus notable pour des achats impliquants et oblatifs (achats de cadeaux). En l'occurrence, un fond bleu induirait davantage d'attributs positifs et d'intentions d'achat qu'un fond rouge, pour un produit d'écriture (stylographe en or et argent). Des comportements d'approche ou d'évitement pourraient être associés à des teintes particulières. Bellizi & Hite (1992) ont montré que le bleu (opposé au rouge) induisait davantage ce comportement d'approche pour des téléviseurs : le même modèle, présenté dans ces deux conditions de couleur environnante, provoquait l'ajournement d'achat à 39 % pour la condition rouge et à seulement 18 % pour la condition bleue.

Nous avons corroboré ce constat dans le cadre d'une étude transculturelle (v. *infra* l'influence sur les processus cognitifs). Dans une autre expérience, présentant la vue intérieure d'un magasin de meubles sous quatre conditions (bleu, vert, jaune et rouge), Ayn Crowley a évalué l'attitude et l'état émotionnel des sujets à l'égard de ce magasin (Crowley, 1993). Parmi les dimensions détectées de l'état émotionnel, l'une – l'activation ou excitation – variait « quadratiquement » en fonction de la longueur d'onde : c'est-à-dire que le bleu et le rouge, situés aux extrémités du spectre visible, étaient plus excitants que le jaune ou le vert centraux, formant ainsi une courbe en forme de U. La seconde dimension – l'évaluation positive ou le plaisir éprouvé – variait linéairement de façon croissante du rouge au bleu, formant ainsi une droite (v. Figure 5.1).

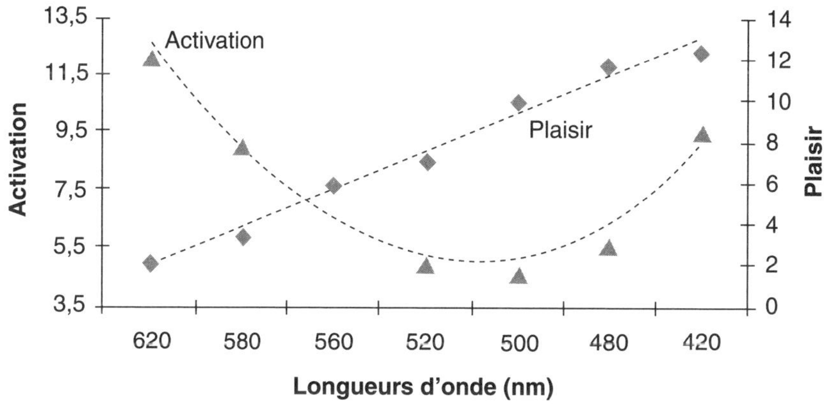

Figure 5.1 – Les mesures repérées par des triangles suivent significativement une fonction quadratique en forme de U. Les mesures repérées par des losanges suivent une fonction linéaire.

Notons, et c'est une réserve importante, que ces études n'avaient, pour la plupart, tenu compte que d'une dimension de la couleur, à savoir sa teinte (ou tonalité). Nous avons répliqué et étendu certains de ces travaux (v. Encadré 5.4).

Encadré 5.4 – Influence des couleurs extrêmes en rayon

Une expérimentation a été menée en laboratoire par l'auteur afin d'appréhender les effets réels de la couleur sur les perceptions et les attitudes à l'égard d'un magasin. L'intérieur d'un hypermarché a été photographié puis numérisé pour qu'on puisse y adjoindre (de manière réaliste) des couleurs aux dimensions contrôlées. Les teintes rouge, bleue, verte, turquoise, jaune et violette furent utilisées. Deux cents personnes furent exposées à l'une des photographies (vidéos projetées sur un grand écran de 1,80 m × 2 m) puis interrogées sur leur état émotionnel résultant et sur leurs perceptions de l'hypermarché. Ainsi, les niveaux de plaisir et d'activation étaient évalués, de même que les appréciations subjectives (choix, rangement, accueil, ambiance, etc.) et les intentions potentielles d'achat (score d'approche). Les résultats indiquent que les couleurs extrêmes du spectre (rouge, bleu) suscitent davantage de plaisir ou d'humeur positive que les teintes médianes (jaune, vert). Une couleur environnementale quelconque ne semble pas influer sur les critères rationnels de jugement d'un magasin (rangement ou assortiment, par exemple), alors que des critères plus affectifs (perception de l'accueil, de l'ambiance générale) sont effectivement variables selon la couleur ambiante. Les couleurs chaudes et activantes suscitent le plus des perceptions positives d'accueil et d'ambiance. Par contre, les scores d'approche les plus élevés coïncident avec des teintes plus froides, c'est-à-dire bleues ou turquoises. Une façon d'objectiver la variable nominale « couleur » est de l'exprimer en chiffres. Pour des couleurs affichées sur un écran (composantes rouge, verte et bleue), une formule permet d'obtenir une valeur objective de la « chaleur physiologique » (CP)[1]. Par exemple, le rouge correspond à CP = +1,82, le jaune à CP = +1,97 et le bleu à CP = –3,1. Lorsque nous employons cette formule pour nos teintes expérimentales, on constate que plus la teinte est « chaude », plus la tendance à *l'évitement* est grande et plus le comportement global résultant est une approche *réduite*.

Source : Roullet B., « Influence de la couleur en marketing : vers une neuropsychologie du consommateur », thèse de doctorat, Université de Rennes 1, 2004.

L'ennui, dit-on, naquit de l'uniformité[2]. Une seule teinte ne peut être utilisée pour l'ensemble d'un point de vente, sans risquer d'engendrer

1. Des chercheurs ont calculé – avec un algorithme qui reproduit le fonctionnement des circuits antagonistes de la vision des couleurs – quel serait le degré de « chaleur physiologique » (c'est-à-dire le niveau d'activation des neurones) d'une teinte donnée, exprimée en références RVB et affichée sur un moniteur cathodique (Hardin, 2005).
2. Antoine Houdard de la Motte (1672-1731).

la monotonie. *A contrario*, il ne doit pas donner une impression de bariolage. Certains spécialistes recommandent l'usage de trois couleurs au plus, la principale devant couvrir 80 % des surfaces (Mangeas, 2000). La couleur du mobilier et des structures commerciales doit être assortie avec la couleur dominante. Mais la contrainte sera allégée dans un futur proche : grâce aux diodes LED déjà évoquées, le mobilier du point de vente peut désormais changer de couleur ; une tenture, un fauteuil, un sofa, un uniforme équipé de tissu Lumalive© (composé d'un réseau souple et résistant de diodes alimenté par une pile de type téléphone) peut afficher des milliers de couleurs programmables[1] (Baum, 2007). Le matériau utilisé induira, en outre, un niveau de gamme et une ambiance de plus ou moins grande intimité. On implante souvent le rayon « vins et spiritueux » avec des linéaires bois et du parquet, par exemple. On déplorera cependant l'omniprésence de la couleur blanche pour les gondoles. Sans faire abstraction des coûts financiers, on peut s'interroger sur l'éventualité de gondoles colorées (orange en rayon « jouets » ou bleu ardoise en rayon « informatique », par exemple).

Enfin, compte tenu des progrès réalisés en matière d'amincissement des affichages vidéo (écrans de 3 mm d'épaisseur ; écrans souples et enroulables, etc.), nous utiliserons dans un avenir proche des murs entiers comme écrans vidéo, devenant autant de surfaces de communication. Un fabricant hollandais propose déjà aux commerçants la possibilité d'assortir la couleur d'une paroi à celle d'un produit ou d'un élément de décoration (l'information d'un spectrophotomètre est transmise instantanément aux diodes du mur).

➤ L'assortiment dans le point de vente

L'assortiment est une composante qu'il est plus difficile de maîtriser en termes de couleurs pour le point de vente généraliste (grandes surfaces à dominante alimentaire). Autant un commerce de détail spécialisé ou exclusif peut concevoir une implantation totalement adaptée à ses produits (par exemple, les boutiques Hermès ou les bijouteries Histoire d'Or), autant la grande surface voit ses marges de manœuvre réduites. Le marchandisage doit alors optimiser la présentation, la visibilité et

1. Photonic (Light-emitting) Textiles de Philips Research Technologies (http://www.lumalive.com/business/).

l'aisance de repérage des produits en rayon. Il est cependant loisible de composer avec des univers regroupés : le rayon fruits et légumes fait déjà l'objet d'un traitement « écologique » à dominante verte ; le rayon surgelés, souvent espace « clinique » blanc/bleu, pourrait s'envisager dans un esprit plus chaleureux et convivial, ne serait-ce que pour contrebalancer « l'effet d'allée froide ».

La couleur est naturellement prise en compte dès lors qu'il s'agit de concevoir un produit destiné à la vente. Le conditionnement du produit s'avère capital pour son repérage et sa reconnaissance par le consommateur en magasin[1]. Un conditionnement est un ensemble de « signes » à destination du consommateur et la couleur est l'un d'entre eux. La couleur contribue en effet :

- au *repérage* du produit en linéaire (capture de l'attention) ;
- à son *appartenance* à un univers de produits (« code couleur ») ;
- à *l'appréciation* du niveau de gamme et des attributs cachés du produit, inférés par le consommateur (*i.e.* personnalité de la marque).

Le premier attribut (capture attentionnelle) s'appuie sur la physiologie du consommateur : un objet se détachant par la couleur de ses voisins présentera une « saillance », une singularité plus grande dans le rayon. Par exemple, un pack magenta de yaourts Essensis© (groupe Danone[2]) se détache sensiblement des autres packs, habituellement de teintes claires. En moyenne, 25 secondes (la médiane étant de 17 secondes) sont consacrées par le consommateur à la fois à l'examen des produits d'une catégorie de produits en rayon et à une prise de décision pour la sélection d'une référence (Chandon, Hutchinson & Young, 2002). On comprend l'importance de la saillance, en l'absence d'une grande familiarité à l'égard d'une marque particulière.

Le deuxième attribut (appartenance à un univers) participe davantage d'une symbolique proposée par un secteur économique et appropriée par le consommateur : les produits laitiers frais étaient traditionnellement bleu ciel et/ou blanc, tout comme l'électroménager ou l'informatique. Les cafés moulus arabica présentent généralement un packaging sombre

1. L'attirance pour un produit dans un étalage serait provoquée à 35,5 % par l'emballage ; voir par exemple : Singler E., *Le Packaging des produits de grande consommation*, Dunod/LSA, 2006.
2. Le produit a été retiré des rayons en mars 2009 (*Capital*, n° 210, mars 2009, p. 13).

(noir ou brun) tandis que les décaféinés ajoutent une nuance bleue. Les couleurs permettent aussi parfois l'identification directe d'une marque ou d'une entreprise : que l'on pense à deux colas, l'un rouge et l'autre bleu… Mais les codes couleurs sont aussi faits pour être *brisés* : une entreprise qui rompt le *modus vivendi* de son secteur s'offre (pour une durée limitée) une visibilité exceptionnelle : par exemple la bouteille écarlate de Badoît dans le rayon des eaux gazeuses. Un autre exemple d'une rupture volontaire de codes concerne les points de vente spécialisés en horlogerie-bijouterie, où les teintes or ou argent sont d'ordinaire privilégiées. L'enseigne Histoire d'Or a choisi dans ses nouvelles boutiques un rouge profond, constitué de multiples couches de laque, tout en conservant un rappel symbolique du bijou rutilant (v. cahier central) (v. Encadré 5.5).

Le troisième attribut (indicateur des attributs cachés) est plus éphémère ou évanescent que les précédents : le niveau de gamme ou les autres éléments du capital-marque induits par des couleurs sont variables selon les époques et les pays (Jacobs *et al.*, 1991 ; Aslam, 2006 ; Chebat & Morrin, 2007). Le noir ou l'or sont souvent symboliques du haut de gamme, tandis que des couleurs plus vives ou tranchées, tel que l'orange ou le brun, apparaissent davantage « bas de gamme ». En période de croissance, les offres sont généralement plus colorées qu'en période d'austérité, où elles retrouvent des teintes sages ou achromatiques, bien que des contre-pieds marketing volontaires soient possibles.

Encadré 5.5 – Révision des codes couleurs

Si des enseignes ou des marques doivent périodiquement réactualiser leur identité extérieure (*cf. supra*), certains codes couleurs doivent être respectés. En effet, des codes mémorisés de longue date par les consommateurs et reliés à des marques ou des logos ne peuvent être impunément modifiés. Par contre, des codes couleurs génériques, associés à un secteur ou une activité, peuvent évoluer. Par exemple, l'activité pharmaceutique est associée en France à la couleur verte (et à une croix), souvent assimilée au blanc. Une bonne partie des 23 400 officines hexagonales affiche en effet ces couleurs, qui sont désormais associées à la santé, voire à la maladie et aux soins. L'enseigne Viadys, détenue par le groupement de pharmaciens PharmaRéférence, a été profondément remaniée par Dragon Rouge, une agence de design leader sur le marché français. Elle est spécialisée dans le *packaging*, le *branding* (gestion de la marque) et l'agencement de magasin. L'activité architecture commerciale, en charge de cette dernière spécialité, a travaillé à la refonte des codes Viadys. « Il s'agissait de casser les codes anxiogènes traditionnels de la pharmacie » indique G. Olivereau, directeur de création chez Dragon Rouge Archi. Concernant le logotype de Viadys, couleurs et formes matérialisent cette volonté. L'ovale rose de l'enseigne se veut à l'opposé formel et chromatique de la croix verte, tandis que le cartouche bleu, plus féminin, se veut rassurant et désigner un lieu de conseil et non un lieu de maladie (« des pharmaciens au cœur de la vie »). De manière à ne pas totalement couper le consommateur d'une référence officielle connue, l'intersection de l'ovale et du rectangle suscite l'apparition d'une croix blanche sur fond vert. Quant à l'implantation de l'officine, trois espaces ouverts se côtoient (voir photo dans le cahier central) : « l'ordonnance » (espace réservé aux prescriptions), « le soin au jour le jour » (espace dédié à la parapharmacie) et « l'armoire à pharmacie » (espace dévolu aux produits semi éthiques et OTC – que l'on peut acquérir sans ordonnance). Le rôle de l'agence de design est donc d'accompagner un distributeur dans sa recherche d'innovation, en proposant des axes de différenciation, respectant néanmoins le positionnement, l'image et l'histoire de l'enseigne. Selon Dragon Rouge[1], l'architecture commerciale constitue un des métiers du design dont on mesure le plus efficacement les retombées économiques, notamment en terme de fréquentation et de trafic consommateurs.

➤ La signalétique et l'information visuelle en magasin

Une signalétique adaptée dans le magasin (suspendue, au sol, en têtes de gondole) concourt à un meilleur repérage du consommateur dans une grande surface et à une meilleure localisation des produits. On sait que certaines combinaisons de couleurs et de lettres facilitent la lecture grâce à des oppositions générant un contraste maximum. Des couleurs « antagonistes » et isoluminantes (teintes différentes mais de même intensité) du point de vue physiologique rendent la lecture difficile ou pénible : c'est le cas du jaune sur bleu et du rouge sur vert (v. Tableau 5.3).

1. Pour en savoir plus : Dragon Rouge, 32 rue Pagès à Suresnes (92150) ; site Web : http://www.dragonrouge.com ; email de l'activité : architecture@dragonrouge.com

Tableau 5.3 – Lisibilité décroissante des couleurs (graphisme et fond)

1.	Noir sur jaune	7.	Bleu sur jaune
2.	Jaune sur noir	8.	Bleu sur blanc
3.	Vert sur blanc	9.	Blanc sur noir
4.	Rouge sur blanc	10.	Vert sur jaune
5.	Noir sur blanc	11.	Noir sur orange
6.	Blanc sur bleu	12.	Rouge sur jaune

Source : d'après Borggraffe K., *in* Devismes Ph., *Packaging, Mode d'Emploi*, 2e édition, Dunod, 2000.

En plus de ces contraintes de lisibilité, l'information visuelle doit être cohérente avec la symbolique de l'univers de produits proposé (fruits & légumes dans des tonalités sylvestres, hygiène beauté dans des tons ocre et chair, etc.), comme nous l'avons indiqué plus haut.

➤ La communication interne, la promotion des ventes et la PLV

Les travaux portant sur la communication et la couleur ont souvent traité de l'efficacité de cette dernière dans la publicité presse, c'est-à-dire essentiellement de la communication média. Des revues de littérature ont été menées par Drugeon-Lichtlé (1998) et Roullet (2004) dans ce domaine. Il apparaît que la couleur permet une meilleure prise d'attention, suscite une plus grande motivation (Dooley & Harkins, 1970) et une attitude différenciée vis-à-vis de la marque (Percy & Rossiter, 1983). Des études psychologiques (Valdez & Mehrabian, 1994 ; Yanhong *et al.*, 2009) et marketing (Gorn *et al.*, 1997) semblent indiquer que plus la couleur d'une publicité est saturée, plus elle excite ; plus la couleur d'une publicité est lumineuse, plus elle relaxe et enfin, plus une couleur est « chaude » (tonalités jaune, orange, rouge), plus elle excite le consommateur. Les matériels de promotion et de communication interne au magasin devront obéir aux mêmes principes, en tenant compte des contrastes maxima avec les produits en linéaire. Une étude a été menée sur l'impact de la couleur des îlots en grandes surfaces, dans un contexte nord-américain (Mimura, 2003). Le chercheur a constaté que c'est davantage la *couleur de fond* que la couleur des lettres ou des graphismes qui influencent significativement le plus l'attention du consommateur en magasin. La couleur de fond la plus efficace pour l'îlot est le turquoise, bien plus que le blanc. Dans le domaine de la promotion des ventes, la chaîne britannique Sainsbury's a opté pour l'impression de coupons et de *displays* en couleur à chaque sortie de caisse auprès des clients fidélisés, pour établir des promotions individualisées plus percutantes que les versions monochromes (Anonyme, 2008).

➤ Le personnel de vente

L'apparence vestimentaire du personnel du point de vente participe à la communication globale de celui-ci ou de l'enseigne et la tenue des salariés n'est pas neutre au regard du consommateur (Radeloff, 1990). Selon la tenue du vendeur ou du conseiller (couleurs mais aussi matière et texture), le consommateur pourra de manière implicite, inférer des niveaux de compétence, d'accueil ou de technicité chez ceux-ci. Une blouse en nylon « vert pomme » n'induira pas les mêmes connotations qu'un tailleur gris anthracite. Certains chercheurs ont d'ailleurs montré que les individus habillés de couleur sombre étaient plus convaincants que ceux vêtus de couleurs claires (Damhorst et Reed, 1986) et que des individus vêtus de rouge se comportaient de manière plus agressive (Hill & Barton, 2005). Il a même été montré que des femmes habillées de rouge étaient jugées plus attirantes (Elliot & Niesta, 2008). Cependant, le consommateur en magasin, étant déjà plongé dans l'univers couleur d'une enseigne (signalétique, logos, stop-rayons, etc.), il peut sembler superflu et redondant de parer intégralement le personnel des couleurs de celle-ci.

Comment les couleurs influencent-elles le consommateur ?

Les travaux qui portent sur la couleur et ses effets représentent un volume considérable d'ouvrages, d'articles et de monographies et ils témoignent de l'intérêt, voire de la passion, que l'Homme peut lui témoigner. Les travaux s'inscrivant dans un contexte strict de consommation sont plus rares ; c'est pourquoi nous extrairons de la recherche psychologique, les éléments les plus pertinents pour notre propos. On peut classer ces différents effets selon la nature de l'influence colorée ; les fréquences lumineuses sont susceptibles d'avoir des effets sur :

- les *perceptions :* les couleurs peuvent altérer ou influer sur d'autres perceptions visuelles (taille, poids, surfaces, volumes…) et sensorielles ;

- les *émotions :* les couleurs peuvent activer des réactions physiologiques (battements du cœur, sudation), c'est-à-dire modifier un état d'équilibre organique de l'individu ; les couleurs peuvent susciter des réactions émotionnelles, plus ou moins fortes et plus ou moins agréables, susceptibles d'entraîner des préférences ou des rejets ;
- les *cognitions* : les couleurs sont culturellement et symboliquement associées à des concepts, des sensations et des éléments de l'environnement, variables selon les lieux et les langues. Ces cognitions pourront concerner la perception du temps ou le raisonnement, ou encore les jugements personnels et esthétiques.

Nous aborderons successivement ces différents types d'influence dans les sections suivantes.

L'influence de la couleur sur les perceptions du consommateur

Concernant les perceptions *visuelles*, l'évaluation d'une surface colorée est variable selon sa teinte et sa luminosité (Divard & Urien, 2001) : une superficie bleue apparaît plus petite qu'une superficie jaune identique. Il faut donc varier les superficies réelles pour obtenir des impressions similaires. Le volume d'une pièce ou d'un objet peut paraître plus ou moins grand selon qu'il ou elle est clair(e) ou sombre (Kwallek, 1996 ; Devismes, 2000). On a également tendance à surestimer la taille de certaines formes ou objets, selon qu'ils présentent des couleurs chaudes (jaune, rouge) ou froides (bleu, vert) : une couleur froide tendra à « réduire » l'objet (Déribéré, 1996). Il en est de même pour la saturation (Ling & Hulbert, 2004). Des objets apparaîtront également plus ou moins lourds selon leur teinte et leur saturation : une caisse de couleur sombre et/ou saturée semblera plus lourde qu'une caisse de couleur claire ou délavée (voir la couleur dominante du gros électroménager, le « blanc »).

Certains des effets décrits s'appliquent aux personnes disposant d'une vision normale des couleurs. Or, il ne faut pas omettre le fait que plus de deux millions de Français (majoritairement des hommes) restent en partie insensibles à ces effets pour cause de déficience de la vision des couleurs (v. Encadré 5.6).

Encadré 5.6 – Les déficients couleurs ou « daltoniens »

Du fait d'un gène fautif, environ un homme sur douze (soit 8 %) est atteint d'une déficience dans la vision des couleurs. Le gène récessif en question, est transmis par le chromosome X, ce qui explique que seule une femme sur 200 est atteinte de la même affection. Cette déficience, n'autorisant pas une vision « normale » trichromatique, est donc présente chez près de 2,5 millions de Français. Les 3/4 de ces hommes ont une déficience prononcée pour le rouge ou le vert (daltonisme). Dans le premier cas, rose et blanc, rouge et orange, rouge et brun, grenat et noir sont peu discriminés, tandis que dans le second cas, vert pale et blanc, vert et turquoise/vert d'eau, vert et brun ne sont plus distingués. Pour transmettre une information fondée sur la couleur, et perceptible par ces personnes, il convient d'éviter des dégradés uniques (camaïeux) de vert ou de rouge et de jouer plutôt sur la clarté (luminosité) et la saturation (pureté) d'une couleur que sur sa seule teinte. Pour des enseignes composées de rouge et de vert, de saturation égale, un daltonien aura des difficultés à discriminer les formes délimitées par les couleurs. Il en sera de même des signalétiques en point de vente, des packagings, etc. (Kaufman-Scarborough, 2000 ; 2001).

La connaissance de l'existence de cette déficience n'est pas inutile car dans de nombreux environnements (voies de circulation, usines, composants électroniques, signalétique des administrations et des magasins, etc.) l'information est aussi transmise par le biais de codes couleurs, faisant l'objet de normes internationales. Il est clair qu'un homme daltonien ne pourra exercer une profession nécessitant une bonne discrimination des couleurs. Bien qu'il existe des tests de dépistage fiables et bon marché, rares sont les entreprises qui les pratiquent, y compris dans ces activités « sensibles ».

Pour ce qui est des perceptions relatives au mouvement *(kinesthésiques)*, les couleurs chaudes apparaissent centripètes (elles se rapprochent), tandis que les couleurs froides semblent centrifuges (elles s'éloignent). Pour « agrandir » les dimensions subjectives d'une pièce, on aura intérêt à opter pour une couleur chaude et claire.

Du point de vue des perceptions *somesthésiques* (informant des postures et états du corps) on note une meilleure coordination psychomotrice dans des environnements de couleurs froides ; un environnement de couleur chaude, entraînant une plus grande excitation, est de nature à altérer cette coordination (Green *et al.*, 1982), en particulier le rouge, y compris dans des contextes cognitifs (Elliot *et al.*, 2007). De façon similaire, la perception subjective de la température ambiante d'une pièce sera altérée en fonction de la couleur de ses murs (Kunishima & Yanase, 1985) : les auteurs recommandent ainsi de peindre une chaufferie en couleurs « froides » et des locaux réfrigérés en couleurs « chaudes », afin de jouer sur cette température psychologique. Un grand entrepôt de dépôt-vente par exemple, peu isolé thermiquement, aura intérêt à revêtir des teintes « chaudes »[1].

Relativement aux perceptions *auditives*, les couleurs peuvent subjectivement modifier certaines sensations. Il a été montré que certains sons peuvent être associés à des couleurs puis traités ensemble de façon intégrée par le cerveau (Fuster, Bodner & Kroger, 2000). Il peut être ainsi recommandé de jouer sur le degré de luminosité d'un environnement coloré pour lutter partiellement contre des fréquences sonores jugées déplaisantes. On privilégiera des couleurs sombres dans des environnements bruyants en hautes fréquences (sons aigus) et des couleurs claires contre des basses fréquences c'est-à-dire des sons graves ou des infrasons (Desvismes, 2000 ; Déribéré, 1996). Naturellement, des interactions couleur/musique peuvent avoir un impact comportemental, modéré en point de vente réel et plus prononcé en point de vente virtuel (Wu, Cheng & Yeng, 2008 ; Goudey, 2008).

Les couleurs peuvent avoir une incidence sur *l'olfaction*. Il semblerait que la couleur d'un environnement ou d'un objet soit susceptible de modifier l'intensité perçue d'une odeur (Zellner & Kantz, 1990). En outre, il y a des associations attendues entre une couleur et une odeur spécifiques (Gilbert *et al.*, 1996). Tout éloignement de ces associations donne une impression d'incongruité (Maille, 2001). Une senteur vanillée et un bleu-vert ne sont pas congruents par exemple (contrairement à l'ocre et à l'humus, respectivement). Demattè, Sanabria et Spence (2006) montrent que couleurs et odeurs sont associées dans le cadre d'apprentissages *implicites* ; des associations sont systématiques et robustes (on les réplique aisément).

Enfin, des associations entre couleurs et perceptions *gustatives* peuvent voir le jour (Divard & Urien, 2001). Aux grandes sensations

1. Faut-il des couleurs « chaudes » dans les allées des rayons « surgelés » ? Faut-il lutter contre l'effet d'allée froide, parfois désagréable pour le consommateur, ou bien faut-il renforcer de manière congruente, l'impression de froid, garant d'une bonne conservation des produits ? Le débat se poursuit.

gustatives – l'acidité ou aigreur, l'amertume, le salé, le sucré, auxquelles se sont ajoutés depuis quelques années l'astringent, le métallique et le brûlant – correspondraient des couleurs privilégiées : vert/salé, rose/sucré, jaune/acide ou orange/brûlant[1]. Le postulat d'un nombre limité de goûts basiques est parfois en effet remis en question (Erickson, 2008).

L'influence de la couleur sur les états émotionnels du consommateur

➤ Couleurs, valence (plaisir) et « activation » (intensité émotionnelle)

Les couleurs auraient aussi un pouvoir sur l'affect en général et les émotions en particulier. On considère qu'une émotion est au moins caractérisée par deux dimensions : la valence (agréable/désagréable) et l'activation (peu intense/très intense). Un enfant élevé dans un environnement spécifique fera un apprentissage particulier des couleurs et développera un système de préférences propres, modulé par son niveau optimal d'activation (v. Encadré 5.7).

Encadré 5.7 – Le niveau optimal d'activation

Chaque individu possède un niveau optimal d'activation (ou de stimulation – OSL en anglais), défini comme suit : « quand la stimulation environnementale (qui est déterminée par des variables telles que nouveauté, ambiguïté, complexité etc.) se situe sous l'optimum, un individu tentera d'accroître cette stimulation ; quand elle est au-delà de cet optimum, il ou elle s'efforcera de la réduire » (Raju, 1980). Ce concept d'OSL a été utilisé à plusieurs reprises dans un contexte marketing (Steenkamp & Baumgartner, 1992 ; Falcy, 1993 pour un contexte français).

Ce niveau optimal est déterminé à la fois génétiquement et par l'environnement. Il évolue avec l'âge et les expériences vécues. Dans un environnement pauvre en information (répétitif, monotone, immobile), l'individu manifestera un comportement d'approche et de recherche d'informations, de nouveauté, de variété, de sensation, jusqu'à ce qu'il atteigne son niveau optimal. A contrario,

1. Pour approfondir le sujet, nous suggérons : Koch & Koch (2003) ; Thesen T. *et alii* (2004), « Neuroimaging of Multisensory Processing in Vision, Audition, Touch, and Olfaction », *Cognitive Process*, vol. 5, pp. 84-93 ; Wei H. *et alii* (2004), « Umami Taste Responses are Mediated by Transducin and Gustducin », *The Journal of Neuroscience*, vol. 24, 35, pp. 7674-7680.

dans un environnement trop riche en informations, dépassant son niveau optimal (surcharge), l'individu tentera de réduire cet afflux, par un comportement de retrait ou d'évitement. Couleurs et intensité lumineuse participent de cette charge d'informations dans le point de vente. De manière plus concrète, un consommateur à OSL élevé recherchera constamment des expériences nouvelles, de nouveaux magasins, de nouveaux produits à visiter ou tester. Un consommateur à OSL plus réduit présentera un comportement plus routinier et sera davantage fidèle à ses produits ou marques habituels. S'il se retrouve « bombardé » dans un point de vente par les stimuli extérieurs (bruit, musique, foule, messages, affichages promotionnels, spots etc.), il tentera de réduire rapidement cet excès, quitte à abréger sa présence en magasin. Chaque OSL étant propre à chaque individu, un même environnement commercial pourra apparaître comme trop pauvre ou trop riche en informations pour deux individus distincts. Un point de vente proposant des vêtements à des adolescents urbains confortera son positionnement de magasin « tendance » par des couleurs vives ou profondes (saturation forte, excitatrice), alliées à des niveaux sonores et lumineux élevés. Ce niveau de stimulation sera recherché par la cible, mais « fui » par d'autres consommateurs. D'ordinaire, les personnes présentant des OSL modérés sont plutôt introverties et préfèrent des couleurs « froides » ou peu saturées ; c'est l'inverse pour les individus à OSL élevé (extraversion et couleurs « chaudes » ou saturées). On peut également rapprocher ce construit d'OSL à celui de « besoin de cognition » ou celui de « scrutation élevée » (*high screeners* ; filtrage cognitif). En effet, bien que construit unidimensionnel à l'origine, ce besoin de cognition révèle des composantes sous-jacentes, soulignées par certains auteurs (Lord & Putrevu, 2006), telles que le « plaisir de la stimulation cognitive » (*enjoyment of cognitive stimulation*) et la « préférence pour les stimuli complexes » (*preference for complexity*). Or, depuis Berlyne (1960) et son « comportement exploratoire épistémique », les niveaux d'activation (et leurs optima) sont corrélés au degré de complexité d'un environnement et à la capacité des individus à filtrer les informations périphériques, parasites ou incongruentes. Dans un contexte clinique, Dijkstra, Pieterse & Pruyn (2008) montrent que les effets émotionnels de la couleur sont présents mais pondérés par des caractéristiques propres de l'individu : l'activation forte sera négative pour les individus à faible scrutation (filtrage cognitif limité).

On a supposé que les longueurs d'onde extrêmes du spectre visible (violet et rouge, en allant des courtes aux longues) suscitaient des réactions plus fortes dans l'organisme (« *l'activation* ») car elles se situent à proximité des longueurs d'onde dangereuses (rayons ultraviolets et infrarouges) ; l'évolution aurait fait « mémoriser » ces informations utiles à la survie

(Berlyne[1], 1960 ; Wilson, 1966). Cette fonction quadratique de l'activation n'avait jamais été totalement montrée, à l'exception d'une étude (Crowley, 1993). Cette *activation*, mesurée par le degré d'éveil ou de vigilance de l'individu[2], semble varier selon la couleur (Yanhong *et al.*, 2009 ; Mehta & Zhu, 2009). De nombreuses études attestent que de grandes longueurs d'onde (le rouge en particulier) « activent », excitent beaucoup plus que les courtes longueurs d'onde, vert, bleu, indigo. *A contrario*, les longueurs d'onde courtes (ou des teintes lavées) semblent avoir davantage de vertus calmantes ou lénifiantes (Schaie & Heiss, 1964 ; Yildisim, Akalin-Baskaya & Hidayetoglu, 2007). Des expériences ont révélé que des parieurs prenaient plus de risques dans des salles de casino rouges, tandis que le rose avait un effet sédatif sur des détenus agressifs (Eiseman *et al.*, 2001 ; Rotstein, 2006). Ainsi, les points de vente de jeux et loteries privilégieront les couleurs « chaudes » ou saturées, tandis qu'un accueil SAV ou un guichet « réclamations » devront plutôt opter pour des couleurs « froides » ou lavées (pastels). Plus récemment, nous avons décelé – et confirmé par rapport à des études psychologiques – que l'activation résultante à la couleur pouvait être *de facto* scindée en deux composantes : l'activation *énergétique* (plutôt positive), que l'on pourrait assimiler à de l'excitation et l'activation *tensorielle* (plutôt négative), que l'on pourrait assimiler à du stress[3]. Ainsi, une teinte environnementale ne

1. Berlyne (1960) atteste des propriétés activantes des couleurs à grandes longueurs d'onde, sans qu'il puisse pour autant en expliquer la raison. Il envisage une solution évolutionniste, selon laquelle « le vert et le bleu sont susceptibles de prédominer dans les environnements naturels [aquatiques ou sylvestres] ; les couleurs chaudes, plus rares et plus concentrées, représentent quelque chose qui requiert sans doute une action. Le feu est un exemple évident » (Berlyne, 1960, p. 172, *in* Roullet, 2004, p. 92).
2. Pour être vigilant, un individu doit atteindre un niveau minimal d'éveil, qui ne sera possible que grâce à un certain niveau d'activation physiologique. Cette activation générale du système nerveux central dépend de deux structures, le tronc cérébral et l'hypothalamus. Dans le premier site, cinq sous-systèmes sont en charge de neuromédiateurs spécifiques : la formation réticulaire (glutamate), le pont (acétylcholine), le locus coeruleus (noradrénaline), le noyau du raphé (sérotonine) et la substance noire (dopamine). Pour en savoir plus : Jones B.E., *Arousal Systems*, Frontiers in Bioscience, vol. 8, 2003, p. s438-s451.
3. Des chercheurs soutiennent par exemple la thèse de l'activation double ou duelle, c'est-à-dire la coexistence et la co-occurrence de deux dimensions d'intensité, l'activation énergétique (*energetic arousal*) et l'activation tensorielle (*tense arousal*), présentant respectivement une bipolarité éveil (excitation)-apathie et tension (nervosité)-calme (Thayer, 1978 ; 1989, p. 48). Les niveaux de ces deux activations sont interdépendants et induisent des niveaux de valence hédonique (plaisir) différenciés selon les moments et les contextes (Apter, 1982, *in* Roullet, 2004, p. 248).

semble pas influer sur le premier type (excitation) mais elle apparaît active sur le second (stress) : en effet, la « chaleur » de la teinte influe positivement sur la tension ou le stress.

Les points de vente de restauration rapide sont souvent parés de couleurs chaudes et vives : l'activation influe sur le taux de rotation de la clientèle qui est important en termes de rentabilité. À l'inverse, un restaurant privilégiant le bien-être, la fidélité et le ticket moyen optera pour des teintes plus fraîches, par exemple lavande plutôt que jaune (Yildirim, Akalin-Baskaya & Hidayetoglu, 2007). Des points de vente proposant des biens ou services impliquants, par contre, nécessitant réflexion avant décision d'achat (produits financiers, assurances, informatique), seront inspirés d'afficher des couleurs froides et/ou pastels : il semble que des teintes rouges induisent davantage d'anxiété que des teintes vertes ou bleues (Jacobs & Suess, 1975). On retrouve cette dualité dans le village JouéClub déjà évoqué : si les espaces dévolus aux enfants affichent des couleurs particulièrement activantes, les zones s'adressant plutôt aux adultes (accueil, caisses) présentent des couleurs bien plus « sages » (v. cahier central). Des études indiquent que les autres dimensions de la couleur ont été négligées. Alors que certains auteurs pensaient que la teinte seule expliquait ces phénomènes, on suggère désormais que la saturation ou la luminosité sont peut-être des facteurs bien plus explicatifs (Valdez & Mehrabian, 1994 ; Lichtlé, 2002 ; Ling & Hurlbert, 2004). Ainsi, des teintes ou des niveaux de saturation spécifiques (des couleurs *vives* ou *profondes* au sens de l'Afnor) susciteraient une plus grande activation chez le consommateur, le rendant plus sensible et réactif aux stimuli, tant agréables que désagréables.

➤ Couleurs et préférences

Lorsqu'on évoque les interactions entre les couleurs et l'affect, le concept de *préférence* doit être abordé. Des constats, parfois paradoxaux, se font jour en matière de tendances couleurs dans le monde. Certaines de ces tendances rapprochent et fusionnent les préférences individuelles (on parle même de nouvelle « conscience collective » des couleurs[1], en particu-

1. Staitman R. (2008), « White is Most popular [car] Color-Again », 56th DuPont Automobile Color Popularity Report, Wilmington, Delaware, December 9, 2008. Blanc, noir et argenté (surtout en Chine) restent les couleurs préférées des automobilistes, quels que soient les continents.

lier dans l'automobile) ou au contraire, mettent en exergue la diversité de la nature humaine. On constate à la fois une convergence de certaines préférences couleurs dans le monde et des particularismes au sein de ces mêmes communautés. Il existe ainsi par exemple des préférences consommateurs, sinon intangibles du moins très stables : le bleu est traditionnellement la couleur préférée des Occidentaux. Mais c'est aussi le cas des jeunes Japonais (Saito, 1999)[1]. Il y a donc là convergence de préférences.

Si cette convergence existe à l'égard de certaines couleurs, elle n'est pas fortuite. En effet, des instituts de tendances, au nombre réduit, « décèlent », définissent et annoncent, parfois plus de deux ans à l'avance, quelles seront les couleurs « à la mode » dans le monde, et ce dans des secteurs aussi variés que l'automobile, le textile, l'électroménager ou l'informatique (v. Encadré 5.8). Pourtant, au sein d'un même pays (surtout occidental), il n'existe plus de tendance unique dans la mesure où l'on assiste à une fragmentation, une « tribalisation » des ménages, des groupes et des individus. Cette évolution est la plus manifeste chez les jeunes générations. Chacun de ces « clans » possède alors ses propres modes et ses propres codes couleurs. Cette tradition d'associer un groupe à une couleur existe depuis des siècles en Inde : le mot « *vana* », qui signifie caste veut également dire « couleur ».

Encadré 5.8 – Qu'est-ce qui fait la mode des couleurs ?

La mode (ici dans son acception la plus large) et ses choix en matière de coloris peuvent sembler subjectifs, éphémères et aléatoires, particulièrement à destination des cibles féminines.

La mode comprend une multiplicité d'intermédiaires, industriels et commerciaux, qui investissent en R&D, en outils de production et en circuits logistiques de distribution. Ces investissements lourds exigent un « retour » en proportion, entraînant une volonté de réduction des incertitudes et des risques, cette réduction étant synonyme de visibilité et de prédictibilité à moyen/long terme. Une entreprise de pigments chimiques ne prendrait pas le risque d'innover sur de nouveaux coloris si elle n'avait l'assurance de leur relative pérennité auprès des fabricants de peinture, des tisseurs ou des

1. Au Japon, en plus de termes traditionnels très présents dans de nombreuses expressions, des mots anglais tels que *pinku* (de *pink*, rose), *orenji* (de orange), *guree* (de *grey*, gris) ou *buraun* (de *brown*, brun) sont entrés dans le langage courant (Stanlaw, 2000).

cosméticiens en aval. Plutôt que de rechercher des tendances et des attentes nouvelles en matière de couleurs, auprès de consommateurs réels, il est parfois plus sécurisant, pour l'ensemble d'une filière, de s'en tenir à des prévisions émanant de professionnels, acceptées de tous. C'est pourquoi, dès le début du XXe siècle, des créateurs (modistes) et des industriels du textile se sont rapprochés aux États-Unis pour tenter de définir les tendances à venir. Aujourd'hui, une douzaine de cahiers de tendances sont publiés semestriellement au niveau international, avec des prévisions allant de 12 à 36 mois. Les principaux cahiers de tendances sont américains (*Premier Vision* présenté par Pantone, par exemple), français (Promostyl, Nelly Rodi, Peclers), italien (A+A), allemand (par exemple *Colour Feeling* du RAL Institut) ou japonais. L'élément perturbant pour l'industriel ou le gestionnaire de services est que les tendances indiquées dans ces différents cahiers ne sont pas toujours convergentes. Le gestionnaire doit alors faire un choix, conforté éventuellement par des positions sectorielles ou par des études complémentaires de cabinets, et s'y tenir. Ainsi longtemps à l'avance, le turquoise était annoncé favori pour 2005 tandis que les teintes brunes, pourpres et vertes le furent pour 2009-2010, selon le Pantone Color Institute ou le Color Marketing Group[1]. Par conséquent, la mode pour certaines couleurs se décrète davantage par des cabinets de tendances, qu'elle ne se dessine réellement par les attentes – fussent-elles latentes – du consommateur[2]. Dans ce domaine, on peut évoquer la notion de prophétie auto réalisée. Les créateurs, stylistes et bureaux de tendances, sont en relation permanente avec les fournisseurs les plus en amont : les fileurs pour le textile, les pigmentiers pour l'automobile, etc. Il se dégage donc régulièrement un consensus qui naît de ce rapprochement. Des tendances sont annoncées et les fournisseurs de tête sont prêts. Les industriels « intermédiaires » opèrent des choix fortement orientés (mais qui les sécurisent face aux investissements) qui se retrouveront chez les confectionneurs puis les distributeurs. L'apparition en force de certains coloris peut alors induire un besoin et ensuite une validation de la base consommateurs. Ainsi, le succès commercial d'une saison conforte le pouvoir annonciateur et prophétique des bureaux de tendances, qui voient leur emprise davantage renforcée.

1. *Promotional Marketing Magazine* du 30 décembre 2008 – http://www.magazine.promomarketing.com
2. Pour en savoir plus : Hardin & Maffi (1997) ; Instituts de prévision : www.colorassociation.com ; www.ccicolor.com ; www.colormarketing.org/ ; Peintures : http://www2.dupont.com/Color_Communication/en_US/products/color_mgmt/ ; http://www.duluxvalentine.com/ ; Bureaux de style : www.promostyl.com ; www.peclersparis.com ; www.nellyrodi.fr ; www.informastyl.com/

Des chercheurs ont suggéré que des *traits* de personnalité tels qu'introversion (trait qui favorise des comportements de prudence ou de fidélité de consommation), besoin en cognition ou extraversion (tendance à la recherche de variété, de nouveauté), sont liés, voire antécédents, à des préférences de couleur (Robinson, 1975, Dijkstra, Pieterse & Pruyn, 2008). Ces préférences sont fonction de l'âge (Bjerstedt, 1960) : les enfants préfèrent les couleurs chaudes (les nouveau-nés ne perçoivent d'ailleurs que ces dernières) et en vieillissant, les individus optent pour des couleurs plus froides. Des valeurs affectives particulières sont préférentiellement associées à certaines teintes : par exemple, bonheur et rouge, sérénité et bleu.

Longtemps négligées par les sciences humaines et sociales, l'émotion humaine et ses manifestations sont à nouveau étudiées en marketing. Il s'agit désormais de comprendre les rouages les plus intimes du consommateur, parfois en recourant aux techniques médicales les plus sophistiquées (v. Encadré 5.9).

Encadré 5.9 – Couleurs et neuromarketing : l'apport des neurosciences (du consommateur)

Les sciences neurologiques ont accompli des progrès considérables ces vingt dernières années, du fait des investissements publics et privés, essentiellement américains. L'illustration de ces progrès peut être trouvée dans le domaine de l'imagerie médicale cérébrale : il est possible aujourd'hui d'observer le cerveau humain *in vivo*, c'est-à-dire en activité grâce à des techniques peu ou pas invasives (Droulers & Roullet, 2007). Cela pourrait sembler a priori bien éloigné des préoccupations du praticien marketing. Il n'en est pourtant rien : on parle désormais de neuromarketing (voire de neuroscience du consommateur ; Roullet & Droulers, 2008) et des sociétés spécialisées (BrightHouse Neurostrategies ou Neuro Insights) emploient des techniques d'imagerie à des fins marketing. Des études d'essence marketing paraissent même dans des revues neuroscientifiques internationales réputées. Deppe *et alii* (2007) ont montré que des éléments périphériques (non centraux ; le titre d'un magazine par exemple) pouvaient indirectement influencer le jugement de plausibilité d'une affirmation (traitement sémantique) ou le jugement esthétique d'une publicité (traitement iconique). On a pu également montrer par exemple (McClure *et al.*, 2004) que la préférence gustative d'un cola était liée à l'image de marque de ce dernier. En Allemagne, Daimler A.G. évalue les réponses cérébrales de jeunes hommes au design de ses automobiles. Ces techniques sont également utilisées dans des magasins tests afin de pouvoir réaliser une typologie de clients selon leurs réactions sensorielles et de s'adresser à eux au travers de la mise en place de magasins aux designs différents. Des chercheurs de la London Business School observent ainsi *in vivo* des décisions de prise en main dans un rayon de grande surface virtuelle (Holtz, 2005). Des chercheurs du CalTech (Institut de technologie de Californie) étudient les réactions cérébrales de consommateurs à des designs de produits manufacturés, revêtant *différentes couleurs* en leur demandant si l'objet présenté est « cool » ou « nul ». Les produits jugés « cools » activent une aire distincte, que n'activent pas les produits « nuls » (le cortex orbitofrontal). À l'inverse, les coloris rejetés activent une autre aire, l'aire cingulaire antérieure, qui marque la détection d'un conflit.

L'utilisation de ces techniques médicales pose un problème éthique : jusqu'où peut-on aller pour adapter au mieux le point de vente à la demande du consommateur ? Est-ce légitime d'utiliser un outil d'analyse médicale dans le but de satisfaire au mieux le consommateur en magasin ? L'utilisation de ces techniques permet en effet de surmonter l'ensemble des biais dus à la verbalisation dans la collecte de données par questionnaire, mais revient également à étudier les réactions inconscientes du consommateur qui ne peut les appréhender seul (Droulers & Roullet, 2007). Un champ disciplinaire nouveau s'est constitué pour répondre à ces préoccupations : la neuroéthique. On peut considérer qu'une démarche marketing n'est pas éthique dès lors qu'elle a pour objectif final de tromper le consommateur sur la qualité des produits ou de manière plus générale, de l'induire sciemment en erreur (Roullet, 2005). Mais il nous semble que le recours aux techniques d'imagerie – qui ne peuvent en rien influencer ou persuader qui que ce soit n'est qu'un outil supplémentaire d'observation, à l'instar des miroirs sans tain dans les magasins expérimentaux. Quoi qu'il en soit, à l'heure du marketing unipersonnel et de la segmentation extrême des marchés, comprendre plus intimement la psyché du consommateur devient un enjeu majeur pour les distributeurs.

Pour en savoir plus : *Qualitative Market Research*, 2007, 10 (2), Special Issue : « Developments in Human Observation Methodologies » ; *International Journal in Advertising*, 2008, 27 (3), « Advertising & the Brain », Special Issue ; *Journal of Consumer Behavior*, 2008, 7 (4-5), July-October, Special Issue : « Neuromarketing » ; Actes du 1er Colloque européen de neuroscience du consommateur (octobre 2008 en Sorbonne) : http://epi.univ-paris1.fr/92743085/0/fiche___pagelibre/&RH=epi-292?RF=epi-292-MM0002v3

L'influence de la couleur sur la cognition du consommateur

Nous avons vu que la couleur pouvait avoir des effets sur les perceptions et l'affect du consommateur en magasin : on pourra arguer que ces effets ne concernent que des traitements de « premier niveau », partiellement automatiques et/ou inconscients. En fait, il semble que des environnements colorés peuvent susciter des effets différenciés sur des processus *cognitifs* de « niveau supérieur », qu'il s'agisse de cognitions au sens strict ou d'associations symboliques, que nous illustrons ci-dessous.

➤ Processus cognitifs

Le jugement subjectif du temps, par exemple, peut être altéré par la teinte environnante : le temps semble passer plus vite, du moins la durée perçue est réduite, dans un environnement aux teintes chaudes (Smets, 1969). Cette perception du temps pourrait être liée au niveau d'activation ou de stimulation de l'environnement : on passe moins de temps dans une cabine téléphonique jaune que dans une bleue (Costigan, 1984). Plus récemment, Gorn *et al.* (2004) ont mesuré les durées perçues de téléchargement de pages web en fonction de la couleur de fond d'écran et les résultats semblent indiquer que l'aspect relaxant d'une couleur (i.e. moins activante ou plus hédonique) induit des perceptions de temps de téléchargement plus courts.

Les couleurs, bien qu'attirant l'attention, sont susceptibles de réduire les capacités cognitives de détection d'information : c'est l'effet « parasite » de la couleur (Dooley & Harkins, 1970), et d'entraîner plus d'erreurs dans des tâches nécessitant de la concentration (Kwallek, Lewis & Robbins, 1988). Des couleurs chaudes, entraînant une plus grande activation ou nervosité/fébrilité, favoriseraient ces erreurs (Elliot *et al.*, 2007). Des études différentes n'ont cependant pas toujours répliqué ces résultats (Nakshian, 1964 ; Ainsworth *et al.*, 1993). Une étude plus récente publiée dans *Science* (Mehta & Zhu, 2009) démontre que le rouge environnemental (vs. le bleu) induit une propension à l'évitement mais améliore la performance de tâches minutieuses qui nécessitent une activation génératrice de concentration cognitive. Les couleurs pourraient aussi induire des différences d'évaluation dans l'examen d'un même produit, en termes de prix (Bellizi & Hite, 1992) : un même téléviseur, exposé en environnement bleu, était évalué à 458 dollars par des consommateurs, tandis qu'il l'était à 314 dollars dans un environnement rouge. Nous avons par ailleurs montré que des produits strictement identiques (un combiné radio-lecteur CD) présentés à 600 personnes (françaises ou tunisiennes) sur des fonds colorés différents, induisaient des différences significatives de prix perçu. Ainsi, l'appareil présenté était évalué à 101,48 euros sur un fond rouge, à 116,78 euros sur un fond vert et à 127,60 euros sur un fond bleu (Roullet, Ben Dahmane & Droulers, 2003). Une variable d'essence cognitive est susceptible de modérer l'impact physiologique de la couleur : l'implication ou *l'orientation motivationnelle* selon Kaltcheva & Weitz (2006). Les auteurs affirment que dans un contexte récréatif, les teintes activantes suscitent une valence positive, propice à l'achat, tandis que la même activation dans un contexte utilitaire, entraînera une valence négative, néfaste à l'achat ou à la présence prolongée dans le magasin.

➤ Associations symboliques

Les attitudes (jugements esthétiques ou évaluations) peuvent être influencées par des teintes ayant des connotations symboliques implicites et variables selon les lieux et les cultures (Aslam, 2006). Certaines couleurs restent encore positivement ou négativement connotées dans certains pays. Ainsi, l'orange sera-t-il festif en Hollande (maison royale) ou en Ukraine (révolution démocratique) mais politiquement néfaste en Irlande (loyalistes de l'Ulster). Ou encore le bleu qui est perçu comme une couleur protectrice au Moyen-Orient est considéré comme « démoniaque » (lorsqu'il est foncé) en Inde. Plus récemment, Chebat & Morrin (2007) ont montré dans un contexte canadien que les couleurs environnementales chaudes ou froides d'un centre commercial pouvaient avoir des effets différenciés sur la qualité perçue des assortiments selon la *culture* des visiteurs (en l'occurrence francophones ou anglophones ; les premiers préférant les teintes chaudes et les seconds, les teintes froides). Il est intéressant de préciser également que le nom même d'une couleur – en particulier dans son appellation commerciale – est susceptible d'influencer l'appréciation de la teinte et donc son succès (Miller & Kahn, 2005). Ainsi, « moka » (et les articles qui revêtent cette nuance) se vendra mieux que « marron » (Skorinko *et alii*, 2006).

La mondialisation et la globalisation de l'offre des produits de grande consommation, l'internationalisation des campagnes publicitaires et des moyens de diffusion de l'information sont des facteurs qui concourent néanmoins à la convergence de symboliques, sinon communes, du moins partagées ou acceptées (Aslam, 2006). C'est déjà le cas depuis longtemps pour les symboles de signalisation routière ou de milieux industriels (v. Tableau 5.4, mais se référer aussi aux normes ISO 3864-2 de 2004). Dès 1944, F. Birren a proposé une harmonisation des couleurs en milieu industriel pour le compte de l'American Standard Association (ASA) (Birren, 1998) (Tableau 5.4).

Tableau 5.4 – Couleurs en milieu industriel

• **Jaune/jaune rayé noir**	obstacle ou danger de collision, heurt, chute…
• **Orange**	risques de blessures graves, coupures, brûlures…
• **Vert**	matériels de premiers soins, médicaments…
• **Rouge**	matériels et protection contre l'incendie
• **Bleu**	appel à la prudence
• **Noir, blanc ou gris**	lieux de circulation et d'entretien

Ainsi, la couleur verte ne connote plus uniquement la religion ou le sacré dans certains pays du Maghreb ou du Moyen Orient ; le blanc ne signifie plus seulement le deuil ou la mort en Chine et en Afrique. Le consommateur autochtone fera généralement une distinction entre une marque locale et une marque étrangère, de surcroît prestigieuse. Dans ce dernier cas, les significations locales des couleurs utilisées céderont le pas à l'image globale. Ceci ne devrait cependant pas dissuader le décideur de faire prétester ses campagnes à l'étranger, afin de s'éviter de coûteuses déconvenues commerciales (Madden, Hewett & Roth, 2000).

On trouvera ci-dessous (Tableau 5.5), une synthèse de travaux traitant des symboles psychologiques des couleurs, valable surtout pour l'Occident, prenant en compte les trois dimensions de la couleur (teinte, luminosité, saturation) pour quatre couleurs principales :

Tableau 5.5 – Les couleurs en tant que symboles psychologiques en Occident[1]

Couleurs	Jaune	Rouge	Vert	Bleu
Stimulantes (***vives*** : claires et saturées)	**Canari** = impulsivité, spontanéité, effervescence	**Magenta** = panache, ostentation, séduction	**Citron lime** = mordant, ironie, activation	**Cyan, bleu ciel** = esprit libre, libération
Puissantes (***profondes*** : sombres et saturées)	**Orange** = énergie, virilité, vigueur	**Vermillon** = passion, réussite, potentialité	**Gazon** = confiance, fertilité, productivité	**Outre-mer** = idéalisme, dévouement
Retenues (***pâles*** : claires et lavées)	**Citrine** = rétention, inhibition, cynisme	**Bordeaux** = responsabilité, moralité, éthique	**Celadon** = acuité, résilience, tenacité	**Turquoise** = vanité, narcissisme, fierté
Éteintes (***rabattues*** : sombres et lavées)	**Grès, chamoix** = détente, relâchement, déférence	**Terracotta, sicnne** = familiarité, confort, contentement	**Olive** = satiété, satisfaction, assurance, sûreté	**Bleu « jean »** = relaxation, imagination, créativité

Les couleurs indiquées ne sont pas les seules dans leur catégorie mais représentatives de celle-ci.

On peut donc poser comme hypothèse que la couleur (ou certaines de ses dimensions) a effectivement un effet physiologique et affectif sur le consommateur, cependant modulé par l'apprentissage, le niveau optimal de stimulation et la culture de ce dernier. Ce retentissement induira une humeur, un état d'esprit, jugé plus ou moins agréable par le consommateur et qui favorisera ou entravera des comportements d'approche et d'achat.

1. Voir aussi : http://www.brandcurve.com/color-meanings-around-the-world/

Conclusion

De l'ensemble des recherches évoquées plus haut, il est possible d'avancer certains constats :

- Des couleurs chaudes, mais aussi vives ou profondes, sont de nature à stimuler le consommateur, c'est-à-dire à le rendre plus actif, plus curieux, plus spontané. Les impressions ressenties seront renforcées, qu'elles soient positives ou négatives à l'encontre du point de vente. L'inverse sera vrai en matière de couleurs froides, mais aussi pâles ou rabattues : le consommateur se sentira plus détendu, plus apaisé mais peut-être moins attentif à certaines offres commerciales.
- En jouant sur les teintes et les niveaux de saturation, des points de vente présentant des défauts ou des contraintes de structure (plafond trop bas, volume trop grand, peu d'ouvertures sur l'extérieur, isolation thermique ou phonique insuffisante, superficie réduite...) peuvent améliorer les perceptions des consommateurs.
- Plus de deux millions et demi de consommateurs français perçoivent mal ou pas du tout les couleurs. Il est nécessaire d'en tenir compte dans les signalétiques et les informations dans le magasin et plus particulièrement dans les commerces ayant une clientèle essentiellement masculine.
- Des points de vente ou des rayons de GMS proposant des offres peu impliquantes et/ou supposant des achats impulsifs auront avantage à prévoir un environnement immédiat stimulant, de couleur chaude et/ou saturée. Dans l'hypothèse d'offres de biens durables et/ou impliquants, nécessitant réflexion et un long processus de décision, des couleurs froides et/ou pastels conviendront davantage.
- Un point de vente doit tenir compte des effets de rémanence des couleurs antagonistes ; rappelons que ces oppositions sont « clair/sombre », « jaune/bleu » et « vert/rouge » ; ces associations sont à proscrire.
- Il est désormais possible d'optimiser l'éclairement et le chromatisme d'un point de vente, tout en atteignant une meilleure efficience énergétique : les technologies récentes (LED, ballasts électroniques) sont compatibles avec les nouvelles réglementations (RT 2005 et 2010), beaucoup plus exigeantes en matière d'éclairage et de rendement.

- Des magasins, proposant pour l'essentiel des produits peu impliquants et/ou peu coûteux qui relèvent surtout de l'achat d'impulsion, rencontrent le problème crucial de la création de trafic dans le magasin. Des systèmes de projection chromatique variable situés en « zone vestibulaire » semblent particulièrement adaptés pour attirer le consommateur et générer le trafic recherché.
- Des lieux de vente ayant une proportion significative de personnes âgées ou de « seniors » dans leur clientèle (et c'est une tendance lourde) devront tenir compte de leurs acuité et sensibilité visuelles moindres ; ils devront ainsi prévoir une intensité lumineuse supérieure à la normale dans le magasin, ainsi que des informations écrites contrastées (fond/typographie) de taille et de graisse (caractère gras ou maigre) suffisantes.

La Droguerie de Marine – Une ambiance cosy de caverne d'Ali Baba

Cyberdog – Vous entrez dans le vaisseau de *La Guerre des étoiles*

© Cyberdog

Carlin International – Exemple de page de cahier de tendance tactile

© Carlin International

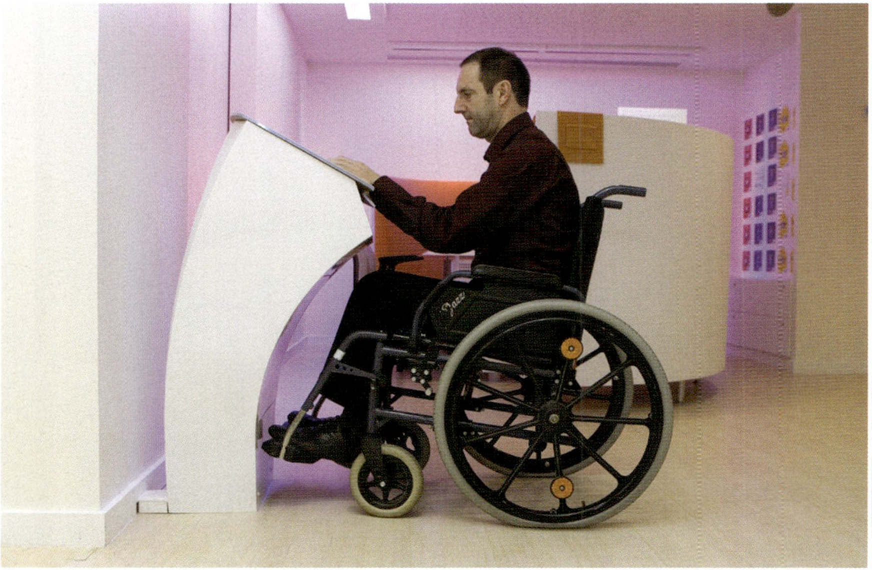

La démarche Design for All – EDF Bleu Ciel

Viadys – Rendre la pharmacie plus accueillante au travers du design et, par endroits, garder le code couleur vert et blanc de la pharmacie

Histoire d'Or – Faire entrer le client : couleurs chaudes et espace largement ouvert

Tape à l'œil – Trois codes couleurs différents selon les segments de clientèle

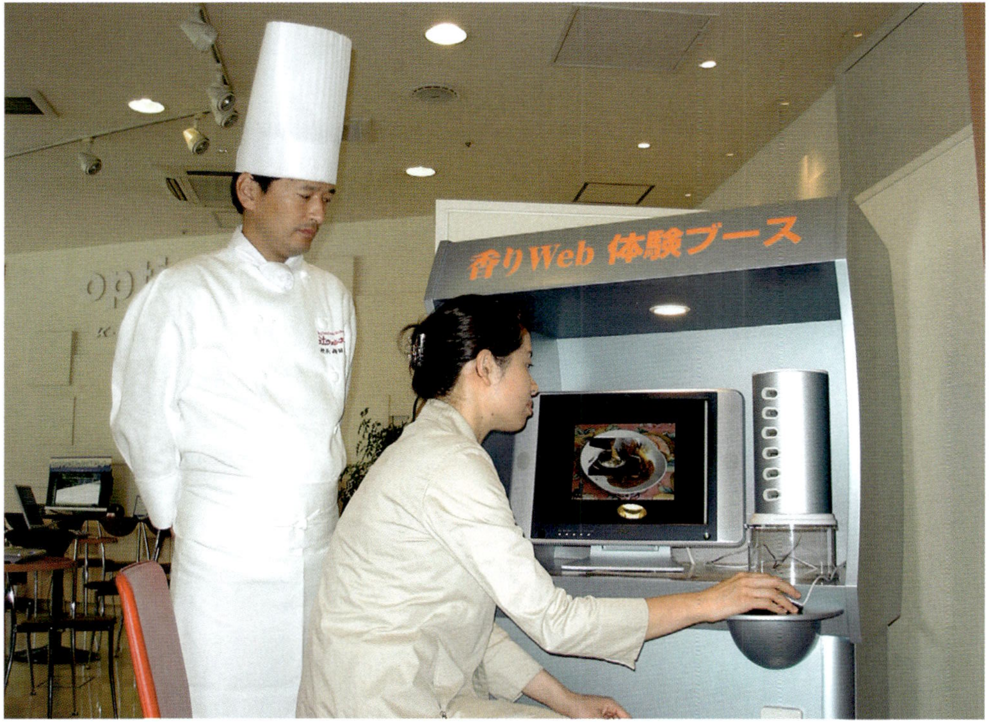

© Exhalia

Exhalia – Quand l'odeur permet aux japonais de prendre des cours de cuisine

© Daily Traiteur

Delitraiteur – Des linéaires tout en bois pour une ambiance cosy

Librairie Dialogue – Favoriser l'appropriation du lieu

© Dialogue

Princesse Tam Tam – Détail du toucher des cabines

© Princesse Tam Tam

© Dragon Rouge Archi

Joué Club – Une ambiance festive pour la salle d'anniversaire

© Dragon Rouge Archi

Joué Club – Couleurs soutenues et écran plasma pour l'espace caisse

Maty – Un travail sur les courbes et la lumière

© Prinz Design

Chapitre 6

Comment gérer les sensations tactiles ?

Le toucher reste le parent pauvre du marketing sensoriel du point de vente. Il n'existe que très peu de recherches académiques sur la question. Par ailleurs, mis à part la possibilité donnée aux consommateurs de manipuler les produits à vendre et de quelques bornes interactives ou autres écrans tactiles pour consulter le catalogue des produits proposés à la vente, peu d'enseignes se sont vraiment penchées sur la question.

Cet état de fait tient sans doute au caractère un peu tabou du toucher. On apprend très jeune à « ne pas toucher » et nombreux sont les endroits, comme les musées, où l'interdiction perdure après l'enfance. Ajoutons également que, en dehors des relations intimes, entre parents et jeunes enfants ou au sein du couple, dans les cultures occidentales où l'individualisme impose plutôt une mise à distance de l'autre, on ne se « touche » pas beaucoup.

Le toucher est pourtant très présent chez l'homme. Le langage populaire y fait lui-même souvent référence, notamment pour exprimer l'affect, la proximité et l'intimité : on parle ainsi de gens « qui nous touchent », avec qui on « reste en contact », pour leur « toucher deux mots ». De nombreuses expériences – dont celles menées par Schifferstein et ses collègues (2007) – ont démontré que, dans les interactions entre l'homme et son environnement, et notamment dans l'utilisation de produits de tous les jours, il est le sens le plus important après la vue. Et si cette hiérarchie des différentes modalités sensorielles peut varier quelque peu, selon la tâche à réaliser, l'objet avec lequel on interagit ou le contexte, c'est aussi souvent en faveur du toucher. Par exemple, sauf cas particulier, retirer ses chaussures, presser une orange ou danser impliquent plus le toucher que la vue. Lazorthes (1986) ajoute que « le monde des odeurs, des formes, des couleurs, des sons est purement subjectif ; il est de simple apparence. Seul le toucher fournit la certitude d'une réalité ». Il apparaît également comme un sens particulièrement utile pour renseigner, surtout chez les personnes qui ont éduqué cette sensibilité, comme le médecin, pour qui la palpation est utile au diagnostic, ou les personnes malvoyantes, à qui « le toucher apporte beaucoup d'agréables certitudes qui manquent à nos camarades plus fortunés » (Keller, *in* Finnegan, 2005). Plus près du consommateur, Hall regrettait déjà, en 1966, que, « les designers et les ingénieurs (n'avaient) pas su reconnaître la signification fondamentale du toucher, et en particulier, du toucher actif. Ils (n'avaient) pas compris combien il importe de maintenir le contact de l'individu avec le monde où il vit ».

Plus récemment, une étude internationale auprès de 20 000 femmes montrait que le besoin et le plaisir de toucher ce qui les entoure est particulièrement important (v. Encadré 6.1).

Encadré 6.1 – *The Need For Touch*

En 2003, Interdeco Expert et Sociovision ont mené une étude visant à connaître les aspirations et comportements des lectrices du magazine *Elle* dans le monde. Un questionnaire unique, traduit dans 20 langues et comportant des items allant de « Réussir sa vie de femme » aux « Gestes essentiels de beauté », fut inséré au même moment dans les 35 éditions du magazine. C'est ainsi que 20 000 lectrices déclarèrent massivement : « j'aime toucher les choses, je ne peux pas me contenter de les regarder » (60 % des lectrices portugaises, 79 % des françaises et 95 % des japonaises).

Quelques études académiques confirment et précisent cette tendance. Ayant mis au point une échelle de mesure du *Need For Touch* composée de

11 items (dont « Toucher les produits peut être plaisant », « J'accorde plus de confiance aux produits qui peuvent être touchés avant l'achat », « J'aime toucher les produits même si je n'ai pas l'intention de les acheter »), Peck et Childers (2003) distinguent différents profils individuels, selon l'intensité du besoin, mais aussi selon les objectifs du toucher.

D'autres travaux montreront que le besoin de toucher est également fonction des objets avec lesquels on interagit. Il est ainsi plus fort lorsque le consommateur attache de l'importante à la matière et, dans une moindre mesure, à la forme ou aux dimensions (Peck et Childers, 2003 ; McCabe et Nowlis, 2003). Le temps de manipulation est par conséquent plus long pour un sweat-shirt ou une raquette de tennis que pour un tube de dentifrice ou un paquet de céréales (Peck et Childers, 2003). Certaines formes et matériaux attirent par ailleurs plus que d'autres. Il semblerait notamment que la forme ronde soit celle qui déclenche le plus l'envie de toucher (Cyrulnik, 1983). C'est sans doute la raison pour laquelle, dans les musées, les mains se posent souvent sur les parties arrondies des statues ou des sculptures abstraites (Crunelle, 1987). De la même manière, les objets conçus avec des matériaux jugés plaisants sont plus susceptibles d'être touchés et physiquement examinés (Koran *et al.*, 1984).

C'est sans doute sur la base de tels constats, et encouragés par le développement de nouvelles technologies et de nouveaux matériaux, que les designers se sont récemment intéressés à la dimension tactile des produits qu'ils concevaient. Le toucher « soft » devint une caractéristique déterminante de nombreux produits, depuis la brosse à dent jusqu'au tableau de bord de voiture, de même que l'écran tactile, qui équipe ordinateurs, téléphones, lecteurs MP3 et autres appareils électroniques. Certaines marques iront jusqu'à valoriser cette dimension au travers du nom de leur produit. C'est ainsi que furent récemment lancés le baladeur Apple iPodTouch, la cafetière Krups Nespresso Soft Touch, la montre Swatch Touch ou le smartphone HTC Touch Diamond… Curieusement, on ne retrouve pas pareil engouement dans le monde de la distribution.

Dans ce chapitre, nous soulignerons en premier lieu combien il semble opportun de considérer les expériences tactiles des clients au sein des points de vente et réfléchirons en second lieu au moyen de mieux les gérer.

Les expériences tactiles et leur influence

De façon inhérente et implicite, et même indépendamment de toute volonté émanant des managers, les points de vente sont sources de multiples expériences tactiles. Or, si la recherche marketing s'est peu penchée sur la question, d'autres disciplines ont montré combien le toucher peut influencer l'individu.

Le point de vente, source d'expériences tactiles diverses

Le toucher est un sens qui permet de percevoir certaines propriétés d'un objet. Comme la vue, il permet d'appréhender les caractéristiques géométriques (par exemple, les formes ou volumes, l'orientation) des objets et surfaces mais aussi celles relatives à la matière (par exemple, la température, le poids, la dureté). Permettant une perception à distance et n'exigeant pas de contact, la vue lui est souvent substituée. Le toucher demeure cependant le sens le plus performant en ce qui concerne la perception de la matière. Il revêt également une dimension hédonique non négligeable.

Au sein du point de vente, on observera en fait une multitude d'expériences tactiles différentes et des objectifs sous-jacents.

➤ Les différentes sensations tactiles pouvant être activées au sein du point de vente

Alors que le langage courant tend à le réduire à l'appréhension volontaire des objets avec les mains, le toucher est défini par l'Afnor (2004) comme la « sensation perçue lors d'un contact avec tout ou partie du corps ». Si cette définition met l'accent surtout sur la partie tactile manuelle, la norme traite essentiellement de la caractérisation du toucher des matériaux.

On distingue ainsi trois types de sensations tactiles (qu'il serait plus rigoureux d'appeler « somesthésie[1] », ou sensibilité du corps), lesquelles peuvent être activées de façon isolée ou conjointement :

1. La somesthésie désigne un ensemble de sensations diverses (pression, chaleur, douleur…) qui sont élaborées à partir des informations fournies par de nombreux récepteurs sensitifs du système somato-sensoriel situés dans divers tissus de l'organisme (mécanorécepteur du derme, des viscères, thermorécepteurs de la langue…). *Source :* http://fr.wikipedia.org/wiki/Somesth%C3%A9sie

– la sensibilité cutanée, à la pression, aux vibrations et au tact (c'est-à-dire au contact) ;
– la sensibilité thermique, c'est-à-dire, la sensibilité au chaud et au froid ;
– la sensibilité qui correspond à la perception du travail des muscles et de la position des articulations et des rotations (dite sensibilité « proprioceptive[1] »).

Le toucher donne ainsi lieu à des expériences variées (v. Encadré 6.2) que le distributeur devra considérer. Au sein d'un point de vente, le client peut capter des stimuli au travers de chacune de ces sensibilités. Ainsi, sa sensibilité haptique[2] sera activée dès le premier mouvement de la main appuyant sur la poignée de la porte d'entrée, puis avec les produits, avec le panier qu'il porte, et jusqu'aux touches du clavier de saisie du code des cartes bancaires... Sa sensibilité thermique pourra également être stimulée du fait de la température dans les différentes zones du magasin. Enfin, sa sensibilité proprioceptive sera activée du simple fait de se déplacer dans l'espace ou de pousser son caddie.

Encadré 6.2 – Langues de chat et poisson écaillé...

Pour percevoir la diversité des sensations tactiles, on pourra imaginer les différentes situations suggérées ci-après :
- S'approcher d'un feu de cheminée.
- S'emparer d'une pelote de laine.
- Déchirer un morceau de film plastique alimentaire.
- Parcourir pieds nus une rivière vaseuse.

1. En physiologie, la proprioception désigne l'ensemble des récepteurs, voies et centres nerveux impliqués dans la perception, consciente ou non, de la position relative des parties du corps les unes par rapport aux autres (Sherrington, 1906 ; Delmas, 1981 ; *in* http://fr.wikipedia.org/wiki/Proprioception).
2. La perception tactilo-kinesthésique (ou « haptique » ou « active ») résulte de la stimulation de la peau résultant des mouvements actifs d'exploration de la main entrant en contact avec des objets. La perception tactile manuelle comprend ainsi deux composantes : cutanée passive (stimulation des couches superficielles de la peau) et active (stimulation des récepteurs situés dans les muscles, les articulations et les tendons qui résultent des mouvements d'exploration). *Source :* http://fr.wikipedia.org/wiki/Haptique.

- Se faire masser le cuir chevelu par la coiffeuse.
- Se laisser lécher la main par un chat.
- Mettre ses mains dans la farine.
- Rattraper la savonnette mouillée.
- Porter un sac plastique trop lourd.
- Marcher pieds nus sur un tapis de soie.
- Enfiler un pull pure laine à même la peau.
- Caresser la peau fine d'un bébé.
- Tomber dans des orties.
- Écailler un poisson.
- Croquer dans une pêche non épluchée.
- S'asseoir dans un canapé moelleux.
- Passer au milieu d'une toile d'araignée.
- Aller au sauna ou au hammam.
- Laisser courir sa main sur un vieux meuble patiné.
- Marcher (pieds nus ou en chaussure) dans le sable.

Le toucher peut être volontaire. C'est le cas notamment lorsque le client pousse la porte d'entrée, avec la main mais aussi avec toute autre partie du corps (jambe, dos...), ou saisit un produit pour le regarder. On parle alors de toucher « actif ». En l'absence de mouvement, le toucher est dit « passif ». C'est le cas, par exemple, de la perception de la température ambiante du magasin. Mais le toucher peut également impliquer un mouvement involontaire et néanmoins demeurer « passif ». C'est le cas notamment lorsque le client est accidentellement poussé par le caddie de quelqu'un d'autre.

Nous pouvons ainsi identifier de multiples sources d'expériences tactiles au sein du point de vente, actives ou passives, cutanées et/ou thermiques et/ou relatives au mouvement. Le Tableau 6.1 en propose une synthèse non exhaustive.

Tableau 6.1 – Les sources d'expériences tactiles au sein du point de vente

Les produits vendus	**La manipulation des produits** Produits en libre-service ou non
Les autres personnes	**Les contacts interpersonnels** Avec les autres clients (en cas de forte affluence notamment), avec le vendeur…
Le point de vente lui-même	**Le contact avec les objets et matériaux du point de vente** poignée de porte, sol, panier, rideaux, parois de la cabine d'essayage, chaises et fauteuils, couverts d'un restaurant, main courante de l'escalator, claviers de terminal de paiement électronique, toilettes…
	L'ambiance thermique et hygrométrique Contraste avec l'extérieur, rideau d'air chaud au-dessus de la porte d'entrée, température dans le magasin et ses différentes zones…
Les actions physiques que le client doit mettre en œuvre	**Déplacements et mouvements** Porte d'entrée, distances d'un rayon à l'autre, escaliers, hauteur des produits exposés…
	La charge à porter Sac(s) personnel(s) du client, enfant en bas âge, panier ou caddie du magasin…

Si la perception relative aux deux mains ne constitue pas à elle seule la totalité des expériences tactiles, elle y prend largement part. Permettant de collecter des informations relatives tant aux caractéristiques géométriques qu'à celles relatives à la matière des objets, elle a fait l'objet de nombreuses recherches. On a notamment étudié les différents mouvements propres à l'exploration manuelle des objets (v. Encadré 6.3).

Encadré 6.3 – Les huit procédures exploratoires de Lederman et Klatzky (1993)

Huit procédures exploratoires permettent d'appréhender les attributs tactiles des objets :

- l'appréhension des caractéristiques relatives à la matière de l'objet :
  - – le mouvement latéral, qui permet notamment de percevoir la texture ;
  - – la pression, qui donne une idée de la dureté ;

– le contact statique, qui renseigne sur la température perçue ;
– le soulèvement, qui donne une idée du poids ;

- l'appréhension des caractéristiques géométriques :
  – l'enveloppement, qui donne des indices sur la forme globale et le volume ;
  – le suivi de contour, qui permet de percevoir la forme d'un objet mais de manière plus précise ;
  – les deux dernières procédures, le test de fonction spécifique et le test de mouvement relatif, permettent l'exploration des fonctions de différentes parties d'un objet complexe (par exemple, le vissage/dévissage d'un tire-bouchon).

Une même procédure permet d'accéder à plusieurs attributs tactiles. Ainsi, en maintenant une pression statique sur l'objet, on perçoit sa dureté, mais aussi sa chaleur. De la même manière, un attribut tactile peut-être exploré par plusieurs procédures simultanées, voire séquentielles. Par exemple, la texture peut-être déterminée par un mouvement latéral et dans une moindre mesure, par un contact statique. Enfin, l'extraction d'informations tactiles est facilitée si les deux mains agissent simultanément.

➤ Les différents objectifs du toucher

Comme tous les autres sens, le toucher peut avoir différents objectifs.

Dans le toucher « neutre », l'objectif n'est pas le toucher lui-même, mais la finalité de l'action. C'est le cas, par exemple, lorsqu'on ouvre une porte : il s'agit de pénétrer dans un lieu, et non de toucher la poignée. Si la poignée ou la porte n'ont pas de caractéristiques particulières, le toucher demeure neutre. En revanche, le toucher peut perdre sa neutralité si la poignée attire finalement l'attention du client du fait, par exemple, de sa température ou de la difficulté qu'il peut avoir à l'actionner.

Lorsque le toucher a pour objectif d'acquérir des informations sur l'objet manipulé, on parle de toucher « instrumental ». Par exemple, le toucher ponctuel avec les mains vise à collecter des informations spécifiques sur la forme (étudier les contours d'un objet complexe) ou la matière (le degré d'affinage d'un fromage, la douceur d'un pull-over, la tenue de rideaux).

Lorsque le toucher a pour objectif le plaisir et que l'individu est alors centré sur l'action de toucher pour elle-même, on parle de toucher « autotélique » (du grec « *auto* » : soi et « *télos* » : but). La personne prend conscience du rendu du geste, qu'elle réitère ou allonge éventuellement du fait de la satisfaction plus ou moins intense qu'il lui procure. C'est le cas, par exemple, lorsqu'on prend plaisir à suivre de la paume de la main une rampe d'escalier en bois patiné. En magasin, la possibilité de s'installer dans le fauteuil moelleux d'une zone d'attente ou de retrouver une ambiance fraîche en période de canicule, le contact des pieds nus avec le sol de bois chaud d'une cabine d'essayage sont autant de facteurs qui peuvent transformer une action ou une activité a priori anodine en une expérience riche d'un point de vue sensoriel et émotionnel. Il ne faut pas négliger non plus le plaisir que certains consommateurs peuvent tirer de la manipulation de produits comme, par exemples, les fourrures, les lainages ou les livres.

Il est certes rare qu'un consommateur se rende dans un magasin sans autre objectif que le plaisir du contact avec les matériaux. Pour autant, il convient de faire en sorte que l'expérience finalement vécue soit la plus agréable possible ou, à minima, d'éviter les stimulations négatives.

Expériences tactiles en magasin et comportements des clients

Jusqu'ici, les chercheurs en marketing se sont peu intéressés aux expériences tactiles du consommateur, et encore moins au sein du point de vente. On recense à peine quelques rares travaux sur l'importance de la manipulation des produits avant l'achat. D'autres disciplines ont néanmoins produit d'intéressants résultats qui nous permettront d'appréhender un éventail plus large d'expériences tactiles susceptibles d'être vécues en boutique.

Nous reprendrons ici les différentes parties du Tableau 6.1 pour présenter les résultats relatifs à l'influence respective de la manipulation de produits, du contact interpersonnel et de l'environnement global. À notre connaissance, aucune recherche n'a porté sur l'influence des actions physiques que le client doit mettre en œuvre pour ses déplacements et mouvements au sein du magasin ou pour porter des charges diverses.

➤ L'influence de la manipulation des produits

Anthropologiste de la distribution, Underhill (2007) précise que, dans notre société privée du sens tactile, le shopping est devenu une des rares occasions d'expérimenter librement de nouvelles formes et matières. C'est également la seule possibilité pour le consommateur de manipuler avant l'achat le produit qu'il convoite. Selon le DG de Carré Noir (Beucler, 2005), « une marque, cela se touche.../... Aujourd'hui, il y a retour du réel, du tangible. On veut de nouveau sentir.../... On ne cherche ni des images ni des concepts ».

De nombreux travaux ont par ailleurs montré qu'il existe une influence positive de la manipulation du produit sur les réponses du consommateur (Heslin et Alpert, 1983 ; Peck et Childers, 2003 ; McCabe et Nowlis, 2003 ; Grohmann, Spangenberg et Sprott, 2007 ; Shu et Peck, 2007). Le simple fait de toucher accroît le sentiment de possession (*endowment effect*), l'évaluation du produit et la préférence. Au demeurant, cette influence varie avec le temps, le profil des consommateurs et les produits. Elle est ainsi moins importante que celle de la vue en phase d'acquisition ou, à plus long terme, lorsqu'apparaissent les signes extérieurs de vie (impacts, patine...), mais augmente au cours de la « vie intime avec le produit » (Fenko, Schifferstein et Hekkert, 2009). Au demeurant, les consommateurs ayant un besoin de toucher élevé (v. Encadré 6.1) intègrent plus tôt que les autres les caractéristiques relatives à la matière dans leur processus d'évaluation du produit, surtout pour des produits dont la matière est un attribut saillant. En leur interdisant la manipulation de l'objet avant l'achat, on augmente leur frustration et on réduit significativement leur confiance dans le produit et dans la décision qu'ils prennent. Naturellement, l'influence du toucher est plus forte pour des produits dont la matière est un attribut important (par exemple, un pull-over). Et dans ce cas, on vérifie qu'elle l'est plus lorsque des consommateurs à fort besoin autotélique (vs. instrumental) manipulent des produits dont la matière est agréable (vs. pas nécessairement agréable).

Que se passe-t-il alors lorsque la vente se fait à distance ? Fort heureusement, des informations visuelles ou textuelles peuvent se substituer à l'expérience tactile sous certaines conditions. Ainsi, la description des caractéristiques tactiles ou des photos peut augmenter la confiance, diminuer la frustration et favoriser l'achat. Cela ne peut cependant satisfaire que les consommateurs ayant un « besoin de toucher » faible ou qui touchent les produits uniquement pour collecter de l'information (et non pour le simple plaisir du contact). Par exemple, les personnes qui cherchent à se faire plaisir au travers de leur visite en librairie, qui aiment toucher, ouvrir les livres avant de les acheter, seront frustrées par un achat sur Internet. En revanche, le descriptif et la photo du produit suffiront aux consommateurs plutôt utilitaristes pour prendre leur décision.

➤ L'influence du toucher interpersonnel

Chez l'homme, le sens donné aux communications interpersonnelles pourrait être attribué pour moitié à des facteurs non verbaux. Parmi ces facteurs, le toucher interpersonnel tient une place non négligeable (Mehrabian, 1981). Selon le vécu et l'expérience, le contexte, le sexe des deux personnes en contact, il peut être alternativement interprété comme de l'amour, de l'amitié, de l'implication et de l'attention, de l'intérêt sexuel ou de l'agression. De nombreuses expériences se sont intéressées à l'influence du toucher interpersonnel (Erceau et Guéguen, 2007 ; Kaufman et Mahoney, 1999 ; Lynn, Le et Sherwyn, 1998 ; Bohm et Hendricks, 1997 ; Hornik, 1992). Elles procèdent toutes selon le même principe (v. Encadré 6.4).

Encadré 6.4 – L'influence du toucher interpersonnel : le principe des expériences

Elles se déroulent dans le cadre d'une relation entre un sujet expérimental et un complice. Le premier est un client ; le second est censé être, soit un membre du personnel d'un magasin, d'un restaurant ou d'une bibliothèque (toucher employé-client), soit un autre client (toucher client-client).

Le complice doit, à un moment précis, toucher le client de manière naturelle : l'épaule pour un serveur de restaurant, le bras pour un vendeur en magasin ou encore la main pour le personnel d'une bibliothèque (au moment de restituer sa carte de prêt au client).

On observe alors les réactions de la personne touchée : affectives (humeur, réponse émotionnelle), cognitives (degré d'attention, évaluation du lieu, de l'interlocuteur) et comportementales (temps passé, le fait d'exécuter ou non ce qui est demandé, l'achat réalisé, le pourboire laissé).

Ces réactions sont ensuite comparées à celles observées dans la même situation, mais sans contact physique avec le complice.

On observe ainsi que le toucher interpersonnel employé-client influence positivement les réponses cognitives, affectives et comportementales (v. Encadré 6.4), à la fois de la personne touchée, mais aussi de celle qui l'accompagne. Globalement, les femmes sont plus sensibles que les hommes au toucher interpersonnel, de même que les clients les plus jeunes. L'effet augmente encore avec l'attrait physique des serveurs, mais pas en fonction de leur sexe.

En revanche, les différentes études n'ont montré aucune influence du toucher interpersonnel client-client sur les réponses du client touché. On pourrait supposer que le contact avec un étranger, qui n'a pas ici la légitimité d'un vendeur, peut être perçu par le client comme une violation de son espace personnel.

➤ L'influence de l'environnement global

On distinguera l'influence de l'ambiance thermique de celle de matériaux et d'objets de l'environnement.

- *L'influence de l'ambiance thermique*

Pour sa survie, le corps doit avoir une température interne stable égale à 37 °C. Face aux variations de température de l'environnement, nous équilibrons sans cesse la production et la perte de chaleur, de manière inconsciente et autonome.

En fonction de leur nature et de leur intensité, les sensations thermiques peuvent fortement influencer les individus. Nous ne considérerons ici que les recherches susceptibles d'intéresser les points de vente (pour une revue complète, voir Delignières, 1995).

On observe tout d'abord une influence de l'ambiance thermique sur les réponses cognitives. Ainsi, la vigilance est optimale pour une température se situant, selon les auteurs, entre 20 et 29 °C. Au-delà, elle se dégrade, plus particulièrement après une trentaine de minutes. Ces effets dépendent en fait de nombreux facteurs modérateurs. En premier lieu, la performance se dégraderait moins lorsque le sujet est expert et que la tâche est facile. En second lieu, on note de nettes différences d'un individu à l'autre, ce qui complique davantage encore la définition de la température optimale pour le magasin. L'influence négative d'une chaleur ambiante excessive augmente notamment avec la tendance naturelle de la personne à l'anxiété et, on peut le supposer, avec le caractère anxiogène de la situation d'achat elle-même (par exemple, pour l'achat d'un produit très impliquant comme une voiture ou une maison). Une étude plus récente (Makinen *et al.*, 2006) montre que, lorsqu'une température basse (10 °C) créée une diminution réelle de la température du corps et une sensation d'inconfort, la performance cognitive est également affectée : essentiellement négativement, du fait d'un effet de distraction, mais également positivement du fait de l'état d'éveil des sujets.

À l'instar de toutes les sensations, les sensations thermiques ont également une composante affective. Lorsque l'ambiance est trop chaude ou trop froide, le corps met en jeu des mécanismes de régulation qui rétablissent cet équilibre, comme, par exemple, transpiration, chair de poule ou frissonnement. Tout stimulus allant dans le sens du rétablissement de l'équilibre est perçu comme agréable. À l'inverse, tout stimulus conduisant au déséquilibre apparaît comme désagréable (Cabanac, 1995). L'exposition au stress thermique génère également de l'irritabilité, de la lassitude et une baisse de vigilance (Holland *et al.*, 1985). Pour des niveaux de températures dites de « confort » (à l'équilibre thermique au sens de la norme ISO 7730, 2005 – v. Encadré 6.5), l'agrément perçu varie aussi en fonction du système d'émission de chaleur qui, procurant différents types de sensations thermiques spécifiques (rayonnement, convection ou conduction) devra être considéré (Petit, Siekierski et Danzart, 2005). Dans cette zone de « confort », il est ainsi possible de recréer des environnements thermiques plus riches et/ou stimulants en jouant sur des paramètres d'hygrométrie ou de rayonnement et sur les temporalités au-delà de la simple température d'air (Rahm, 2005 ; Heschong, 1976).

D'un point de vue comportemental, on observe enfin une influence négative des températures inférieures à 13 °C sur la dextérité. Si l'air ambiant des magasins atteint rarement ces températures, on devra s'interroger sur la manipulation des produits surgelés dans les congélateurs, tant pour les clients que pour les employés.

Encadré 6.5 – La mesure du confort thermique

Le confort thermique est « l'état de satisfaction vis-à-vis de l'environnement thermique du sujet » que l'on observe si trois conditions physiologiques sont satisfaites :

- l'équilibre thermique entre le corps et son environnement ;
- l'état de thermo-neutralité physiologique : si le corps doit rester à 37 °C pour des raisons de survie, le confort thermique exige que les mécanismes de thermorégulation soient au repos (ni sudation, ni frissonnement) ;
- pas d'inconforts locaux (sol très chaud, paroi verticale froide à éviter par exemple).

On a défini des facteurs prépondérants pour caractériser le confort thermique : des paramètres physiques (la température de l'air, la température moyenne de rayonnement, la vitesse de l'air et l'hygrométrie) et des facteurs personnels (activité et habillement).

La norme ISO 7730 a établi des relations entre les conditions physiques et les réponses moyennes d'une population en terme de sensation thermique (PMV, Vote Moyen Prévisible – sur une échelle allant de « très froid » à « très chaud ») et en terme de confort thermique (PPD, Pourcentage Prévisible d'Insatisfaits).

Cette norme donne ainsi, dans des conditions de confort thermique, des valeurs indicatives de « température opératives » en fonction de l'habillement et de l'activité de l'individu qui sont censées être plus proches de la température ressentie que la simple température de l'air.

Ainsi, pour un travail de bureau sédentaire, la « température opérative » sera comprise entre 20 et 24 °C dans des conditions hivernales (période de chauffage) avec une tenue courante d'hiver ; elle sera entre 23 et 26 °C pour des conditions estivales avec une tenue légère d'été.

Les critères purement physiologiques, comme les températures corporelles et la température interne du corps, sont plus difficilement accessibles dans le cadre d'une démarche de caractérisation d'une ambiance.

De nombreux chercheurs remettent cependant en question l'universalité de ces travaux, notamment en ce qui concerne la définition du confort thermique. La neutralité liée au confort thermique serait plutôt associée à une indifférence vis-à-vis de l'ambiance et non pas à la satisfaction liée au « plaisir thermique ». Ils contestent également les préférences des individus qui seraient favorables à un environnement légèrement chaud plutôt que neutre (sur l'échelle PMV) (Humphreys et Hancock, 2006). Les études terrain donnent des résultats différents de ceux prévus par le modèle. Il est ainsi nécessaire d'appliquer avec prudence ces normes de confort thermique, d'autant plus qu'on sait que le contexte et l'historique influent assez sensiblement sur la perception thermique des ambiances et sur les attentes (Oseland, 1995 ; Chun *et al.*, 2008).

- *L'influence du contact avec les matériaux et objets du point de vente*

Les travaux traitant de cette question sont, là encore, très peu nombreux et étrangers à la gestion du point de vente. Deux courants de recherche sont pourtant à considérer : le premier s'intéresse à la manière d'appréhender différents matériaux ; le second s'intéresse à l'influence du contact avec des objets pouvant provoquer le dégoût.

Tous les matériaux ne sont pas perçus de la même manière. Ils peuvent à ce titre générer des réponses variables, au niveau cognitif (que connotent-ils ?), affectif (leur contact est-il agréable ?) et comportemental (attirent-ils ou repoussent-ils ?) (v. Encadré 6.6).

Encadré 6.6 – Douceur ou confort des textiles ?

Nombreux sont les paramètres tactiles qui contribuent à l'appréciation des textiles, que ce soit lors d'un contact direct avec la peau (vêtements, sièges, rideaux) ou indirect (sièges, tapis). Dans une situation de choix ou de découverte, les consommateurs procèdent à l'examen tactile de manière concomitante à l'examen visuel. L'information tactile, concernant notamment les propriétés de surface (lisse, collant…) et de structure (dur, rebondi…), peut alors l'emporter sur l'aspect visuel (Picard *et al.*, 2001 ; Cance, 2003).

En 2005, Adriant a mené une étude exploratoire auprès de 150 femmes afin de connaître les différences de perception et d'appréciation de textiles d'habillement. Une grande homogénéité est observée concernant l'évaluation des critères descriptifs tels que rêche – doux, froid – chaud, rugueux – lisse, souple – rigide et les femmes identifient de manière consensuelle jusqu'à cinq groupes de textiles. Par exemple, le lin est le plus rigide, suivi du coton ; le coton/lycra, le plus lisse, suivi du polyester… En revanche, l'appréciation du toucher est affaire personnelle. Un tiers des femmes préfèrent le toucher du lin et du coton/lin, puis du coton et du coton/lycra, suivi de la soie/lycra et détestent le toucher du polyester, qui est le plus apprécié des autres femmes… Alors, comment choisir les bons matériaux ? Il conviendra de considérer la cible et le positionnement. Par exemple, tel échantillon évoque un usage répété (transports en communs) et une forte solidité, tel autre évoque le luxe et la chaleur, l'association de telle granulosité associée à telle couleur correspond au concept de modernité visé.

Une étude montre en outre que l'inconfort induit par un vêtement (un pull en laine directement sur la peau) influence négativement la vigilance et la performance (Bell, Cardello, Schutz, 2003). Il conviendra donc de réfléchir au niveau de confort des matériaux auxquels on expose les clients (étagères, rideaux, sols…), ainsi qu'à celui des vêtements et chaussures que l'on impose aux employés.

On s'intéressera par ailleurs à une série de travaux initiés en psychologie et en anthropologie. Selon la « loi de contagion » (Tylor, 1974 ; *in* Morales et Fitzimons, 2007), lorsque deux entités entrent en contact, les individus tendent à penser que les propriétés fondamentales de ces entités peuvent se transmettre de l'une à l'autre, et ce, de manière permanente (« Once in Contact, Always in Contact », Frazer, 1959 ; *in* Morales et Fitzimons,

2007). Ainsi, les objets perçus comme dégoûtants (le plus souvent des substances animales, par nature ou par origine ; Rozin et Fallon, 1981 ; *in* Morales et Fitzimons, 2007) sont également perçus comme susceptibles de contaminer ce qu'ils touchent, même lorsque le caractère dégoûtant est totalement infondé et reconnu comme tel. Initialement censée décrire la pensée de cultures primitives, cette loi fut validée expérimentalement dans nos sociétés il y a quelques années. Par exemple, le fait, pour un verre de jus de fruit, d'avoir été en contact avec un cafard, même mort et stérilisé, ou factice et reconnu comme tel, ou pour un vêtement d'avoir été porté par une personne indésirable, même s'il a été soigneusement lavé, provoque le dégoût (Rozin, Millaman et Nemeroff, 1986 ; Rozin *et al.*, 1989 ; *in* Morales et Fitzimons, 2007). Le phénomène s'observe également lorsque le contact potentiellement contaminant est « perçu » et non direct, par exemple, lorsqu'un produit emballé touche un autre produit jugé modérément dégoûtant mais emballé lui aussi (Morales et Fitzimons, 2007). Or, le dégoût affecte négativement l'évaluation et provoque l'évitement. Ainsi, un consommateur chez qui on a provoqué le dégoût tend à penser, outre que l'objet est dégoûtant, que tout ce qui l'entoure est souillé. De ce fait, il évalue les produits du magasin comme étant moins chers, se débarrasse de ceux qui sont déjà en sa possession et évite d'en obtenir de nouveaux (Lerner, Small et Loewenstein, 2004 ; *in* Morales et Fitzimons, 2007). Bien que développés dans d'autres contextes que celui auquel ce chapitre s'intéresse, ces travaux suggèrent d'éviter toute forme de contact (directs ou à travers des vêtements) entre le client ou les vendeurs et des objets pouvant être perçus comme dégoûtants (même sans fondement).

Pour conclure, nous retiendrons que le toucher influence les réponses affectives, cognitives et comportementales des individus. Or, quantité d'expériences tactiles sont inhérentes aux points de vente. Ne pas les prendre en compte condamne à en subir les effets, neutres ou positifs dans le meilleur des cas, mais également négatifs.

Gérer l'expérience tactile des clients au sein du point de vente

En matière d'aménagement de points de vente, il est rare que les facteurs d'ambiance tactiles fassent l'objet de réelles préoccupations des décideurs. Tout au plus constituent-ils une des dimensions d'un concept de boutique global. En tout état de cause, ils sont bien plus souvent considérés d'un point de vue artistique que d'un point de vue marketing. Si les réalisations des designers sont sans conteste intéressantes et indispensables, elles doivent cependant répondre à un cahier des charges très précis en termes marketing et faire l'objet de tests qui permettront de valider l'option finalement retenue. Nous verrons ci-après comment décliner les objectifs marketing du point de vente en termes tactiles, et comment, ensuite, mettre en œuvre le projet d'aménagement du magasin.

La déclinaison tactile des objectifs du point de vente

C'est le positionnement du point de vente qui, en premier lieu, guidera l'orchestration des aspects tactiles, pris isolément, mais aussi, entre eux, et en relation avec les autres facteurs d'atmosphère. On s'interrogera donc sur le profil de la cible, ses attentes et motivations, ses freins, et, finalement, sur le positionnement souhaité. On réfléchira également aux objectifs de l'utilisation de la dimension tactile.

On devra ensuite recenser toutes les sources d'expériences tactiles déjà existantes au sein de la boutique. Une étude « qualitative » se prêtera bien à ce genre d'exercice. On pourra ainsi collecter la perception d'un petit nombre de consommateurs, au cours de réunions de groupe ou d'interviews en profondeur, ou au cours d'un « parcours commenté »[1] (Thibaud, 2001). L'observation en magasin pourra aussi contribuer grandement à ce recensement.

L'étape suivante consistera à désigner les expériences positives que l'on souhaite conserver, renforcer ou encore créer, et celles négatives à modifier ou définitivement supprimer. Les décideurs devront ici garder à l'esprit que chaque consommateur dispose d'une attention limitée et qu'il convient alors de viser le juste dosage de stimulations pour concentrer l'attention du consommateur sur les objectifs marketing prioritaires. Si on peut affirmer avec certitude que les zones d'inconfort, outre leur influence potentiellement négative, consomment inutilement le capital énergétique et attentionnel du client, on a cependant plus de mal à désigner le niveau optimal de stimulations positives.

1. L'enquêté décrit son expérience sensorielle tout au long d'un parcours donné dans l'espace à étudier.

Nous proposons ci-après de passer en revue les stimulations tactiles négatives et positives qu'il conviendra de considérer, en s'appuyant ou non sur les mécanismes d'intermodalité. Des exemples de réalisations innovantes de points de vente viendront illustrer nos propos.

➤ Supprimer ou modifier les expériences tactiles négatives

On peut de nouveau se référer au Tableau 6.1 pour définir les différentes possibilités d'expériences tactiles négatives, tant au niveau du point de vente que des efforts physiques à réaliser par le client, ou encore de la proximité avec d'autres personnes.

- *Les expériences tactiles négatives liées au point de vente*

Il conviendra bien sûr de proscrire le contact avec des matériaux perçus comme désagréables dont on a vu qu'ils pouvaient influencer négativement le client.

Le sol, par exemple, ne devra pas générer de désagrément particulier : il ne devra pas être accidenté pour ne pas gêner la marche, glissant pour ne pas être dangereux, ne pas être en pente pour ne pas ajouter d'effort supplémentaire au déplacement, froid si le client est susceptible d'y marcher pieds nus (dans un magasin de chaussures ou dans une cabine d'essayage, par exemple). Soulignant la fonction sécurisante des sols, Crunelle (2001) remarque que, en matière d'architecture, plus on s'approche du cœur du logis, plus les matériaux s'adoucissent, par opposition au désordre extérieur. Il s'agirait donc de disposer le corps de telle manière que le tact et les gestes soient les plus fluides possibles, les moins présents à l'esprit.

On évitera également au client d'avoir à entrer en contact avec des objets susceptibles d'être perçus comme dégoûtants. S'il convient de maintenir les lieux effectivement propres, certains matériaux ou lieux attirent naturellement la suspicion. Ainsi, le contact de la peau avec un tapis ou de la moquette, jugés comme étant nécessairement sales, est perçu comme non sécurisant (Crunelle, 1987). Il convient alors de ne pas heurter et/ou de rassurer le client. Par exemple, dans les toilettes, une étude menée en décembre 2004 par ADP Aéroports de Paris et l'Ifop a montré que 94 % des femmes interrogées étaient satisfaites ou très satisfaites de la mise à disposition d'un distributeur de protège-cuvette. De même, on fera en sorte que les vendeurs ne manipulent pas des objets susceptibles de provoquer le dégoût, même si ce dernier est infondé et reconnu comme tel par le client, et même si le vendeur porte des gants. Lorsque la manipulation ne peut avoir lieu qu'en présence du client (par exemple, vider un poisson au rayon poissonnerie), il sera préférable d'adopter des gants opaques qui réduisent le sentiment de contagion (Morales et Fitzimons, 2007).

On devra également s'interroger sur les températures pouvant être jugées trop froides dans les rayons frais ou surgelés ou trop chaudes au-dessous du rideau d'air chaud disposé au-dessus de la porte d'entrée. Il s'agit là cependant d'un véritable casse-tête technique. Comment, en effet, limiter la zone froide aux réfrigérateurs ou congélateurs en l'absence de portes (qu'on a par ailleurs voulues supprimer pour permettre une manipulation plus facile des produits) ? Comment également préserver une température ambiante constante et ne pas laisser s'introduire de courants d'air froid au sein du point de vente en l'absence de rideau d'air chaud ? Il est par ailleurs aussi difficile de définir la température idéale dans les différentes zones des magasins. Par exemple, dans les cabines d'essayage, en hiver, il doit faire suffisamment chaud pour que le client puisse se déshabiller sans désagrément. Mais qu'en est-il en fin d'été, lorsque les clients peuvent être amenés à essayer aussi bien un maillot de bain qu'un pull-over en laine pour l'hiver suivant ? On constate que la définition d'une température optimale, confortable pour le client, n'est pas chose aisée (v. Encadré 6.5). Pour guider les concepteurs, on pourra se référer aux normes en vigueur dans le domaine de l'ergonomie des ambiances thermiques (notamment, la norme ISO 11399, 2001). Mais si ces « guides » permettront d'éviter de générer des inconforts thermiques sur le lieu de vente, la définition d'une ambiance thermique en tant que source « d'activité instrumentale ou de plaisir thermique (autotélique) » devra faire l'objet de travaux complémentaires.

- *Les expériences tactiles négatives liées à l'effort physique que le client doit produire*

On distinguera ici les efforts relatifs aux déplacements, à l'accès aux produits et à la charge à porter.

Voilà longtemps que des escalators ou des ascenseurs sont venus équiper les bâtiments à plusieurs niveaux. On s'est également intéressé à la taille des espaces de circulation, de même qu'à la hauteur excessive de certains rayonnages. Auchan, par exemple, a baissé la hauteur de ses linéaires. Si l'objectif était avant tout visuel, donnant l'impression d'un espace plus ouvert, cela évite également au client d'avoir parfois à réaliser des figures acrobatiques peu confortables pour pouvoir s'emparer du produit le plus haut. Dans le même esprit, on pourrait aussi réduire la profondeur des étagères basses qui contraignent le client à s'accroupir, voire se mettre à genoux lorsque l'approvisionnement est limité. Il conviendra enfin de donner la possibilité de s'asseoir, notamment dans les moments d'attente du client ou de celui qui l'accompagne.

Malgré un souci permanent de rentabilisation de l'espace, nombreux sont les magasins qui ont traqué la plupart de ces sources d'inconfort, pour partie au moins. Certains, comme EDF Bleu Ciel (v. Encadré 6.7), sont allés jusqu'à intégrer, dès la phase de conception, la diversité des situations de gêne que peuvent rencontrer les clients au sein de leurs boutiques.

Encadré 6.7 – EDF Bleu Ciel et le « Design for All »

Fin 2008, EDF Bleu Ciel implanta de nouvelles boutiques dans les villes de Bordeaux, Dijon, Lyon, Nantes, Nice et Tourcoing. Conçu selon la démarche « Design for All[1] », le réseau Bleu Ciel est destiné à accueillir tous les usagers, en intégrant l'ensemble des difficultés auxquelles certains d'entre eux peuvent être confrontés (handicap temporaire ou permanent, objets encombrants...). Les produits, services et environnements de ces boutiques ont ainsi été adaptés dès leur conception, permettant d'assurer l'autonomie de chacun et l'égalité de traitement. C'est dans cette perspective que l'on opta notamment pour un espace bien dégagé et facilement lisible, de vastes zones dédiées à la circulation, des présentoirs à hauteur adaptée à tous (notamment aux personnes assises dans un fauteuil roulant) et du mobilier évolutif et ergonomique, résultant notamment d'études anthropométriques.

1. Le « Design for All » (ou « Conception pour Tous ») est une « stratégie et une philosophie d'ensemble qui vise à offrir à tout un chacun les mêmes opportunités pour s'insérer dans la vie moderne. Cela signifie que nos infrastructures, nos produits et nos services sont planifiés et conçus de façon telle que tout le monde puisse y participer sans distinction d'âge ou de capacité physique » (« Danish Center of Accessibility », *in* Kofoed, Storgaard et Jansen, 2003). L'objectif est de permettre la diversité (élargir au maximum le nombre de gens susceptibles d'utiliser un produit ou un service sans aménagement particulier et sans aide), la non-discrimination (trouver des solutions qui ne mettent pas en valeur les incapacités), l'autonomie (viser une utilisation sans aide), la compatibilité avec l'aide technique (solutions qui n'entravent pas l'utilisation des aides techniques spécifiques au handicap) (Siekierski, Macias, Sarrazin, 2009).

La charge à porter par le client a pour sa part retenue la plus grande attention. Ainsi, avant les mesures de sécurité mises en place aujourd'hui dans tous les espaces publics, la consigne permettait au client de se délester des charges lourdes ou encombrantes avec lesquelles il arrivait dans le magasin, lui donnant ainsi tout loisir de circuler aisément et de manipuler les produits présentés. Pour qui a déjà expérimenté le shopping avec un enfant en bas âge aux bras, le confort d'un coin garderie à l'entrée du magasin, comme celui que propose Ikéa depuis une vingtaine d'années, est également incontestable. Certains Leclerc ont aussi équipé leurs caddies d'un système de siège pouvant accueillir des enfants de 0 à 12 mois. Mais c'est surtout dans le transport des marchandises achetées sur place que les efforts sont opérés actuellement. L'objectif est d'éviter au client d'avoir à transporter et/ou manipuler les produits, particulièrement lorsqu'ils sont lourds et encombrants. Si voilà bien longtemps que le caddie est apparu dans les grandes surfaces, on réfléchit depuis peu à la manipulation de cet ustensile qui ne remplit pas toujours les conditions de confort optimales (matériaux et hauteur de la poignée, vibrations, facilité de conduite). On trouve également bien d'autres idées chez les distributeurs. Par exemple, chez Sainsburry à Londres, un système de « chariot à panier » permet de pousser deux paniers de courses dans le magasin, ce qui évite d'arrêter son shopping lorsque le panier est jugé trop lourd. De même, Monoprix prête contre caution des paniers à roulettes qui permettent au client de faire ses courses et de les transporter jusqu'à son domicile (il faut ensuite revenir rendre le chariot au magasin pour récupérer sa caution). Certaines enseignes américaines comme Wall Mart ont même prévu des voiturettes-caddie au volant desquelles les clients à mobilité réduite peuvent circuler dans les rayons. Certaines marques produit ont également réfléchi à la question. Par exemple, on peut souligner l'innovation d'Evian qui, au moyen d'un code-barres autocollant, évite au consommateur de sortir le pack de bouteilles de son caddie pour le poser sur le tapis de caisse. Mais le service majeur qui supprime définitivement le désagrément des courses à transporter réside toutefois dans le système de livraisons, directement à domicile ou dans le coffre de son véhicule, après commande sur Internet, en magasin ou sur une borne à l'entrée du parking du point de vente. Une autre innovation, rencontrée chez CBS Wholesale, aux États-Unis, consiste à donner la possibilité au client de scanner les produits qu'il souhaite dans le rayon « Vos courses en un clin d'œil », une espèce de show-room des produits qui ne nécessitent pas d'être manipulés pour être choisis, et de les retrouver en caisse à la fin de ses courses.

- *Les expériences tactiles négatives liées à la proximité avec d'autres personnes*

Si l'on considère que le contact interpersonnel avec un autre client peut d'une part être perçu comme une intrusion dans son espace intime (Erceau et Guéguen, 2007), et d'autre part affecter l'évaluation du point de vente via un éventuel dégoût (Morales et Fitzsimons, 2007), il conviendra de prévoir des zones de circulation suffisamment larges pour que les clients puissent circuler confortablement. Nous renverrons ici au chapitre sur la gestion de l'affluence.

➤ Conserver, renforcer et créer des expériences tactiles positives

Une fois le point de vente débarrassé des sources d'expériences tactiles négatives, il faudra éventuellement reconstruire un univers tactile positif. Nous reviendrons sur deux des objectifs qui peuvent sous-tendre le toucher : la collecte d'informations et la recherche de plaisir.

- *Des expériences tactiles positives sources d'informations*

Le toucher, instrument de positionnement

On peut considérer la dimension tactile du point de vente comme un instrument de positionnement, au même titre que la vitrine ou la couleur des murs. Plusieurs éléments du magasin pourront communiquer cette image.

Ainsi, si la porte d'entrée ne doit normalement pas demander trop d'effort au client pour être ouverte, on peut s'interroger sur l'image qu'une porte trop légère pourrait donner à un magasin de luxe. Sans doute qu'une grosse porte tourniquet conviendra mieux dans ce cas, ne demandant pas d'effort excessif pour être manipulée tout en permettant au client d'en mesurer le poids.

De la même manière, les grands hôtels signalent leur richesse en disposant un tapis épais dès la porte d'entrée. « Dérouler le tapis rouge » demeure parmi les marques les plus élevées d'estime et de confort.

Si le positionnement résulte pour la plupart du temps d'une combinaison savamment orchestrée d'un ensemble d'éléments, deux points de vente ont récemment travaillé la dimension tactile en particulier.

Ainsi, Phildar a décidé il y a quelques années de rajeunir son image. Avec l'aide du cabinet Intérieur Design, le magasin de 180 mètres carrés du centre commercial Evry 2 (banlieue parisienne) a été réaménagé en sorte d'exprimer la douceur laineuse, associée à l'idée de nid et de protection. L'espace a été conçu pour être le plus arrondi possible, les armoires en bois cérusé ont un relief doux au toucher et au regard, et le kiosque contenant les pelotes de laine a été remis au cœur du magasin, pour restituer chaleur et générosité à l'ensemble (Le Bellego, 2004). Princesse tam.tam a également revu les cabines d'essayage de ses magasins avec une approche similaire (v. Encadré 6.8).

Encadré 6.8 – Les cabines d'essayage de Princesse tam.tam

En 2002, les boutiques de lingerie féminine Princesse tam.tam ont été rénovées. Les cabines d'essayage ont fait l'objet d'une attention particulière. L'objectif était avant tout de travailler l'espace en relation avec le repositionnement de la marque :

- esthétique, ancré dans l'univers de la créativité et de la mode ;
- intimité, coin très personnel, chambre-dressing et non plus chambre d'enfant ;
- décalé, humour, mais très chic, gourmand et sensuel.

Les cabines d'essayage ont donc été conçues comme un « boudoir moderne ». Lourds et longs rideaux de velours rose vif, cabines capitonnées et poufs velours rose, tapis rose particulièrement épais évoquent la douceur, le confort et les valeurs de la marque.

Aucune étude préalable n'avait pourtant été menée. La couleur rose fuchsia a même été choisie en dépit du fait qu'elle puisse dénaturer quelque peu les couleurs des produits. C'est l'intuition qui a prévalu.

Globalement, depuis la mise en place du nouveau concept boutique, les chiffres et la fidélité des clients sont à la hausse. Les responsables de boutiques rapportent que les clientes parlent spontanément des cabines et de l'agréable surprise qu'elles suscitent.

Le toucher pour guider dans l'espace

De nombreux dispositifs podotactiles, composés de petits plots collés en quinconce sur le sol, équipent déjà les lieux publics pour éveiller la vigilance des personnes malvoyantes en bordure de quais ferroviaires ou au droit des traversées de chaussées. Au-delà de cet objectif, on remarque que peu de personnes – voyants y compris – stationnent ou circulent sur ces zones, plutôt inconfortables. Ces dernières peuvent donc être utilisées pour guider le cheminement des clients, comme, par exemple, dans les couloirs de l'aéroport d'Orlando, en sorte d'éviter que les voyageurs ne dégradent les murs. Crunelle (2001) rapporte que « les pas suivent automatiquement la surface lisse. Si on s'approche des murs, ce très léger relief a pour effet de nous renvoyer vers la surface unie, pas forcément la plus courte, mais plus facile à la marche. Mieux, les valises à roulettes.../... se mettent à trembler, à faire du bruit en quittant la surface lisse avant de cogner les murs ». Jusqu'ici envisagés comme des outils de dissuasion, de tels dispositifs peuvent aussi constituer un moyen d'encourager, voire de faciliter le passage à un endroit précis. EDF Bleu Ciel a ainsi équipé les sols de ses nouvelles boutiques de dispositifs podotactiles non désagréables qui, dans une perspective de « Design for All » (v. Encadré 6.7), ont vocation à orienter les visiteurs – malvoyants ou non – vers l'accueil.

Le toucher, source d'informations sur les produits

Nous avons vu combien la possibilité de manipuler le produit améliore les réponses affectives, cognitives et comportementales des clients, surtout lorsque la matière du produit est un élément important pour le consommateur.

Globalement, l'avènement du libre-service a permis un meilleur accès aux produits. Les produits nécessitant manipulation pour être évalués sont le plus souvent accessibles et peu conditionnés, permettant au client d'acquérir l'information qualitative nécessaire à sa prise de décision (maquillage, vêtements, linge de maison...).

Longtemps limitée à la grande distribution, la tendance commence à s'observer dans des points de vente plus haut de gamme. Certes, on peut se demander si, ainsi mis à la portée de tous, de tels produits ne perdent pas une part de leur valeur aux yeux des clients. C'est en tout cas ce que l'on s'est demandé chez Nature & Découvertes lorsque, pour favoriser « l'interactivité » chère à l'enseigne, les objets coûteux tels que GPS ou jumelles ont quitté leur vitrine. Si la question est légitime, nombreuses sont les boutiques, dont Nature & Découvertes, qui ont pris le parti du libre accès. À Lyon, dans l'espace I-Way dédié au monde de l'automobile, bijoux, lunettes, sacs et autres produits « Porsche Design » sont entièrement accessibles et manipulables (Sinopoli, 2009).

Il en est de même de marques de produits dont les fonctionnalités ne peuvent être découvertes qu'à la manipulation. Voilà quelques années déjà que les Swatch Stores ont mis toutes leurs montres à disposition sur une paroi verticale à laquelle n'est attachée que la boucle du bracelet. Cela permet d'essayer la montre sur son poignet, mais aussi, de découvrir les fonctions des différents modèles, comme par exemple, celles de la Swatch Touch qui peuvent être activées par un léger toucher du verre. On citera également les *concept stores* comme celui d'Apple (sur la 5e Avenue à New-York), SFR (Le Studio SFR à Paris) ou Orange (dont les premiers d'une série de douze viennent d'ouvrir à Bordeaux et sur les Champs-Élysées à Paris ; Redbstock-Pouilly, 2009), où tout est fait pour que le visiteur manipule, utilise et s'approprie les innovations, depuis l'accès libre jusqu'aux séances gratuites de formation, pédagogie indispensable à la conquête de profils jusque-là réfractaires, mais aussi à la fidélisation de clients maladroits... De la manipulation des produits à celle des services, il n'y avait qu'un pas... que quelques entreprises on franchit beaucoup plus récemment. Ainsi, dans les toutes nouvelles boutiques EDF Bleu Ciel (v. Encadré 6.7), on vient de matérialiser l'offre de service au travers de packagings tangibles disponibles en libre-service.

En magasin toutefois, le rendu tactile peut être très différent de celui expérimenté dans des conditions réelles d'utilisation. La sensibilité au vol de certains produits nécessite un appareillage (antivol, système d'attache) et, parfois, le retrait de certains éléments (notamment, des batteries) qui peut changer ce rendu (et, dans le cas du retrait de batterie, empêcher d'expérimenter les fonctions du produit). Si certains magasins ont choisi d'éviter les antivols sur les produits (au moins partiellement dans la boutique de l'espace I-Way) et/ou de ne retirer aucun élément des produits mis à disposition (par exemple, les *concept stores* Apple, SFR et Orange), de nombreuses études sont menées par ailleurs pour tester des dispositifs d'alarme plus discrets et des systèmes de lestage adaptés (v. Encadré 6.9).

Encadré 6.9 – Comment présenter des téléphones portables en magasin ?

Ayant pour vocation d'assister les entreprises dans la réalisation d'études consommateurs et polysensorielles, Eurosyn a réalisé de nombreuses applications industrielles sur la mesure des sensations tactiles de produits : toucher d'emballages cosmétiques et alimentaires, de crèmes, d'équipements d'habitacles automobiles, confort d'assise, signature tactile de produits de grande consommation comme les briquets, stylos et rasoirs, études sur les textiles, lessives et adoucissants.

Si l'intérêt porté à l'importance du toucher sur le lieu de vente est plus récent et demeure jusqu'à présent marginal, en 1999, une étude a été réalisée avec un constructeur de GSM pour améliorer la présentation des téléphones portables en magasin.

Le téléphone portable est choisi sur des critères qualitatifs qui mettent en œuvre un processus de séduction. Les clients obéissent à une logique de l'ordre du sensible, de la qualité perçue. Après l'impact visuel, une nouvelle forme de séduction enchérit la panoplie des produits : le toucher. Quand le consommateur touche un téléphone portable en rayon, il se fait une opinion des performances qu'il perçoit : sensations de solidité, usage facile, bonne qualité... Les contraintes de vols et de dégradation du matériel en magasin ont nécessité d'adopter certaines formes de présentation qui peuvent entraîner un décalage avec la perception réelle du produit, voire une dégradation des qualités sensorielles. Les produits ne peuvent, en effet, être réellement utilisés et sont très souvent présentés sans leur batterie, ce qui modifie sensiblement le confort de prise en main de l'objet et plus globalement, la perception générale de l'objet ; ceci est d'autant plus vrai que, compte tenu de la miniaturisation des GSM, la batterie constitue la majeure partie du poids du produit. Autre difficulté, les systèmes d'alarme (câbles reliant le portable au linéaire) peuvent modifier l'équilibre du téléphone en main et entraînent un inconfort pour le client. Enfin, à force d'être essayés et touchés, les clapets de fermeture s'usent et les portables se salissent, dégradant, de fait, la perception des produits.

L'objectif du constructeur était de tester auprès d'une population large plusieurs aménagements de linéaires visant à maintenir un niveau de qualité sensorielle satisfaisant sur ces produits et faire des propositions aux distributeurs. Ont alors été conçues huit maquettes combinant notamment différents systèmes d'accroche des portables au panneau (poids et longueur du lien) et un lestage des téléphones pour suppléer l'absence des batteries. Ces maquettes ont ensuite été évaluées à différentes hauteurs et positions par 120 personnes, d'âge, de sexe et de taille différents.

Ayant permis de quantifier chacun des critères d'appréciation, les traitements statistiques ont permis au constructeur de sélectionner les solutions les plus pertinentes.

Il est par ailleurs certains produits dont les conditions d'utilisation peuvent être difficilement reproduites en magasin. Là encore, les marques ne renoncent pas. Ainsi, Swissflex, marque de literie, propose chez tous ses distributeurs d'essayer ses sommiers, matelas et oreillers au sein d'un espace de démonstration, spécialement aménagé. Si cette option est appréciable, nous sommes encore loin d'une nuit de sommeil dans les conditions habituelles d'utilisation (linge de lit, température ambiante, personne partageant le lit). C'est sans doute la raison pour laquelle Ikéa propose de prolonger l'essai pendant 90 jours à son domicile. De son côté, après avoir équipé quelques-uns de ses magasins de simulateurs de golf ou de pêche, Décathlon vient d'ouvrir deux magasins d'un nouveau genre. Le premier, 950 m^2 situés en Midi-Pyrénées, propose simulateurs de golf, pêche et vélo, pistes couvertes de gros cailloux, tapis de jogging pour que le client puisse tester respectivement clubs, cannes et moulinets, chaussures de marche ou de running… Le second, le « Geologic Village », est un bâtiment de 6 000 m^2, construit au milieu d'un site de 18 hectares en Aquitaine où l'on peut tester tout le matériel de chasse et pêche en situation réelle.

On peut enfin s'interroger sur les moyens mis à la disposition de la vente à distance. Bruno Sempéré, chef du département Étude et marketing produit des 3 Suisses (2000) suggère que : « en vente à distance, exprimer le toucher est un moyen de compenser la distance, puisque le client est dans l'impossibilité de toucher le produit ». Plusieurs limites sont cependant à mentionner. En premier lieu, si les experts et les novices ont la même représentation perceptive, ils ont une plus grande capacité de verbalisation et de discrimination. Ils tendent par ailleurs à utiliser plus de termes à connotation technique (Soufflet, Calonnier, Dacremont ; 2004). Il faudra donc prendre garde à utiliser le vocabulaire du consommateur. En second lieu, nous avons vu que les descriptions tactiles verbales ou les photos ne compensent pas l'absence d'expérience tactile pour des produits dont la matière est un critère décisif et/ou pour des clients à fort « besoin de toucher », cherchant le plaisir dans la manipulation. C'est sans doute la raison pour laquelle La Redoute, par exemple, propose au client de venir « toucher et essayer » une sélection de la collection dans les Rendez-Vous Catalogue ou dans un de ses 22 magasins. Pour sa part, Matelsom, marque de literies distribuée exclusivement sur Internet, propose des descriptifs tactiles complets, mais aussi un questionnaire visant à établir les attentes, préférences et habitudes du client en matière de sommeil pour pouvoir lui proposer in fine la literie correspondant à son profil. La marque propose en outre l'essai de la literie livrée pendant 15 jours avant achat définitif.

• *Des expériences tactiles sources de plaisir*

Il ne faut pas négliger le caractère plaisant que peut prendre la manipulation sur le point de vente, d'un produit comme une sculpture, un vêtement ou un objet particulier. On peut notamment citer le plaisir et la fierté liés à l'ouverture de certains briquets de grandes marques qui nécessitent un geste particulier (et rarement maîtrisé !). Il est à supposer que, seule la manipulation du produit permet d'accéder au plaisir du geste « ultime » et au bruit qui lui est associé.

On rappellera également que toutes les matières agréables du point de vente peuvent aussi contribuer à ce plaisir : la douceur du sol sous les pas, celle des rideaux de la cabine d'essayage. Crunelle (1987) montre que, pour une large majorité d'individus (80 % d'un échantillon interrogé), la main courante de la rampe d'escalier est synonyme de « plaisir », « fort », « généreux », « bon », « positif » et « harmonieux ».

Au demeurant, il est certain que, dans le domaine de l'hôtellerie, de la restauration ou des transports, ou encore dans les salles de spectacle, ce type d'expérience prend encore bien plus d'importance. Au restaurant, si le tissu de la nappe et des serviettes, le verre ou les couverts informent le client sur le positionnement de l'établissement, ils contribuent aussi largement au plaisir de chaque geste. De la même manière, la chambre d'hôtel est source de multiples expériences tactiles auxquelles le client n'est pas insensible. Crunelle (2001) rappelle que, dans le langage populaire, le vocabulaire utilisé pour désigner la chambre fait référence à des matières douces et confortables (« un nid douillet », le « plumard », « se plumer » pour se coucher...). Il est vrai que c'est là où la plus grande surface cutanée est en contact avec les matières : les draps, les couettes, le lit... C'est là également que l'ambiance thermique doit être des plus agréables. Préoccupé depuis fort longtemps par le caractère sensoriel de ses prestations, le groupe Accor vient encore d'améliorer le confort des chambres Sofitel dans ce sens (v. Encadré 6.10).

Encadré 6.10 – Sofitel et les chambres techno-sensorielles

Voilà plus d'une dizaine d'années maintenant qu'Accor a conçu une chambre « sensorielle » test dans le but d'accroître le confort du client. On y étudia le symbolisme des formes et couleurs, de même que l'ambiance olfactive (huit parfums au choix), sonore (quatre radios, lecteur de CD) ou lumineuse... Pour que le client puisse s'approprier l'espace, on installa un écran tactile en tête de lit, lui permettant, sans se lever, de tout contrôler, jusqu'à l'ouverture des rideaux. Enfin, on s'intéressa aux matières qui, devant connoter le confort, le bien être, et la nature, sans être pour autant d'un luxe trop ostensible, devaient toutes avoir un certain relief. Par exemple, la méridienne fut revêtue de laine et les murs de la salle de bains de verre poli, le lavabo fut taillé au laser dans une pierre, et les panneaux visant à occulter la lumière furent fabriqués dans du poirier tressé, à la fois doux, soyeux et non lisse (la tresse fait ressortir le bois). Le linge fut également l'objet de recherches quant au grammage idéal des serviettes de bain afin qu'elles connotent à la fois le luxe et un aspect douillet. Il en est de même pour les chaussons mis à disposition du client, travaillés pour être extrêmement confortables. Enfin, outre une baignoire traditionnelle, la salle de bains proposait une douche tropicale !

À la suite des tests menés dans cette chambre expérimentale, les hôtels Sofitel se sont équipés d'un ensemble de chambres « techno-sensorielles » où l'on a, en outre, travaillé l'ambiance thermique et le confort de couchage. Un nouveau concept de lit est alors né, le concept My Bed : plus grand, d'aspect douillet, agrémenté de gros coussins, il est en réalité équipé d'un sur-matelas qui, d'une épaisseur de dix centimètres en plumettes et en duvet non allergisants, le dote de propriétés thermorégulatrices. Si confortable, que, sous la pression de clients convaincus, le lit (et autres accessoires) a fini par être commercialisé (www.soboutique.com)...

D'autres sensations tactiles plaisantes peuvent encore être proposées au client sur le point de vente : les massages et autres soins du corps. Pendant longtemps l'apanage des instituts de beauté ou des cabinets de kinésithérapeutes, les massages sont aujourd'hui proposés un peu partout, pour agrémenter un moment de shopping ou un déplacement : au Printemps de l'Homme ou dans la boutique Élan Nature à Paris, dans les salons Air France ou Cathay Pacific à Hong Kong, et même dans le train (iD-TGV Zen). Certains grands magasins vont jusqu'à ouvrir des spas, comme le Phytomer des Galeries Lafayette.

➤ Exploiter l'intermodalité

Certains systèmes sensoriels sont plus performants que d'autres pour accéder à des propriétés particulières des évènements et des objets. Par exemple, la vision permet d'accéder plus facilement aux formes et à la couleur, tandis que le toucher est plus pertinent pour appréhender les matières. Notre quotidien repose cependant sur l'utilisation simultanée et interactive de l'ensemble de nos sens. Ce caractère multimodal des échanges entre l'individu et son environnement, qu'il soit conscient ou non, peut être exploité lors de l'aménagement du point de vente.

On identifie quatre types de mécanismes multimodaux (Streri, 2003) :

- **Le transfert intermodal** intervient lorsqu'une information prélevée par un sens en phase d'encodage est utilisée par un autre sens en phase de décodage. Par exemple, saisir un objet dans l'obscurité permet de l'identifier et le reconnaître visuellement une fois la lumière revenue. C'est sur ce mécanisme de substitution sensorielle que repose l'efficacité des dispositifs podotactiles destinés à éveiller l'attention des aveugles et malvoyants à l'approche d'une zone dangereuse. Au niveau d'un point de vente, le transfert intermodal peut permettre, par exemple, de communiquer la douceur par la simple vision, sans que le client ait à toucher. Ainsi, dans les cabines d'essayage des boutiques Princesse tam.tam, du fait des correspondances visiotactiles stockées en mémoire, il n'est pas nécessaire de toucher le rideau de velours pour en percevoir la douceur, ni le capitonnage des cabines pour en appréhender le moelleux.
- **L'intégration complémentaire** permet pour sa part de préserver l'unité de l'objet lorsque plusieurs sens appréhendent simultanément des propriétés distinctes de cet objet. Ainsi, au sein d'une boutique, la musique, la couleur des murs, et la dimension tactile des matériaux donnent, sous réserve d'un minimum de cohérence entre eux, une image unique de l'enseigne. C'est ainsi que tous les facteurs d'atmosphère peuvent se combiner pour donner un message unique harmonieux.
- **L'intégration redondante** apparaît lorsque plusieurs sens accèdent simultanément aux mêmes propriétés de l'objet. Si la redondance peut sembler à priori inutile, plusieurs études ont montré que cela peut faciliter (et accélérer) la compréhension et la prise de décision (Schifferstein et Desmet, 2008). Ainsi, la vision et le toucher permet-

tent tous deux de percevoir les aspects tactiles de la matière, même si le toucher est plus fin dans cette appréhension. Au sein d'une boutique, permettant de renforcer ce qui peut être vu, la manipulation est de nature à rassurer le client et à enrichir son expérience.

- **Des conflits perceptifs** peuvent apparaître lorsque l'information collectée par un sens n'est pas en cohérence avec celle collectée par un ou plusieurs autres, ce que bien des matériaux du marché permettent aujourd'hui : par exemple, on peut donner un aspect ondulé à une surface pourtant totalement lisse au toucher ou mouillé à quelque chose de sec. L'incongruité alors perçue est source de surprise, qui peut revêtir un caractère négatif ou positif selon les cas. Trop forte, elle peut altérer la compréhension du client qui se trouve alors déstabilisé et frustré. Elle peut également constituer un indicateur de risque, notamment pour la santé lorsque l'objet est intimement lié au corps (l'ingestion d'un aliment incongru est rarement source d'émotions positives). Dans tous les autres cas cependant, l'incongruité entre plusieurs modalités sensorielles semble être source d'intérêt ou d'amusement et ainsi constituer une idée à exploiter dans le point de vente. On pensera notamment aux incongruités visiotactiles qu'une récente étude (Ludden, Schifferstein et Hekkert, à paraître) identifie comme les plus fréquemment perçues dans la vie courante des individus (par exemple, un matériau souple alors qu'il semble dur, une surface sèche alors qu'elle semble mouillée...).

Une fois achevée la déclinaison tactile des objectifs du point de vente, il conviendra de mettre en œuvre le projet.

Mettre en œuvre le projet

L'aménagement du magasin d'un point de vue tactile nécessite, d'une part, d'identifier les matériaux et objets qui pourraient correspondre au cahier des charges préalablement dressé et, d'autre part, de mesurer la pertinence de chacun d'eux pour pouvoir, in fine, procéder au choix.

Le défi essentiel résidera cependant dans la capacité des divers acteurs impliqués à communiquer entre eux : services marketing, designers, ingénieurs matériaux, fournisseurs et consommateurs devront disposer d'outils leur permettant de décrire les sensations tactiles existantes ou à créer. Il pourra s'agir d'outils verbaux, tels qu'une terminologie standardisée, complétée ou non d'échantillons à valeur d'exemple (v. encadré 6.11). Plus simple, on pourra envisager des outils non verbaux, supports physiques plus ou moins formels tels que collages, contact sensible avec des échantillons (notamment ceux mis à disposition par les matériauthèques)...

Encadré 6.11 – Le Sensotact® (Quinte & Sens)

Le Sensotact est un référentiel tactile élaboré par Renault et commercialisé par Quinte & Sens, agence de marketing polysensoriel.

Dix descripteurs et quatre-vingts références relatifs aux trois premiers mouvements décrits par Lederman et Klatzky (1993 ; v. Encadré 6.3) constituent un alphabet tactile permettant de définir différentes sensations tactiles.

Le Sensotact est donc un outil de communication permettant à des individus de nationalités (et de culture) différentes ou de formations différentes (designers, fournisseurs, consommateurs) de communiquer entre eux avec un langage unique. Il est à ce titre également un outil de formation à l'analyse tactile de matériaux. Il permettra également de référencer des produits en fonction de leurs caractéristiques tactiles.

➤ L'identification des matériaux et objets

Cette phase exige avant tout une curiosité constante visant à aiguiser sa sensibilité sensorielle et à collectionner des objets aux propriétés tactiles variées. Outre ce travail personnel recommandé par Schifferstein et Desmet (2008), on pourra s'appuyer sur deux autres sources d'inspiration : les « matériauthèques » et les bureaux de style.

Les premières sont en quelque sorte des bibliothèques de matériaux. On y trouve un échantillon de tout ce que propose le marché, innovations comprises, ainsi les références des fabricants, les procédés de fabrication, et des échantillons. Généralistes ou spécialisées, ces matériauthèques se développent dans de nombreux domaines : citons « Material Connexion » aux États-Unis, ou, en France, « materiO », et « l'Innovathèque » de l'institut technologique FCBA qui intègre des aspects visuels ou tactiles.

Les bureaux de style proposent, pour leur part, des cahiers de tendance dans lesquels sont présentées les tendances actuelles et à venir en matière de décoration ou de mode. Agrémentés de nombreux dessins et de références à des matériaux divers, ces véritables « tapis d'éveil » constituent aussi un précieux outil pour les concepteurs (v. Encadré 6.12).

Encadré 6.12 – Les cahiers de tendance Carlin

Historiquement lié à l'explosion du marché du prêt-à-porter et des biens d'équipement de la personne, le métier du bureau de style permet aux industriels et aux marques d'anticiper les phénomènes de mode, d'analyser la durée et le rythme de vie des tendances entre mouvements éphémères et orientations durables. Carlin International est l'agence de prospective et de création qui, de façon unique, associe le style et le design au marketing et à la communication.

Chaque saison, l'agence propose des cahiers de tendance qui, conçus 18 mois à 2 ans à l'avance, permettent d'anticiper les comportements émergents, amorcer des pistes créatives, créer des atmosphères en phase avec l'esprit de la saison. Ces cahiers constituent des banques de données complètes avec couleur, matières, motifs et graphismes, mots-clefs, textes et créations exclusives. Des échantillons de matières – pour certains de véritables prototypes illustrant des techniques innovantes – permettent en outre de concrétiser l'idée, de la donner à voir et à toucher.

Design et décoration d'intérieur, prêt-à-porter, sportswear ou lingerie... Au total 18 cahiers spécialisés sont édités chaque saison : outre les stylistes, rodés à l'usage des cahiers de tendances, Carlin International s'adresse maintenant aux décideurs d'autres secteurs comme les cosmétiques, l'électronique grand public, l'automobile, l'agroalimentaire... Et depuis 2004, un cahier de tendances de communication concerne également les nouveaux imaginaires de consommation.

Une fois un ensemble de matériaux et objets pressentis, il s'agira de faire un choix, au regard de tests divers que l'on pourra mettre en œuvre.

➤ Mesurer comment les matériaux et objets retenus répondent au cahier des charges et choisir

Les matériaux et objets retenus devront répondre au cahier des charges d'un point de vue strictement technique d'une part, et utilitaire, hédonique et symbolique d'autre part. Il conviendra donc de tester les différentes options déjà existantes sur le marché ou à l'état de prototype. Dans le cas d'une innovation, de nouveaux logiciels tels que FreeForm (www.sensable.com) permettront de concevoir des prototypes virtuels, incluant forme et texture, sur lesquels les différents acteurs à impliquer pourront également s'exprimer (Schifferstein et Desmet, 2008).

L'analyse sensorielle permettra tout d'abord de mesurer le plus objectivement possible les sensations tactiles véhiculées par l'objet. L'ergonomie consistera pour sa part à étudier le geste en situation réelle d'utilisation. Enfin, les études consommateurs mesureront les perceptions en termes utilitaire, hédonique et symbolique. Il ne s'agit pas ici de s'étendre sur chacune de ces méthodes qui ne sont pas spécifiques à l'étude de la dimension tactile des points de vente. En revanche, on verra combien ces trois types de méthodes peuvent être combinés pour permettre de mesurer si les matériaux et objets retenus conviennent aux objectifs de l'aménagement de la boutique (Giboreau, Garrel, Nicod, 2004).

L'analyse sensorielle est un ensemble de techniques destinées à mesurer les caractéristiques sensorielles d'un produit telles qu'elles sont perçues par l'être humain. L'objectif est de comprendre quelles caractéristiques sont susceptibles de modifier les perceptions tactiles et, in fine, la préférence. Assurée par un panel expert de sujets entraînés et « normés », elle conduit à une mesure dite « objective » et s'oppose (ou complète) en cela aux données issues de tests consommateurs décrits ci-dessous. Initialement développée dans les années trente pour l'industrie agroalimentaire, la méthode n'a été appliquée au domaine tactile que récemment, au départ par le secteur textile où les sensations tactiles déterminent la qualité perçue des étoffes (Philippe *et al.*, 2003). En 2004, l'Afnor a publié un référentiel de bonnes pratiques pour caractériser les matériaux.

D'une importance centrale dans les études tactiles, l'ergonomie a pour objectif de déceler pour sa part les inconforts éventuels générés par l'objet, qu'ils soient relatifs à la sensibilité proprioceptive ou à la sensibilité superficielle. Elle s'appuie pour cela sur l'observation des gestuelles des consommateurs en situation réelle d'utilisation. Combinée à l'analyse sensorielle, elle permettra d'adapter les matières en fonction des manipulations pour faciliter l'usage du produit, d'amoindrir les efforts des utilisateurs et de mettre en valeur les fonctionnalités du produit (Lageat et de Larrard, 2005).

Les études consommateurs permettront de recueillir les perceptions des consommateurs en termes utilitaires (en quoi l'objet remplit correctement sa fonction), hédoniques (préférences) et symboliques (que connote le produit, est-il en accord avec le positionnement de l'enseigne) ? On procédera pour cela à des études qualitatives, pouvant combiner l'observation (observation simple ou plus élaborée comme, par exemple, l'éthologie ou la micropsychologie…), les entretiens en profondeurs ou les réunions de groupe que l'on associera à des études quantitatives permettant de quantifier les perceptions identifiées sur un échantillon de grande taille.

Le « Tactual Experience Guide© » de Sonneveld (2007) pourra ici assister la description de l'expérience tactile lors de l'interaction avec l'objet à tester. Le guide suggère cinq types d'interactions, actives et passives, entre un utilisateur et un objet : la perception des qualités haptiques de l'objet (forme, dureté, températures perçues…), les sensations corporelles provoquées par le contact avec le produit (pression, vibration…), les émotions lors du contact (réactions physiologiques, plaisir, confiance, se sentir accepté par le produit…), la perception du produit (personnalité, intention d'être touché ou non…) et les mouvements à effectuer pour l'utilisation de l'objet (comment l'explorer, jouer avec, le transporter, en prendre soin…).

La méthode de cartographie des préférences (Schlich, 1995) permettra ensuite de lier le profil sensoriel des matériaux décrit par le panel expert aux préférences décrites par les consommateurs. On pourra alors distinguer les différentes dimensions qui sous-tendent la préférence et identifier des groupes qui ont les mêmes préférences ou localiser la position du matériau « idéal ».

Les mesures expérimentales telles que décrites dans l'encadré intitulé « Comment mesurer ce que la musique évoque au client ? » (*cf.* chapitre sur la gestion sonore) pourront permettre également d'étudier la réelle influence sur les consommateurs de la variation de stimuli tactiles finalement retenus.

Bien sûr, il conviendra, in fine, de tester le concept global, en intégrant la dimension tactile à tous les autres facteurs d'ambiance pour s'assurer de la cohérence de l'ensemble.

Conclusion

Si la dimension tactile des points de vente a jusqu'ici été peu exploitée de manière réfléchie, on constate que les magasins constituent de manière inhérente, et indépendamment de toute volonté de leurs managers, une source d'expériences tactiles multiples et variées. À ce jour, priorité a été donnée en boutique à la relation tactile du client avec les marchandises. La profusion d'articles de recherche sur la question démontre l'intérêt pour cet aspect de la distribution. À l'inverse, la relation tactile à l'espace semble accessoire et implicite dans une conception plus globale de l'aménagement.

Les distributeurs et les chercheurs auraient pourtant tort de laisser le hasard se charger de cette dimension. Les expériences tactiles au sein du point de vente représentent autant de facteurs d'influence sur le client. Dans le meilleur des cas, elles peuvent être positives. Ainsi, le bon sens conduit normalement les concepteurs à choisir des matériaux dont le toucher est agréable pour l'aménagement des boutiques. Mais elles peuvent aussi être neutres, ce qui prive peut-être le point de vente d'une occasion d'informer le client de son positionnement ou de mieux le satisfaire. Pire encore, elles peuvent être négatives. C'est le cas, par exemple, lorsque la température du magasin crée un inconfort. C'est le cas aussi lorsque le client ne peut pas manipuler le foulard de soie ou le briquet qu'il convoite. C'est le cas enfin lorsque, la veille de Noël, c'est les bras chargés de paquets qu'il doit parcourir les magasins.

Pour mieux gérer ce facteur d'ambiance, on s'assurera tout d'abord que l'on a supprimé toutes les stimulations tactiles qui sont susceptibles d'avoir une influence négative sur le client. Puis on reconstruira un univers tactile positif. On pensera ici à exploiter le toucher comme source d'information, pour renforcer le positionnement du point de vente, permettre la manipulation des produits ou guider au sein de l'espace. Ce dernier objectif concernera tout type de client, mais plus particulièrement encore les personnes malvoyantes qui, par des dispositifs de guidage podotactile ou même thermique, pourraient mieux se repérer dans les lieux de vente. On considérera également la dimension hédoniste des expériences tactiles qui, au sein du point de vente, peuvent constituer un facteur d'attraction ou de plaisir. On exploitera aussi les mécanismes d'intermodalité qui permettent de renforcer les perceptions sensorielles ou de créer la surprise. Ayant gardé à l'esprit que la capacité d'attention du client est limitée, on veillera cependant à ne pas stimuler le client au-delà de ses capacités, pour le concentrer sur les objectifs prioritaires du magasin. Enfin, si la création artistique a largement sa place dans l'aménagement du point de vente, elle devra être complétée de tests, sensoriels, ergonomiques, consommateurs qui, en mesurant la perception et les influences de chacun des matériaux retenus, conduiront aux choix les plus pertinents.

Chapitre 7

Comment gérer l'affluence ?

Une vingtaine de personnes ont été blessées, dont une poignardée, lors d'une émeute provoquée par l'ouverture d'un nouveau magasin Ikéa à Edmonton, dans le Nord de Londres. Malgré l'heure tardive, plus de 4 000 personnes avaient été attirées par les promotions exceptionnelles. Devant l'impossibilité de canaliser la foule, le magasin a dû fermer ses portes une demie-heure à peine après l'ouverture.

Même si ce type de débordement est très exceptionnel, la foule est souvent perçue comme un élément indomptable et capricieux. Les distributeurs se sentent désarmés face à elle. Ils se trouvent devant un dilemme : d'un côté, chercher à attirer le maximum de personnes et, d'un autre côté, éviter les effets négatifs engendrés par la cohue. Un espace commercial qui attire beaucoup de monde est considéré comme un lieu dynamique, à la mode, animé ou bon marché. On s'amuse davantage dans un stade ou un bar où il y a du monde. On entre plus volontiers dans un restaurant lorsqu'il y a du monde que lorsqu'il n'y a personne. La foule attire. Mais, elle peut aussi gêner, stresser et même faire fuir. Un jour d'affluence, il est difficile de circuler, de se repérer, de se concentrer. Les files d'attente s'allongent ; les clients s'impatientent ; les stocks s'épuisent ; les vendeurs sont inaccessibles.

L'affluence est sans doute l'un des facteurs d'ambiance le plus difficile à manipuler. Pour mieux l'apprivoiser, il est important de mieux la comprendre. Les recherches en psychologie et en marketing ont permis de mettre en évidence un ensemble de résultats cohérents sur les conduites individuelles dans des espaces bondés. Ainsi, on connaît mieux les effets de la densité sur le point de vente (section 1). À partir de ces études, il est possible d'envisager un ensemble d'actions pour gérer efficacement l'affluence dans les espaces commerciaux (section 2).

Les comportements dans la foule

Ce n'est que récemment que les distributeurs se sont penchés sur la problématique de la densité sur le point de vente et qu'ils se sont interrogés sur les comportements des consommateurs dans la foule. En revanche, les recherches sur les conduites individuelles dans la foule hors domaine commercial sont très nombreuses et l'intérêt pour le thème n'est pas récent. Depuis plusieurs siècles, des courants philosophiques et littéraires ont souvent contribué à construire un certain nombre de préjugés sur les méfaits de la surpopulation et de la vie dans les grandes agglomérations. Plus récemment, les mouvements écologiques antiurbanistes des années 1970 ont rejeté la ville et accusé les concentrations urbaines de tous les maux. Dans ce contexte idéologique, les travaux réalisés sur les animaux mettant en évidence les anomalies physiologiques, comportementales et sociales provoquées par des situations de forte densité se sont propagés rapidement (v. Encadré 7.1). La surpopulation était désignée comme responsable de tous les maux urbains (criminalité, délinquance, suicide, égoïsme, etc.). Puis, à partir du milieu des années soixante-dix, des chercheurs en psychologie ont tenté de mettre à jour les processus psychologiques sous-jacents.

Lorsqu'on prend en considération l'ensemble des recherches sur les comportements dans la foule, on s'aperçoit que, quels que soient les lieux d'expérimentation (en laboratoire, en prison, en cité universitaire, dans les grandes agglomérations ou dans des espaces commerciaux) et quelles que soient les méthodologies d'étude (enquêtes, techniques projectives, observation...), les études se valident mutuellement et se complètent. Elles ont permis d'identifier les réactions des individus dans la foule ainsi qu'un ensemble de variables qui les amplifient ou les atténuent.

Encadré 7.1 – Le cloaque comportemental

Les études sur les effets de la densité ont été stimulées par les résultats des recherches sur les animaux et notamment par les travaux de Calhoun. En plaçant des colonies de rats dans un espace limité (avec des ressources en eau et en nourriture adaptées à la taille de la population), il a observé à partir d'une certaine densité une désorganisation des modèles comportementaux normaux, dénommé cloaque comportemental (*behavioral sink*). Chez certaines bêtes, il a remarqué les phénomènes suivants : forte mortalité (surtout infantile), cannibalisme, modification des comportements sociaux (abandon des nids, agressivité) et modification de l'activité sexuelle. La population décroît. Puis, soit elle finit par se stabiliser à un niveau inférieur au niveau initial, soit elle ne cesse de diminuer jusqu'à s'éteindre pratiquement. Ces évolutions ne sont pas dues au climat, ni à la malnutrition, ni à aucun autre facteur de ce type, mais à la densité. Cette étude a stimulé toute une série de recherches sur d'autres populations animales. La plupart confirment les résultats de Calhoun. Elles constatent une augmentation de l'agressivité, une dégradation des capacités d'apprentissage, une augmentation de la pression sanguine, etc.

Calhoun a attribué le développement de ces symptômes au nombre excessif d'interactions sociales (interactions physiques, visuelles, olfactives, etc.). En effet, l'équilibre qui s'instaure, en situation normale, entre les interactions socialement valorisantes et frustrantes se déstabilise. Alors, l'expérience sociale de chaque animal se détériore. Il lui devient impossible d'ajuster son comportement et il subit plus d'échecs et de frustrations. Si cette situation persiste, des aberrations psychologiques et physiologiques se développent.

Même si les résultats des études sur les animaux sont difficilement applicables à l'homme, ces recherches sont intéressantes à deux titres. D'une part, elles permettent d'étudier des situations qui, pour des raisons pratiques, et essentiellement éthiques seraient impossibles à réaliser avec des hommes. D'autre part, elles ont fourni un cadre conceptuel et empirique aux premières études sur les effets de la densité sur l'homme et elles ont encouragé les recherches sur le sujet.

Réactions provoquées par la foule

Les recherches en psychologie et en marketing sur les conduites dans la foule ont mis en évidence des réactions physiologiques, affectives et comportementales.

➤ État physiologique

Les capteurs utilisés pour mesurer les réactions physiologiques ne pouvant être utilisés *in vivo*, nous ne disposons pas de résultats concernant l'impact de l'affluence sur l'état physiologique des consommateurs sur le lieu de vente. Toutefois, la plupart des travaux en laboratoire suggèrent que même des expositions de très courtes durées à des situations denses provoquent des réactions physiologiques. La densité et les impressions de foule sont associées à une augmentation de la sudation, de l'activité cardio-vasculaire et hormonale (Epstein, Woolfolk et Lehrer, 1981). On peut donc penser que les acheteurs sont moins apathiques lorsque l'affluence augmente. Toutefois, à partir d'un certain seuil, cette stimulation peut devenir excessive et se transformer en état de stress.

Encadré 7.2 – Les citadins sont-ils en plus mauvaise santé que les campagnards ?

Si des expositions de très courtes durées provoquent des réactions physiologiques, les effets de la densité sur l'organisme à plus long terme sont moins évidents. Il ne semble pas que la densité affaiblisse les défenses de l'organisme. Elle n'affecte pas « l'état de santé réel » mais plutôt « l'état de santé perçu ». En effet, toutes choses étant égales par ailleurs, les citadins soumis à de fortes densités chroniques ne sont pas plus malades que les autres. En revanche, ils ont l'impression d'être en moins bonne santé. Ils se plaignent davantage. Ils souffrent plus fréquemment de troubles psychologiques. On peut penser que la densité provoque des réactions de stress qui se traduisent par une augmentation des troubles psychologiques et l'impression d'être en mauvaise santé.

➤ Impressions de foule

Les impressions de foule désignent un état psychologique créé par le fait de se trouver dans un espace avec un nombre de personnes considéré comme trop élevé par rapport à ce qui est attendu ou recherché dans ce lieu. Les Anglo-Saxons utilisent le terme « *crowding* » pour désigner l'expérience subjective d'une situation de densité souvent génératrice de stress. Il correspond au sentiment d'être à l'étroit, d'être serré les uns contre les autres, à l'impression de manquer d'espace et d'être entassé.

Une étude menée auprès de 550 personnes a permis d'identifier précisément les impressions de foule dans les espaces commerciaux. Lorsqu'il y a beaucoup de monde dans une grande surface, les clients ont l'impression de ne pas pouvoir se déplacer facilement. Ils se sentent perdus et désorientés. D'autres trouvent qu'ils sont bousculés et pressés de tous côtés, confinés et entassés. Ils se sentent mal à l'aise. Ils ont l'impression de ne pas être dans leur élément ; ils sont oppressés, abasourdis et contrariés. Aux heures de pointe, les clients sont moins contents, moins satisfaits, plus stressés et plus énervés. Ils ont moins confiance en eux et sont moins sûrs de leurs achats. Ils évaluent plus négativement le magasin.

Il n'est pas évident que ces réactions se retrouvent dans tous les lieux de service (restaurant, cinéma...) et dans toutes les activités (rencontrer des gens, se distraire, faire du lèche vitrine, faire les soldes). Par exemple, il est fort probable que les clients d'un restaurant ou que les spectateurs d'un événement sportif recherchent l'affluence et réagissent plus positivement lorsque le lieu est bondé. Toutefois, même dans ces lieux *agoraphiles*, la densité ne doit pas être trop excessive. Par exemple, au mois d'août, plus de la moitié des visiteurs du Mont Saint-Michel se plaignent de l'affluence (CNMH, 1996).

➤ Efficacité des clients sur le lieu de vente

Pour étudier les performances des acheteurs en période d'affluence, Langer et Saegert ont donné à des consommateurs une liste de courses à effectuer le plus rapidement possible. Puis, ils ont mesuré, pour chaque niveau de densité, le temps passé, le nombre d'oublis, le nombre d'erreurs, etc. Ils se sont aperçus que les performances des acheteurs sont fortement affectées par l'affluence du magasin. En période de pointe dans un hypermarché, les clients ont tendance à ne pas suivre leur circuit de magasinage habituel et à s'écarter du temps de magasinage prévu. Les acheteurs ont du mal à localiser les produits. Ils commettent plus d'erreurs et mettent plus de temps à faire leurs choix. En revanche, l'affluence n'affecte pas le nombre et le montant des achats imprévus (Sibéril, 1994).

➤ Comportements sociaux : retrait et agressivité

La densité a également des répercussions au niveau des comportements sociaux. En effet, en période de pointe, certains acheteurs s'isolent. Ils se replient sur eux-mêmes de façon à limiter au maximum les contacts avec les autres. Ils ignorent leur entourage et se referment sur eux-mêmes. Ils limitent leurs comportements d'exploration et restreignent leurs achats pour quitter le magasin rapidement. Ces consommateurs s'en prennent à eux-mêmes et se culpabilisent d'être venus aux heures de pointe.

En revanche, d'autres clients ont du mal à accepter les contraintes engendrées par de telles situations et deviennent agressifs. Lorsque les clients trouvent qu'il y a trop de monde dans le magasin (forte densité sociale), ils s'en prennent aux autres et n'hésitent pas à forcer le passage et à bousculer leurs voisins si nécessaire. Mais le plus souvent, ces comportements sont refoulés et l'agressivité se limite à un « bouillonnement intérieur ».

Toutes les études sur les effets de la densité indiquent qu'elle agit à différents niveaux : au niveau affectif, au niveau physiologique, au niveau des performances et au niveau des comportements sociaux. Ces effets s'amplifient ou s'atténuent selon les circonstances et les individus.

Éléments qui amplifient ou atténuent les réactions provoquées par l'affluence

Les facteurs qui affectent le plus fortement les réactions des clients dans la foule sont la culture, les motivations des clients, les possibilités d'anticipation et les dispositions spatiales.

➤ Culture

La culture affecte considérablement la façon dont les individus perçoivent leur environnement. L'architecture, l'aménagement de l'espace, la distance et l'angle d'orientation entre personnes varient suivant les valeurs culturelles dominantes. Les Japonais et les Européens, par exemple, ont des pratiques tout à fait différentes de l'espace. Les Japonais contraints d'évoluer dans des espaces souvent exigus et de vivre dans des pièces multifonctionnelles, ont pris l'habitude de se contenter de murs en papier comme écran visuel ou acoustique. Les Européens, habitués à de plus vastes superficies, ont besoin de murs épais ou de portes pour faire écran aux autres. Les Français ont tendance à clôturer leurs jardins alors que les Nord-Américains laissent généralement cet espace ouvert. Ces mécanismes perceptuels sont appris dès l'enfance.

Une fois acquis, ils semblent fixés pour la vie. Ces différences de perception se traduisent par des comportements spatiaux et des attitudes par rapport à l'affluence différents. On distingue deux types de cultures (Hall, 1984) :

- les « cultures de contact » (latine et arabe, par exemple) qui se tiennent plus près les uns des autres, aiment les situations denses et entretiennent des contacts corporels fréquents ;
- les « cultures de non-contact » (anglo-saxonne, par exemple) qui respectent de plus grandes distances interpersonnelles, aiment moins les situations denses et ont très peu de contacts corporels.

Sur les lieux de vente, les niveaux de foule recherchés par les consommateurs pour qu'ils s'y sentent à l'aise, à savoir pour qu'ils aient l'impression d'être ni trop seuls ni trop bousculés, varient considérablement selon les cultures (Dion, 2004). Ainsi, il est important d'aménager le point de vente selon les attitudes culturelles des consommateurs.

➤ Objectifs de visite

Les réactions des clients dans une grande surface bondée dépendent des objectifs sur le lieu de vente. Certains acheteurs cherchent avant tout à être efficaces c'est-à-dire à réaliser un ensemble d'achats précis en un minimum de temps. Ils sont très gênés par l'affluence et la supportent mal. Dans un magasin bondé, ils ont tendance à devenir agressifs ou à fuir la foule. D'autres acheteurs viennent dans un espace commercial pour se distraire (découvrir les nouveautés, faire des affaires, se donner des idées, flâner…), ils réagissent de façon très positive par rapport à l'affluence. Ils sont de bonne humeur et s'attardent dans le magasin. L'affluence représente pour eux la possibilité de faire de bonnes affaires et ils se laissent plus facilement tenter par les offres commerciales.

➤ Incertitudes

Toutes les actions qui réduisent les incertitudes et augmentent les possibilités d'anticipation et de contrôle permettent aux acheteurs de mieux prévoir le déroulement des événements. Connaissant mieux la situation, les clients peuvent se préparer et adopter des stratégies d'ajustement adéquat. Par ailleurs, le fait d'avoir l'impression de contrôler la situation donne à chacun une meilleure image de soi. Ils se sentent compétents, ce qui les réconforte et les met de meilleure humeur (Dion,

2004). C'est pourquoi, un client bien informé et bien préparé ne se sent pas pris au dépourvu et est moins stressé par l'affluence. Ainsi, les clients sont de meilleure humeur et sont plus efficaces (moins d'erreurs, moins de temps) lorsqu'avant d'entrer dans le magasin, les clients sont prévenus de l'affluence.

➤ Aménagement de l'espace

À surface égale, tous les lieux ne sont pas évalués de la même façon. Il est possible de rendre la densité plus ou moins prégnante en jouant sur les dispositions spatiales d'un lieu. Les individus sont moins gênés par la densité lorsque des écrans visuels permettent de protéger leur intimité et de réduire les contacts sociaux excessifs. Leur sensibilité à la densité varie également selon l'arrangement de la pièce : sa forme, la disposition des meubles, la décoration et l'éclairage. À densité égale, les individus ont l'impression qu'il y a moins de monde et se sentent plus à l'aise dans une pièce carrée que dans une pièce concave ou circulaire, lorsque les meubles sont disposés le long des murs plutôt qu'au centre de l'espace, lorsque les murs sont de couleur claire ou lorsque la pièce est ensoleillée. Pour donner aux individus l'impression qu'une pièce n'est pas trop bondée, il faut « aérer l'espace » au maximum, c'est-à-dire limiter le mobilier, le disposer le long des murs, utiliser des couleurs claires, etc.

À partir de cette rapide présentation des réactions des individus dans la foule et de quelques variables qui les amplifient ou les atténuent, il est possible d'envisager un ensemble d'actions pour gérer l'affluence sur les points de vente.

Gérer l'affluence dans les espaces commerciaux

Afin de gérer efficacement l'affluence dans les espaces commerciaux, il est important de distinguer les conditions physiques de la situation (la densité) et l'expérience de chacun (les impressions de foule). La densité est un index physique qui mesure le rapport entre le nombre de personnes et la superficie de la pièce. Elle peut être mesurée de façon très fine grâce aux nouvelles technologies (v. encadré 7.3). Les impressions de foule (*crowding)* désignent un état psychologique créé par le fait de se trouver dans un espace avec un nombre de personnes considéré comme trop élevé par rapport à ce qui est attendu ou recherché dans ce lieu.

Cette distinction entre dimensions objectives (la densité) et subjectives (les impressions de foule) a mis en évidence le besoin d'agir d'une part sur des dimensions physiques de l'environnement afin d'optimiser les capacités d'accueil et d'autre part sur les aspects psychologiques de cette situation afin d'aider les consommateurs à mieux vivre les situations de foule auxquelles ils sont confrontés.

Encadré 7.3 – De nouvelles technologies pour étudier les comportements et déplacements des clients

L'Échangeur, centre européen sur les pratiques innovantes de la relation client, présente une centaine d'innovations technologiques pour permettre aux entreprises d'adapter leurs stratégies d'intégration des nouvelles technologies. Parmi les technologies présentées, plusieurs d'entre elles, basées sur un enregistrement vidéo, présentent des perspectives méthodologiques extrêmement intéressantes pour étudier les comportements des clients.

Étudier les comportements face à un dispositif commercial (vitrine, PLV...)

Bleue Eye Video a développé un logiciel de reconnaissance des mouvements qui peut se greffer sur une caméra (webcam ou caméra de surveillance, par exemple). À partir de l'identification des formes et des couleurs et du suivi des mouvements, le logiciel est capable de détecter et de suivre les déplacements de plusieurs personnes simultanément, sans compter deux fois la même personne. Il peut également comptabiliser des personnes venant de directions différentes (et non simplement les personnes se déplaçant de droite à gauche ou de gauche à droite).

Ce logiciel s'avère extrêmement intéressant pour l'étude des parcours des clients face à un dispositif commercial : un linéaire, une vitrine, une animation commerciale, etc. Il a notamment été utilisé par une enseigne de textile espagnole pour évaluer l'impact d'un nouvel agencement de vitrine. Dans cette expérimentation, une webcam placée au-dessus de la vitrine permettait de détecter les personnes en mouvement devant la vitrine. L'enseigne a pu ainsi collecter des informations sur le trafic devant la vitrine (à différents moments de la journée et de la semaine), le nombre de personnes ayant marqué un temps d'arrêt devant la vitrine et le temps d'arrêt moyen devant la vitrine.

Quividi vient de développer de nouvelles fonctionnalités logicielles. Désormais, il est également possible d'identifier le sexe et l'âge du consommateur, ce qui permet d'affiner les indicateurs proposés pour, notamment, évaluer l'adaptation à la cible.

Comptabiliser et anticiper les flux de clients dans un espace commercial

Le logiciel de reconnaissance des mouvements a également été utilisé en grande surface pour optimiser la gestion des lignes de caisse. Des caméras placées dans différents endroits du point de vente permettent de comptabiliser les flux dans le magasin et d'anticiper l'affluence aux caisses et, ainsi, de gérer plus finement les lignes de caisse.

Modéliser et simuler les flux des consommateurs

L'Échangeur présente également une technologie mise au point par ATN pour modéliser des flux à partir d'une série d'enregistrement vidéo. cette technique a, par exemple, été utilisée au musée d'Orsay pour optimiser la gestion des flux à l'accueil. Dans un premier temps, des caméras disposées dans le hall d'entrée ont permis d'enregistrer le flux des visiteurs. Puis, la modélisation de ces flux a permis de réaliser plusieurs simulations pour optimiser l'agencement du hall d'accueil. Grâce à cette étude, le musée a réussi à doubler sa capacité d'accueil pour la porter à 200 personnes à l'heure (contre 100 précédemment).

Cette modélisation des flux à partir d'enregistrement vidéo a également été utilisée par la ville de Rennes pour repenser le plan de circulation d'accès à la gare en vue du doublement de sa surface en 2010. la modélisation des flux des piétons, des voitures, des taxis et des bus a permis de simuler les flux aux abords de la gare, de comprendre les mécanismes d'engorgement et de réorganiser les voies d'accès à la gare.

Dans tous les cas, les comportements des clients ne sont pas enregistrés mais juste comptabilisés. On ne garde pas de trace des parcours au niveau individuel, ce qui permet de respecter l'intimité de chacun que ce soit sur le plan éthique ou juridique.

Source : Guillaume Rio, responsable pôle animation, Échangeur.

Optimiser les capacités d'accueil

Il s'agit de trouver un compromis entre l'offre (les capacités et l'offre du point de vente) et la demande (le nombre de clients). Mais cela n'est pas toujours aisé, car l'offre est souvent très rigide et la demande est en général irrégulière et difficile à anticiper de façon très précise. L'affluence varie sur l'année, sur le mois, sur la semaine, ainsi que sur la journée. Il est possible de limiter les sur- et sous- capacités de deux façons. D'une part, on peut chercher à réguler l'affluence sur les lieux de vente pour qu'elle s'ajuste au mieux à l'offre du point de vente. D'autre part, on peut chercher à rendre les capacités d'accueil plus flexibles pour s'ajuster au mieux à l'affluence.

➤ Rapprocher la demande de l'offre : moduler l'affluence

Nous ne passerons pas en revue l'ensemble des instruments de promotion qui visent à augmenter la demande, c'est-à-dire à attirer des clients. Nous nous limiterons à la présentation des actions qui permettent d'étaler la demande afin de réguler la densité sur le lieu de vente.

- *Pratiquer une politique de tarifs différenciés*

Cette technique, inventée au début des années quatre-vingt par les grandes compagnies aériennes américaines, consiste à vendre au maximum les capacités existantes en créant des prix cibles et des prix différenciés. En effet, comme dans les services, tout ce qui n'est pas vendu est perdu, il vaut mieux le vendre moins cher sous contrôle. Il s'agit de mettre en place une nouvelle structure de prix qui s'appuie sur une segmentation de l'offre en fonction des différentes sensibilités au prix des segments de la clientèle.

Les pratiques de tarifs différenciés abondent. On trouve ce genre de politique dans de nombreuses activités. Par exemple, le musée du Louvre propose des tarifs réduits après 15 heures ; les cinémas offrent des places à trois euros aux séances de 18 heures ; les restaurants Hippopotamus proposent des réductions pour les repas commandés avant 19 heures, etc. Aux États-Unis, même les cliniques l'appliquent pour les soins non urgents (moins chers les jours de faible affluence).

L'utilisation des technologies de téléphonie mobile permet aux distributeurs de mettre en place des pratiques de yield management plus réactives (v. Encadré 7.4).

Encadré 7.4 – Gérer les flux par SMS

La sophistication des technologies de téléphonie mobile permet des actions marketing-mobile (m-marketing) de plus en plus intéressantes et nombreuses, notamment par rapport à la gestion des flux.

Le système de localisation assistée par satellite développée par le CNES, Gallileo, permet non seulement une localisation des individus dans le temps et dans l'espace (comme le permet actuellement le GPS) mais également une communication interactive avec les utilisateurs. Ainsi, lorsqu'un prospect passe à proximité d'un site commercial, il est possible de lui envoyer sur son téléphone portable un message lui faisant une offre commerciale ciblée. Ces développements technologiques permettent aux points de vente d'intégrer une dimension informationnelle qui dépasse la communication physique sur le terrain (PLV, publicité, tractage...).

Ce procédé a déjà été utilisé avec grand succès par McDonald's ainsi que par un théâtre : quinze minutes avant la représentation, le théâtre envoie un SMS à l'ensemble des spectateurs potentiels qui se trouvent à moins de quinze minutes à pied de la salle en leur offrant une réduction de pour la prochaine représentation. Cette technique a permis un taux de remplissage optimal et des salles combles tous les soirs.

• *Offrir des avantages ou des services supplémentaires aux clients de périodes creuses*

Une seconde action possible consiste à offrir en période creuse des avantages ou des services supplémentaires gratuits présentant deux caractéristiques : être attractifs pour le client et ne rien coûter à l'entreprise (utilisant la capacité qui de toute façon n'aurait pas été utilisée). À première vue, cette pratique s'apparente à la précédente, mais en réalité, elle n'est perçue pas comme telle ni par le client, ni par l'entreprise. Le principe est très simple : ne pas toucher à la structure tarifaire c'est-à-dire conserver un prix unique, tout en offrant un ou des avantages ou services supplémentaires gratuits aux clients des périodes creuses. Ainsi, à certaines périodes, les hôtels Novotel offrent la nuit et le petit-déjeuner aux enfants partageant la chambre de leurs parents ou de leurs grand-parents. Les distributeurs américains essaient d'attirer des clients aux heures creuses en leur offrant un cornet de glace ou une part de pizza.

• *Mettre en place un système de réservation ou de rendez-vous*

Il est également possible de mettre en place un système de réservation ou de rendez-vous. Ainsi, pour visiter certaines expositions ou certains musées, il est recommandé (voire impératif) de réserver un créneau horaire de visite. Par exemple, sur chaque attraction du parc Disney de Paris, un nombre limité de places peut être réservé à l'avance. Les visiteurs sont invités à retirer des tickets de réservation qui leur donnent droit à un accès privilégié à une attraction pendant un créneau horaire limité. Ainsi, devant chaque attraction, deux files d'attente sont organisées : une file express pour les visiteurs prévoyants qui ont réservé leur moment de passage et une file plus longue pour les autres. Cette pratique permet à la fois d'homogénéiser l'affluence, de limiter l'attente, de répondre aux exigences de sécurité et d'améliorer le confort de visite. Dans la même optique, des soldes en avant-première sont organisées pour les clients fidèles d'un magasin. Seules les personnes invitées peuvent y avoir accès. Mais, ce genre de pratiques ne se prête qu'à certains types de prestations. En effet, les clients n'acceptent pas et ne peuvent pas se plier à un horaire dans toutes les situations.

• *Filtrer les entrées*

Il arrive également que les responsables d'un magasin cherchent à limiter l'accès au magasin. Pour limiter l'affluence, on peut bien évidemment filtrer les entrées. On peut tout simplement refuser du monde en limitant l'accès par la présence d'un vigile ou d'un portier comme dans les grands hôtels ou les magasins de luxe. Par exemple, pendant les soldes, Gucci limite le nombre d'entrées dans le magasin et les clients font la queue à l'extérieur. Le plus souvent, les portiers n'ont qu'un rôle dissuasif car leur simple présence suffit à éloigner les badauds.

Il est également possible de filtrer les entrées da façon déguisée en limitant le nombre de caisses à l'entrée. Par exemple, au musée du Louvre, il n'y a jamais plus dc scpt caisses à fonctionner simultanément, et cela quel que soit le nombre de personnes faisant la queue.

Limiter les entrées permet de respecter les règles de sécurité légales mais plus fondamentalement de renforcer l'attractivité de l'événement et du lieu. Cela explique pourquoi, dans les boîtes de nuit, il n'y a généralement qu'une caisse. La file d'attente qui se forme devant la porte d'entrée est un outil de communication gratuit et efficace.

➤ Rapprocher l'offre de la demande : rendre les capacités d'accueil plus flexibles

La seconde action possible, pour limiter les sur – ou sous – capacités, consiste à rapprocher l'offre de la demande, c'est-à-dire à rendre les capacités d'accueil plus flexibles afin de suivre la demande.

• *Augmenter l'amplitude horaire*

Globalement, les consommateurs aspirent à une plus grande amplitude horaire ou au moins à un minimum de souplesse compatible à la fois avec leur vie professionnelle et leur vie privée. De nombreux prestataires proposent des plages horaires très larges qui, en permettant d'étaler le flot de clients, rendent l'acte d'achat plus confortable. Aux États-Unis, de nombreuses grandes surfaces sont ouvertes 24 heures/24 ; les grands magasins, les hypermarchés ou les musées proposent de plus en plus souvent des nocturnes. Par exemple, pour faire face au succès de l'exposition « Picasso et les maîtres », le Grand Palais a décidé de multiplier les nocturnes et même d'ouvrir plusieurs nuits complètes. Pour attirer les visiteurs à des heures inhabituelles, il est souvent nécessaire de proposer des activités spécifiques : visite du château de Vaux le Vicomte à la bougie, son et lumière au château de Versailles, etc.

Grâce à Internet et aux guichets automatiques, il est possible d'augmenter les plages horaires à des coûts raisonnables. On peut citer, par exemple, les billetteries automatiques (SNCF, manifestations culturelles ou sportives...), les distributeurs automatiques, les guichets automatiques des banques, le développement du commerce électronique et des centres d'appel permet d'éviter les déplacements des consommateurs sur le lieu de vente et par conséquent de limiter les engorgements de l'espace commercial. Ainsi, dans le secteur de la banque-assurance, le centre d'appel est amené à remplacer partiellement ou totalement le réseau d'agences pour les services simples. La gestion de l'affluence s'effectue alors au niveau du centre d'appel en termes d'attente téléphonique et de gestion des plates formes téléphoniques. Il faut également optimiser la régulation entre les flux physiques et les flux virtuels (v. Encadré 7.5).

Encadré 7.5 – Optimiser la régulation entre les flux physiques et virtuels : le cas du secteur bancaire

Dans le secteur bancaire, l'utilisation de nouveaux canaux devient cruciale dans la mesure où un client sur deux ne vient plus en agence (et ce taux est encore plus élevé chez les 18-40 ans). Il s'agit donc de trouver de nouveaux moyens de contact avec les clients : téléphone, SMS, Internet. L'utilisation de plusieurs canaux permet de mieux gérer les interfaces avec les clients dans l'espace et dans le temps et d'optimiser les contacts clients.

L'utilisation simultanée de plusieurs canaux permet de s'ajuster à l'horizon temporel et aux contraintes spatiales des clients. Les banques se sont, par exemple, aperçues que de nombreux crédits automobile leur échappaient car elles n'arrivaient pas à répondre assez rapidement aux demandes des clients. Les clients devaient se déplacer en agence, rencontrer leur conseiller et attendre quelques jours l'accord de prêt. Désormais, plusieurs banques offrent à leurs clients la possibilité de souscrire un crédit consommation par téléphone avec accord immédiat.

Le multicanal permet également de s'ajuster à la plus grande mobilité des clients qu'il s'agisse de la mobilité quotidienne ou exceptionnelle (vacances, déménagement). Ainsi, grâce au multicanal, un client peut déménager sans forcément changer la domiciliation de ses comptes et entrer en contact avec sa banque seulement par le biais d'Internet ou du téléphone.

L'utilisation de plusieurs canaux doit pousser l'entreprise à s'interroger sur les fonctions de chaque canal afin d'optimiser la valeur pour le client et la rentabilité de l'entreprise. Ainsi, les banques ont réorganisé leurs activités autour de plusieurs points de contact : le conseiller clientèle en agence chargé des opérations stratégiques à forte valeur ajoutée (gestion de patrimoine et prêts immobiliers), le télé-conseiller pour les opérations à valeur ajoutée moyenne (informations sur le compte, démarchage commercial, crédits à la consommation et produits d'assurance), les guichets automatiques pour les opérations manuelles sans valeur ajoutée (retrait d'argent et dépôt de chèque), la messagerie électronique (mél ou SMS) pour la gestion proactive du compte (alerte en cas de découvert ou de compte trop approvisionné) et le site Internet pour la gestion des comptes courants (virement, gestion de portefeuille) et la détection des événements de vie des clients ou non-clients. Cette organisation permet d'externaliser les opérations sans valeur ajoutée pour le client et de permettre à la force de vente de se concentrer sur les éléments stratégiques de la relation client. La banque va ainsi limiter le nombre de clients sur le point de vente et mieux organiser l'accueil.

Le multicanal permet de trouver de nouvelles façons d'entrer en contact avec le client. Pendant longtemps, les banques ont fonctionné par campagne : le mois de l'immobilier, le mois de l'épargne, etc. L'utilisation de canaux plus interactifs permet de mieux repérer les événements de vie des clients (achat d'un logement, d'une voiture...) et donc de mieux cibler les propositions commerciales. Ainsi, de nombreuses banques proposent sur leur site des outils de simulation d'offre de prêt. Pour commencer une simulation, l'internaute doit remplir un formulaire pour préciser son projet immobilier. Ce formulaire est ensuite transmis à une plate forme téléphonique qui rappelle le prospect dans les deux heures pour lui proposer un rendez-vous en agence.

Mais surtout, le grand changement concernant la gestion du client s'est effectué au niveau du conseiller. Il n'a plus une attitude passive qui consiste à attendre un client. Il doit prendre l'initiative et utiliser les différents modes de communication (téléphone ou mél) pour entrer en contact avec lui. Ce nouvel état d'esprit permet d'optimiser l'activité du conseiller et de lisser l'affluence dans l'agence.

Ainsi, la gestion de l'affluence dans l'agence ne passe pas seulement par une meilleure gestion des flux physiques mais aussi par une meilleure répartition des activités entre les interfaces physiques et virtuelles.

- *Moduler l'offre en fonction de l'affluence*

Il est possible de limiter la rigidité de la capacité à court terme grâce à l'intérim, à la location de locaux supplémentaires en période de pointe ou à une organisation mobile de l'espace en fonction de l'affluence. Par exemple, le magasin Hyper U de la Tranche sur mer utilise des linéaires mobiles. Pendant la période estivale, le magasin est complètement réorganisé. Certains linéaires sont retirés pour pouvoir augmenter la taille des rayons et ainsi accueillir davantage de clients et éviter la saturation du magasin. Dans la même optique, les restaurateurs condamnent les salles annexes pour réunir tous les clients dans la salle principale. Les salles annexes ne sont utilisées que lorsque cela est nécessaire. Cependant, ce type d'action ne peut s'appliquer que dans certaines situations. Tous les commerçants ne disposent pas d'un site multisalles ou d'une organisation mobile et tous les commerces ne s'y prêtent pas. Il est toutefois possible d'utiliser un ensemble de cloisons mobiles qui permettent d'agrandir ou de diminuer une pièce selon les nécessités pour que les clients ne se sentent pas à l'étroit ou au contraire, n'aient pas l'impression de solitude. Mais cela n'est envisageable que pour les services banalisés ne demandant pas un savoir-faire particulier, ni une organisation ou des supports physiques spécifiques ou complexes.

Parfois, les distributeurs cherchent non pas à ajuster l'offre à la demande mais à créer volontairement un déséquilibre entre l'offre et la demande. L'objectif peut être de créer des mouvements de foule pour montrer que le point de vente est à la mode. Créer des mouvements de foule sur le point de vente peut également donner l'impression qu'on peut y faire de bonnes affaires Dans les magasins Électrodépot, *category killer* dans le secteur de l'électroménager, des bacs à affaires permettent de créer des points d'attraction sur le point de vente. Les panneaux « arrivage de la semaine » sont manuscrits pour donner l'impression aux clients que l'arrivage est tellement récent qu'on n'a même pas eu le temps de préparer une affichette imprimée et que l'affaire est tellement intéressante que de toute façon les stocks seront épuisés avant l'impression de l'affichette. Mais l'exercice peut s'avérer périlleux car s'il peut être relativement facile d'orchestrer des effets de foule, il est plus difficile de gérer les mouvements de foule. Ainsi, pour amplifier la couverture médiatique du lancement de la Playstation 2, Sony a diffusé les premières consoles au compte-gouttes et organisé, au Virgin Megastore des Champs-Élysées, une soirée au cours de laquelle seulement un petit nombre de consoles seraient disponibles à minuit. Malheureusement, la soirée a failli tourner à l'émeute. Pendant plusieurs heures, les amateurs se sont agglutinés devant le stand dans une ambiance surchauffée. À minuit, ils se sont rués vers le podium central pour se procurer l'objet si convoité, submergeant les agents de sécurité. Seuls quelques gros bras heureux ont réussi a se procurer une console. Les autres sont repartis déçus avec l'impression d'avoir été trahis par la marque. Des scènes semblables se sont produites dans les magasins H & M, le jour de la sortie de la collection Karl Lagarfeld.

- *Agir sur le temps passé dans le magasin*

La gestion de la densité passe également par une meilleure gestion du temps sur le lieu de vente (augmentation ou diminution du temps de la prestation selon que le prestataire cherche à diminuer ou à accroître la densité). Plus une prestation est rapide, plus le temps passé dans le magasin est limité, plus le nombre de clients présents en même temps dans le magasin diminue, plus la densité est faible.

Dans cette optique, il est important de chercher à limiter le temps passé aux points de contrôle. À cet effet, les compagnies d'autoroute ont disposé aux péages des guichets automatiques qui permettent aux abonnés de ne pas avoir à s'arrêter. Une puce électronique installée dans la voiture commande automatiquement le portillon du péage et facture automatiquement le passage sur le compte de l'abonné. De la même façon les usagers de la carte Navigo n'ont plus à insérer leur coupon dans un lecteur optique. Il leur suffit de passer leur sac sur un lecteur optique qui déclenche automatiquement l'ouverture du portillon. Cette carte permet aussi d'éviter les attentes devant les guichets de la RATP à chaque début de mois puisque les utilisateurs peuvent souscrire à un abonnement d'un an.

Il est également possible de diminuer la durée passée dans un lieu en repensant l'ensemble du système de réalisation d'une prestation de service. Il s'agit de réorganiser en profondeur un établissement autour d'un objectif de gestion du temps et de la densité. Une telle action menée par le Boston Consulting Group dans un hôpital suédois a permis de réduire de 22 % la durée des séjours hospitaliers des malades. La création d'un poste d'infirmière coordinatrice chargée du bon enchaînement des soins a permis de réduire l'attente des chirurgiens entre deux opérations (65 % de leur temps auparavant ; de Malet, 1995). De la même façon, de nombreuses préfectures ont réorganisé leurs services d'accueil. Le public est accueilli par une conseillère qui s'assure que les visiteurs sont en possession des documents nécessaires. Elle leur donne les imprimés à remplir et les dirige vers les halls d'attente adéquats. Ainsi, le temps de chaque transaction est sensiblement diminué et les attentes infructueuses (transaction annulée par absence d'une pièce justificative, attente à un mauvais guichet...) disparaissent.

Pour maîtriser le temps passé dans le magasin, on peut également essayer d'encadrer les clients. Par exemple, dans la restauration, les clients sont encadrés par un maître d'hôtel qui contrôle la durée de chaque repas. On retrouve des pratiques similaires dans les espaces culturels. En effet, de nombreux musées ou châteaux proposent uniquement des visites guidées. Toutefois, il ne s'agit pas de réaliser la prestation le plus rapidement possible mais de déterminer pour un service donné le temps qui lui est approprié : le temps minimal ou temps ajusté. Le temps minimal est celui qui permet d'assurer correctement la prestation. Il s'agit dans ce cas de réaliser la prestation en un minimum de temps et donc de réduire au maximum les temps de prestations non opérationnels à savoir notamment, les temps relationnels. En revanche, certaines prestations ne doivent pas être réalisées le plus vite possible. Elles exigent un rythme lent, une certaine disponibilité relationnelle, c'est-à-dire un degré d'attention au client. C'est le cas, par exemple, de la restauration gastronomique ou des magasins de luxe. On parle alors de temps ajustés. Dans ce type de situation, il ne s'agit pas d'allonger au maximum la prestation, mais d'ajuster la vitesse de réalisation de la prestation au rythme du client.

- *Éclater la prestation dans l'espace*

La densité peut également être modulée à partir d'une meilleure gestion de l'espace. Pour limiter la densité, il est possible d'éclater dans l'espace différents éléments de la prestation. Cela permet d'éparpiller l'affluence, mais aussi d'occuper les clients pendant les temps morts. De nombreux aéroports font atterrir leurs avions plus loin du hall d'arrivée. Ceci permet de rallonger les trajets des voyageurs vers le hall d'arrivée et donc de réduire la durée d'attente des bagages et d'éviter l'engorgement du hall. Il convient d'être prudent dans la réalisation d'un tel système. Il s'agit de ne pas morceler la réalisation de la prestation à outrance. Il est également nécessaire de prévoir des moyens pour les personnes ayant des difficultés à se déplacer. Les aéroports, par exemple, proposent un système de navette qui conduit les personnes qui le désirent vers le hall d'arrivée ou à leur porte d'embarquement.

Pour éparpiller la foule, il est également possible d'installer des écrans visuels ou d'organiser l'espace de telle sorte que les clients ne soient pas en contact avec un nombre trop élevé de personnes. À Disneyland, par exemple, les files d'attente cheminent dans plusieurs petites pièces. Ainsi, on ne se rend pas compte de l'affluence et du nombre de personnes faisant la queue. De la même façon, l'organisation spatiale des magasins Ikéa permet d'encadrer le parcours de visite des clients, de cloisonner l'espace commercial et ainsi de créer une intimité dans chaque espace d'exposition. Les clients peuvent ainsi plus facilement s'approprier le mobilier exposé.

Dans la même optique, il est possible de multiplier les points d'accès et d'éclater les zones d'accueil. Par exemple, au musée du Louvre, on peut entrer par la Pyramide, mais aussi par le pavillon de Flore, la porte

Geaugard et le passage Richelieu. De la même façon, pour éviter l'effet de masse aux caisses et les impressions de foule qui en découlent, les distributeurs ont intérêt à ne pas concentrer toutes les caisses en un seul lieu. Il semble plus judicieux de multiplier les voies de sortie et d'installer des caisses à chacune. Par exemple, en installant trois espaces caisses, on divise la densité sociale aux caisses par trois. Ceci semble d'autant plus important que le passage en caisse étant le passage ultime dans le magasin, les impressions de foule aux caisses risquent d'être les plus tenaces.

- *Améliorer la gestion des flux*

Une autre possibilité consiste à améliorer la gestion des flux à l'intérieur du lieu de réalisation de la prestation afin d'éviter des goulots d'étranglement. Il faut aérer l'espace afin que les clients puissent circuler facilement et organiser la circulation des flux. À Disneyland, par exemple, les visiteurs peuvent accéder aux animations éloignées par un train qui fait le tour du parc. Une gare située à proximité de l'entrée du parc permet de faire transiter rapidement une partie de l'affluence vers des lieux excentrés et ainsi d'éviter des goulots d'étranglement à l'entrée.

Pour améliorer la gestion des flux, il convient également d'informer les clients sur l'organisation des lieux. Au musée du Louvre, par exemple, les visiteurs reçoivent un plan du musée lorsqu'ils attendent. Ce plan leur indique les différents circuits de visite et les différents points d'accès.

- *Minimiser la durée d'attente*

La minimisation de la durée d'attente est réalisée à partir des modèles de recherche opérationnelle utilisés pour gérer les files d'attente. Leur utilisation a conduit à des améliorations substantielles dans la compréhension et la gestion des files d'attente. Ils permettent de calculer la performance d'un système de service selon le mode d'organisation de l'attente (file unique à guichets multiples ou une file par guichet). Cette performance peut, par exemple, se mesurer en termes de temps d'attente prévu, de distribution de cette durée entre les différents clients ou de probabilité d'avoir un guichet/une caisse inactive (v. Encadré 7.6).

Malheureusement, la recherche opérationnelle a concentré ses efforts exclusivement sur des variables physiques. En effet, selon les modèles développés, l'efficacité du système d'organisation de l'attente est fonction de la durée d'attente réelle. Or, celle-ci n'est seulement qu'un facteur parmi d'autres à prendre en compte pour évaluer l'efficacité d'un système d'attente. Il est aussi nécessaire de savoir comment les règles de priorité et les exceptions à ces règles sont évaluées par le client, comment les individus perçoivent la durée d'attente et quels facteurs influencent la durée d'attente perçue.

Encadré 7.6 – Holy-Dis : quand l'aléatoire devient planifiable

La société Holy-Dis a développé des solutions de comptage et d'analyse de fréquentation afin d'adapter les ressources humaines aux flux de clientèle de telle sorte à offrir une qualité de service constante et à limiter l'attente aux caisses.
L'affluence peut être calculée à partir de données historiques telles que le chiffre d'affaires et le nombre de tickets et/ou à partir de données réelles obtenues par des caméras vidéo placées à l'entrée du point de vente et aux caisses qui enregistrent les entrées, les sorties, la vitesse de passage en caisse et le temps de magasinage.
En fonction des flux, le logiciel indique le nombre de caisses à ouvrir ou à fermer dans l'heure à venir. Il établit les charges de travail prévisionnelles. Puis il calcule et optimise les emplois de temps du personnel en respectant la législation et les caractéristiques individuelles : type de contrat (temps complet, temps partiel, horaires fixes ou horaires variables), congés et absences, domaines de compétences, préférences individuelles. Le logiciel peut également procéder au calcul d'implantation physique des salariés sur les différentes caisses.

Source : www.holydis.fr

Les différentes actions possibles pour moduler l'affluence (rapprochement de la demande de l'offre ou de l'offre de la demande) ne permettent pas des ajustements parfaits. Même si les phénomènes de sur – et de sous – capacités sont réduits, ils demeurent toujours. Ces phénomènes sont en quelque sorte inhérents aux activités commerciales. Il est donc nécessaire de déterminer la capacité la plus efficace c'est-à-dire la capacité optimale qui minimise les temps de sous-capacité et de surcapacité tout en maximisant le profit et la satisfaction des consommateurs. Le prestataire doit, entre autres, déterminer combien de clients pourront être servis en même temps et ceci dans quelles conditions de qualité. Autrement dit, le prestataire doit fixer la densité idéale ou plutôt, les densités idéales car ce taux varie selon la spécificité du point de vente.

Pour déterminer la densité idéale, il est important, par exemple, de prendre en considération les motivations de fréquentation du point de vente et d'adapter les niveaux de foule aux activités des consommateurs. Dans les espaces *agoraphobes* dédiés aux activités d'achat non festifs, « la foule repousse la foule », les consommateurs ont tendance à fuir les espaces bondés. La densité tolérée par les consommateurs est assez faible. Les acheteurs doivent pouvoir circuler facilement et rapidement et atteindre les produits sans difficulté. Dans les espaces *agoraphiles* dédiés aux activités de découverte, de distraction et de rencontre entre les clients (habillement, culture, Hi-fi, multimédia, bijoux, etc.), l'affluence (sans toutefois qu'elle soit excessive au point d'engendrer des difficultés de circulation) y est perçue de façon positive (animation, bonnes affaires, etc.). Dans ces espaces, « la foule attire la foule », les consommateurs ont tendance à explorer davantage les lieux animés et vivants. La densité idéale est plus élevée que dans les espaces agoraphobes.

Par ailleurs, la densité est perçue, vécue, ressentie différemment par chacun. En conséquence, parallèlement à ces démarches, il convient d'agir sur la façon dont le client vit la foule et sur la façon dont il la perçoit.

Aider le client à mieux vivre les situations de foule

Pour aider les consommateurs à mieux vivre les situations de foule dans les espaces commerciaux, on peut mener deux types d'action : mettre en scène l'environnement d'achat afin de donner aux visiteurs l'impression que le magasin n'est pas trop bondé et limiter le stress qu'ils peuvent ressentir lorsque l'affluence est trop forte.

➤ Mettre en scène l'environnement d'achat

Toute activité commerciale se déroule dans un environnement physique déterminé : un local, une rue, un bureau. Cet environnement a des implications sur la qualité du service rendu. Il génère une ambiance. Comme au théâtre, la mise en scène n'est pas une fin en soi, elle doit être au service de l'idée. Elle doit à la fois faciliter la réalisation de la prestation et susciter des attitudes, des comportements et des impressions, mais aussi rendre la foule attractive.

- *Donner l'impression aux clients que le point de vente n'est pas trop bondé ou pas trop vide*

Les études réalisées en psychologie présentées dans la première partie de ce chapitre indiquent que pour jouer sur les perceptions de densité, il est possible de modifier l'aménagement de l'espace, son éclairage, sa décoration, etc.

Pour qu'une pièce paraisse plus spacieuse, il faut utiliser des couleurs claires. Il serait intéressant de varier l'intensité et la teinte de l'éclairage selon l'affluence : adopter un éclairage moins intense et plus sombre aux périodes creuses pour éviter que le magasin ne semble trop désert et un éclairage plus intense et plus clair aux heures creuses pour aérer l'espace.

La perception du niveau d'affluence passe également par l'organisation de l'espace et l'aménagement de la pièce. Pour qu'elle paraisse plus spacieuse, il faut adopter une décoration sobre, dégager l'espace central et utiliser des écrans visuels qui permettent de cacher les autres clients présents sur le point de vente. Ainsi les parcours de visite des magasins Ikea permettent à certains moments d'éviter les impressions de foule et de préserver l'intimité de chacun et à d'autres moments de créer une ambiance discount (v. Encadré 7.7). Carrefour a été amené à modifier l'aménagement des magasins implantés en Asie. Pour que les consommateurs asiatiques s'y sentent à l'aise, à savoir pour qu'ils aient l'impression d'être ni trop seuls ni trop bousculés, il a été nécessaire de modifier l'organisation spatiale des points de vente (rapprocher les linéaires, les faire monter plus haut, installer des bacs centraux dans les allées) et de faire évoluer la charte graphique des magasins (les couleurs froides traditionnellement utilisées en Europe ont été remplacées par des couleurs chaudes telles que le rouge et le jaune, symbole de bonheur et de prospérité). Géant a procédé à un remaniement comparable lors de la transformation des hypermarchés Géant en Géant Discount (v. Encadré 7.8).

Encadré 7.7 – Les parcours de visite Ikéa

Tous les magasins Ikéa sont scrupuleusement organisés selon le même plan. Ces parcours de visite présentent de nombreux avantages. Bien évidemment, ils obligent les clients à explorer l'ensemble du magasin et à faciliter la circulation puisque tout le monde se déplace selon la même trajectoire. Plus fondamentalement, les parcours permettent de mieux gérer l'expérience de visite. Il s'agit de faire rêver les clients mais aussi de leur montrer que ce rêve est accessible.

Pour les faire rêver, l'espace est organisé autour de pièces mises en ambiance. Le cloisonnement de l'espace permet notamment de créer des zones d'intimité. Les clients peuvent ainsi s'extraire de la foule et s'approprier les meubles et les objets. Les clients s'assoient sur les canapés en se projetant dans leur propre appartement. Il faut ensuite rendre le rêve accessible. Cela passe par des espaces « choix discount ». Après avoir été mis en ambiance, les meubles sont entreposés les uns à côté des autres pour créer un effet de masse. Les clients peuvent ainsi facilement comparer les différents modèles. Mais surtout, l'effet de masse obtenu crée une ambiance discount. Cette impression est renforcée par les bacs à affaires disposés au fil du parcours.

Apprécié par les clients et très rentable, ce parcours a été copié par d'autres distributeurs de meubles. Cependant, il faut aussi laisser au consommateur la possibilité de court-circuiter le parcours à certains endroits pour ne pas lui donner l'impression d'enfermement.

Encadré 7.8 – Géant Discount

Géant Discount s'appuie sur les règles traditionnelles du hard-discount, à savoir : la sélection d'une à deux marques nationales par rayon, la montée en puissance des marques de distributeurs premier prix, la disparition des rayons à la coupe, les ventes flash et l'environnement d'achat (matériaux bas de gamme, produits mis en rayon sur palettes, signalétique prix très présente, éclairage néon...).

Pour renforcer le positionnement de l'enseigne, l'espace de vente a été complètement réorganisé. La surface du point de vente a été réduite de 30 % : elle est passée de 8 000 à 6 000 mètres carrés. Les allées sont plus étroites et plus hautes. Le merchandising du rayon bazar a été re-travaillé à la manière des solderies (avec des bacs à affaires mal-rangés). Cette nouvelle configuration augmente sensiblement la densité réelle et la densité perçue sur le lieu de vente. Cela crée une impression de foule qui pousse à l'exploration et renforce l'impression de faire de bonnes affaires.

La perception de la densité est aussi influencée par l'environnement sonore. Le bruit amplifie fortement les effets de la densité. À densité égale, les individus ont l'impression que l'affluence est plus importante et ils se sentent plus mal à l'aise dans une pièce où le niveau sonore est plus élevé. Il est donc important de limiter les effets de résonance acoustique. Aussi, 40 000 résonateurs acoustiques ont été installés dans la nef du musée d'Orsay. Il convient également d'adapter l'ambiance sonore en fonction de l'affluence. Il s'agit de moduler le volume, le tempo et le style de la musique selon le nombre de personnes présentes dans le magasin. Ainsi, les acheteurs se sentent moins seuls aux heures creuses et moins agressés aux heures de pointe (cf. chapitre sur la musique). *A contrario*, l'enseigne Surcouf qui souhaite reproduire un environnement faisant penser à la foire et au cirque afin de connoter les bonnes affaires diffuse de la musique à un volume sonore toujours élevé.

Enfin, la température amplifie les effets de la densité. À densité constante, une pièce plus chaude paraît davantage bondée et les impressions de foule sont plus fortes. Il est donc important d'adapter la climatisation en fonction de la densité.

- *Faire oublier l'affluence*

L'environnement peut également être utilisé pour faire oublier l'affluence. Il s'agit d'attirer l'attention du consommateur sur d'autres éléments que la densité et de transformer les temps morts en temps actifs. Par exemple, à Disneyland, la file d'attente pour accéder à Space Montain chemine dans des vaisseaux de la guerre des étoiles, et celle pour monter dans le train fantôme serpente dans une maison hantée. Ainsi, l'attente est intégrée dans l'attraction et devient un moment ludique.

➤ Limiter le stress engendré par l'affluence

Les recherches sur les comportements dans la foule soulignent l'importance des variables de contrôle. En effet, les individus supportent mieux la foule lorsque les incertitudes sont limitées et les possibilités d'anticipation et de contrôle importantes. Dans cette perspective, plusieurs actions sont possibles pour limiter le stress engendré par l'affluence.

- *Informer les clients sur l'affluence, sur les durées d'attentes et sur les retards*

Il faut donner des informations aux clients sur les périodes d'affluence, les durées d'attente, la durée de la prestation, les causes des délais et des difficultés, etc. Dans cette optique, à l'entrée de certains sites, les visiteurs sont informés de la durée d'attente. Par exemple, dans les parcs Disney, la durée d'attente est indiquée à l'entrée de chaque attraction. Puis au cours de l'attente, des panneaux disposés le long du cheminement de la file d'attente indiquent régulièrement les durées d'attente restantes. De la même façon, la RATP a mis en place sur la majorité des lignes un système d'affichage des temps d'attente des deux prochains bus, métro ou RER ou d'éventuelles perturbations de circulation. Les usagers concernés se sont révélés satisfaits de ce système à 95 %. Ce dernier a la sensation de maîtriser son environnement en étant parfaitement informé du temps d'attente. Ces résultats confirment une étude menée par Carmon (1991) dans laquelle il montre qu'informer les clients sur la durée d'attente prévue diminue l'insatisfaction.

- *Expliquer clairement le déroulement de la prestation et l'organisation des lieux*

Il est important d'expliquer clairement le déroulement de la prestation de service et l'organisation des lieux (plans, instructions, panneaux d'affichage, utilisation de couleurs pour différencier les rayons, bornes interactives pour localiser les articles, etc.). Par exemple, le groupe Hospitalier Necker-Enfants Malade est organisé en quatre secteurs : bleu, orange, violet et jaune. Chaque secteur est composé d'un ensemble de bâtiments (Lavoisier, Pasteur, Sèvres…) et chaque bâtiment comporte plusieurs numéros d'accès. Lors de la prise de rendez-vous les patients reçoivent une convocation précisant la couleur du secteur, le nom du bâtiment et le numéro de la porte d'accès. La bonne signalétique sur le lieu permet ensuite une navigation très facile parmi les 22 bâtiments et les 41 portes d'accès. Cette signalétique a permis de faciliter le travail de l'accueil, de réduire sensiblement le temps perdu par les secrétaires médicales à réorienter les patients vers les bons services et de ne pas créer de nouvelles sources de stress pour les parents.

Pour limiter les incertitudes, des hôtesses d'accueil au sein de l'espace commercial peuvent être chargées de diriger les clients vers les caisses libres, de les informer, de les aider à se repérer et à localiser les articles, etc. Ainsi, aux périodes de pointe, des hôtesses accueillent les voyageurs dans les gares SNCF afin de les orienter vers les guichets adéquats, de répondre à leurs questions, de préparer les transactions (réductions, horaires…), etc.

- *Limiter les interactions interpersonnelles*

La densité est souvent mal vécue lorsque les interactions personnelles sont trop nombreuses et imprévisibles. Il est possible d'instituer des règles formelles qui permettent de les réguler. Lorsque les files d'attente s'allongent, les acheteurs surveillent leurs voisins pour s'assurer que l'ordre de la file est bien respecté, que personne n'essaie de prendre leur place, etc. Pour éviter ces difficultés, on peut mettre en place un système pour discipliner l'attente (distributeur de tickets qui assigne à chacun une place dans la file, barrières, surveillants, etc.). Ils permettent d'éviter toute menace de resquille, toute intrusion dans la file. Ces modes d'organisation de l'attente sont plus justes et plus équitables.

• *Accroître les possibilités de choix*

Pour accroître les possibilités de choix des acheteurs, il faut leur donner la possibilité de réaliser la prestation de leur domicile ou de venir lorsqu'ils le désirent en augmentant les horaires d'ouverture, en mettant en place des guichets automatiques, un serveur Internet et un service de livraison à distance.

On peut également accroître les possibilités de choix en personnalisant les services offerts aux clients. On peut proposer un service plus ou moins personnalisé selon la nature de la transaction. La personnalisation permet de multiplier les choix que les clients ont à effectuer. Au contraire, la standardisation limite l'intervention des clients dans l'élaboration de la prestation, mais, elle limite les incertitudes. Le choix entre la personnalisation et la standardisation dépend du degré de standardisation de la prestation.

Les services se prêtent plus ou moins bien à la standardisation. Les entreprises de transport, par exemple, ont des horaires et des itinéraires précis. De même, les restaurants « express » proposent des repas relativement standardisés. Par contre, d'autres prestataires de service proposent une gamme assez large d'options et sont souvent considérablement flexibles sur la façon dont est délivré le service. Les restaurants gastronomiques, par exemple, proposent un menu beaucoup plus important, des temps de cuisson variables...

Le degré de standardisation d'un service dépend également de son niveau de personnalisation. Certains prestataires de services comme les avocats, les médecins ou les consultants ne peuvent standardiser leurs prestations que très difficilement, car chacune est différente. Chaque client a un problème particulier, une demande spécifique. La prestation peut donc fluctuer très fortement dans chaque situation que ce soit en termes de temps passé, de moyens mis en œuvre, etc. Les grandes surfaces ont l'avantage de pouvoir proposer à la fois des prestations standardisées et personnalisées pour de nombreux articles. Par exemple, les clients peuvent soit acheter des parts de fromage préemballées en libre service soit choisir la quantité et le morceau qu'ils désirent à la fromagerie.

Néanmoins, il arrive que dans certaines situations, les individus préfèrent ne pas prendre de décision, et laisser à d'autres le soin de les prendre à leur place. Ainsi, il n'est pas toujours indiqué de personnaliser au maximum les services et par conséquent de multiplier les choix à effectuer. D'un côté, la personnalisation augmente les possibilités de contrôle mais d'un autre elle multiplie également les risques et les efforts pour le client. C'est pourquoi elle ne convient pas à tous les types de services. Pour des services de routine, les consommateurs préfèrent au contraire limiter au maximum le nombre de choix à effectuer.

Encadré 7.9 – La gestion des goulots d'étranglement à la Cité des Sciences

Le bâtiment de la Cité des Sciences accueille en moyenne 1 000 visiteurs par jour. Selon les périodes, l'affluence journalière peut varier entre 3 000 et 25 000 personnes. Les très fortes affluences sont extrêmement concentrées dans le temps : essentiellement aux vacances de la Toussaint et de Noël. Même lors de ces pics de fréquentation, les 30 000 mètres carrés d'exposition du hall « Explora » permettent d'accueillir les visiteurs dans des conditions de visite satisfaisantes. La gestion des flux dans les espaces d'exposition est facilitée par la proposition de parcours de visite. Des questionnaires sur les sciences sont remis aux enfants à l'entrée. Outre l'aspect pédagogique et ludique, ce jeu permet de s'approprier le contenu de façon différente et suggère un parcours de visite qui permet d'encadrer les flux de circulation dans les halls d'exposition.

Toutefois, les goulots d'étranglement apparaissent aux caisses et aux entrées des espaces à capacité limitée tels que les espaces interactifs ou la Cité des enfants. La gestion des goulots d'étranglement passe par la diminution du temps d'attente et la mise en scène des temps d'attente.

Aux caisses, des agents d'accueil présentent aux visiteurs les expositions proposées et les choix tarifaires possibles. Ainsi, ils peuvent effectuer leurs choix avant d'arriver aux caisses. Ceci permet de diminuer le temps de la transaction, de limiter l'inquiétude, d'éviter d'être bousculé aux caisses ou d'être obligé de prendre des décisions sans le temps de réflexion nécessaire et de diriger plus rapidement les visiteurs vers les halls d'exposition.

Par ailleurs, l'attente est transformée en moment de distraction. Des spectacles et des activités sur la science sont organisés pour distraire les visiteurs lorsqu'ils attendent aux caisses aux entrées des espaces à capacité limitée. Par exemple, à l'entrée du hall du bâtiment des Sciences, Félix, un robot téléguidé les accueille et discute avec eux. Un espace en libre accès met à disposition des enfants un ensemble d'activités gratuites qui leur permet de patienter avant d'entrer dans la Cité des Enfants. Ainsi, le spectacle commence dès que la personne arrive sur le site. De la même façon, au sein des espaces d'exposition, les moments d'attente avant d'accéder aux spectacles interactifs sont transformés en spectacle à part entière. Le spectacle commence avant de pénétrer dans l'espace interactif. Ainsi, l'attente n'est plus perçue comme un temps mort mais comme un moment de distraction intégré à la visite.

Conclusion

Les consommateurs se comportent différemment selon l'affluence du point de vente. Lorsque la densité est forte, ils sont stimulés, ils se sentent moins à l'aise, ils sont moins efficaces et ont tendance à devenir agressifs ou à adopter des comportements de retrait (psychologique et physique).

Les gestionnaires d'espaces commerciaux disposent d'un arsenal de techniques qui permettent d'une part de limiter la densité sur le point de vente et d'autre part de permettre aux visiteurs de mieux vivre les situations de foule. Des outils basés sur la densité objective permettent de limiter les sur – et sous – capacités d'accueil en essayant de concilier la demande et l'offre. Pour rapprocher la courbe de demande de l'offre, c'est-à-dire étaler la demande afin de réguler la densité sur le lieu de vente, il est recommandé de pratiquer une politique de tarifs différenciés, d'offrir des avantages ou des services supplémentaires aux périodes creuses, de mettre en place un système de réservation ou de filtrer les entrées. Pour rapprocher l'offre de la demande, c'est-à-dire rendre les capacités d'accueil plus flexibles afin de suivre la demande, plusieurs actions sont envisageables : augmenter l'amplitude horaire, moduler l'offre en fonction de l'affluence, moduler le temps passé sur le point de vente, éclater la prestation dans l'espace, améliorer la gestion des flux et minimiser la durée d'attente.

D'autres outils permettent d'aider les acheteurs à mieux supporter les situations de foule dans les espaces commerciaux. Il s'agit d'organiser l'espace de telle sorte que le point de vente paraisse mois vide et de limiter le stress engendré par l'affluence.

Toutes ces actions ne doivent pas se limiter à l'enceinte du magasin. Un client obligé de tourner cinq minutes sur le parking avant de trouver une place de stationnement risque d'abandonner sur le champ et d'aller faire ses courses ailleurs. Il va surtout se forger un ensemble d'*a priori* sur le magasin et sur l'affluence qui peuvent être assez tenaces.

CHAPITRE 8

7 étapes à suivre pour définir et mettre en place une ambiance efficace

Le commerçant désireux de travailler l'ambiance de son point de vente de manière rigoureuse pourra procéder en sept étapes. Ces étapes, issues de notre observation sur le terrain et des résultats des recherches, ont pour objectif de permettre au distributeur de structurer sa démarche et de s'assurer que rien n'a été oublié dans la réflexion et la mise en œuvre de l'ambiance.

Étape 1 – Définir les objectifs à atteindre

Choisir un objectif prioritaire

D'abord, le commerçant doit s'interroger sur l'objectif prioritaire qu'il souhaite poursuivre au travers de l'ambiance de son magasin. Comme les chapitres précédents l'ont souligné, les éléments d'ambiance peuvent avoir différents effets sur la clientèle :

- augmenter l'agrément, le plaisir lié à la visite en magasin ;
- contribuer à détendre le client ou au contraire, à le « dynamiser » ;

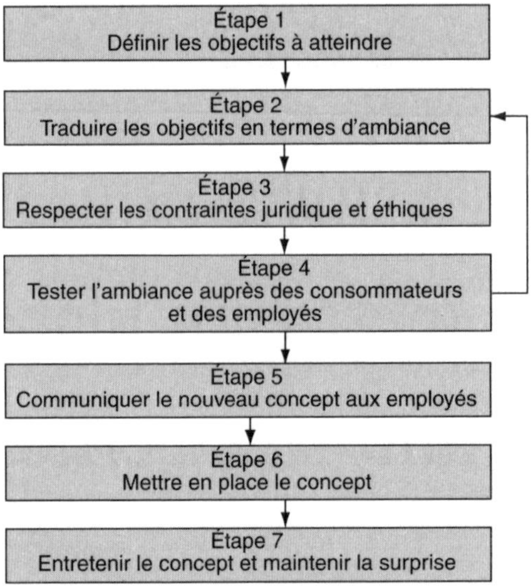

Figure 8.1 – Étapes à suivre pour définir une ambiance efficace

- enrichir l'image du point de vente (lui donner une image jeune, maritime, avant-gardiste, traditionnelle, épurée, etc.) ;
- attirer l'attention sur une catégorie de produits spécifiques ;
- accroître ou diminuer le temps passé en magasin ;
- orienter la circulation dans le point de vente ;
- favoriser la création de lien social avec les vendeurs.

L'effort de réflexion sur l'objectif principal à atteindre permettra de proposer un guide de travail efficace aux prestataires de service qui auront pour tâche de traduire cet objectif en termes d'odeurs, de musiques, de sensations visuelles, tactiles ou gustatives. Celui-ci devrait également servir de ligne directrice au commerçant qui souhaite se charger lui-même de cet effort de traduction.

Ne pas interroger les clients sur leurs désirs en matière d'ambiance

Le distributeur devra faire attention à ne pas interroger directement ses clients sur leurs goûts en terme d'ambiance. En effet, si l'on prend l'exemple de la musique d'ambiance, on observe que lorsqu'on demande aux clients ce qu'ils souhaiteraient entendre en magasin, ils répondent généralement en fonction de leurs goûts musicaux. On aboutit alors immanquablement à une programmation musicale à base de variété française et internationale, styles de musique les plus courants en France. Pourtant, si le commerçant propose une programmation un peu originale, en rapport avec l'univers de ses produits, les mêmes clients interrogés sur cette programmation l'approuveront largement. En outre, cette programmation permettra de renforcer le concept du magasin et de le différencier de celui des concurrents. Il en est de même pour les autres sens : il est très difficile pour un consommateur de répondre de manière abstraite à des questions sur les odeurs, couleurs, textures ou les goûts alimentaires. Il semble donc peu créatif d'interroger les clients en matière d'ambiance du magasin, il est préférable de leur soumettre une ambiance et de leur demander ensuite leur évaluation de celle-ci.

Noter les interdits

Durant cette première phase de réflexion, le commerçant peut également affiner son objectif d'ambiance en notant tous les éléments qu'il désire et ceux qu'il ne souhaite pas. Par exemple, on constate assez fréquemment que les directions marketing s'opposent à l'utilisation d'airs d'opéra, ces derniers étant jugés trop distinctifs et trop connotés socialement. Le fait de réaliser la liste de tous les interdits permettra de gagner un temps précieux lorsque l'enseigne rencontrera les prestataires de service intervenants sur chaque facteur d'ambiance.

Se méfier d'une ambiance trop luxueuse

Parfois, une rénovation du magasin trop luxueuse peut porter atteinte à l'achat. Par exemple, il est courant de remarquer que la rénovation du rayon vin des supers et hypermarchés se traduit par une baisse du chiffre d'affaires du rayon. En effet, les distributeurs soignent souvent ce rayon pour lui donner une réelle apparence de cave à vins (utilisation d'armoires en bois, éclairage tamisé, odeurs de chais, présence d'un sommelier, etc.). Mais au lieu d'inciter le consommateur à se laisser aller à l'achat, ce réaménagement a souvent pour effet de l'intimider. Ainsi, le client trouve le rayon très beau, mais n'ose plus rien y acheter de peur que le vin y soit trop cher. Ce constat a été fait par la direction de Leclerc ou encore d'Auchan dans son hypermarché de Val d'Europe. Il semblerait néanmoins que les distributeurs aient trouvé la solution pour le rayon vin : créer un rayon basique pour les vins de tous les jours et un rayon qualitatif pour les vins d'exception. Ainsi, le consommateur peut faire ses achats dans l'ambiance adéquate et la « cave à vins » valorise l'achat festif.

S'inspirer de ce qui se fait ailleurs

Lors de cette première étape, nous ne saurions trop recommander au commerçant de se rendre dans une multitude de lieux marchands et non marchands pour y observer les tendances, les choses à reproduire ainsi que les erreurs à éviter. Une analyse fine de l'ambiance proposée par l'ensemble des concurrents directs semble notamment incontournable afin que le commerçant détermine :

- les éléments d'ambiance à reproduire pour montrer au client que le magasin se positionne sur tel ou tel marché ;
- les éléments d'ambiance où il est nécessaire d'innover pour se distinguer de la concurrence. À ce titre, l'observation de ce qui se fait dans des secteurs connexes ou à l'étranger peut être une grande source d'inspiration.

Analyser les activités hédoniques du consommateur

À ce stade de la réflexion, le commerçant ne doit pas hésiter à s'inspirer de tout ce qui l'entoure. Par exemple, pour l'enseigne désireuse de travailler en priorité sur le confort de ses clients, une réflexion rapide sur les moments source de plaisir dans la vie d'un individu peut permettre de trouver de nouvelles idées pour créer un lien affectif avec l'enseigne. Le tableau 7.1 montre au travers de différents exemples que ces diverses activités hédoniques peuvent trouver leur correspondance en magasin et devenir ainsi un élément potentiel de différenciation.

Tableau 8.1 – Exploitation des sources de plaisir dans une journée type

Activité quotidienne hédonique	Correspondance commerciale	Exemples
Manger, boire	Créer des espaces de restauration au sein du magasin. Offrir lorsqu'il y a de l'attente, la possibilité de boire un café, un thé, etc.	Création de salon de thé dans les magasins parisiens suivants : Fnac, Virgin, Apache, Etam Rivoli, Antoine et Lili Canal St-Martin, Kenzo, Lavinia, Emporio Armani.

☞

Activité quotidienne hédonique	Correspondance commerciale	Exemples
Travailler sans contrainte	Permettre au client de s'installer pour travailler sans être dérangé par son téléphone portable ou ses collègues de bureau.	Plusieurs bars à Paris proposent à leurs clients de s'installer pendant le temps qu'ils désirent avec leur ordinateur portable pour travailler. Ainsi, au Fumoir ou au Café Beaubourg, on peut s'installer et brancher son ordinateur portable grâce aux prises de courants installées par le café à proximité de chaque table et rester plusieurs heures sans être importuné. De même, de plus en plus de lieux offrent le Wifi à leurs clients.
Se reposer	Installer systématiquement des fauteuils pour permettre aux clients de se reposer un moment.	Promod et Caroll mettent des fauteuils à proximité de leurs cabines d'essayage pour les personnes qui accompagnent les clientes.
Discuter, faire des rencontres	Organiser des espaces de discussion.	Création de forums, de discussions, de débats, etc., chez Natures & Découvertes.
Éprouver des sensations tactiles agréables	Offrir la possibilité de se faire masser. Travailler les sensations tactiles liées au contact avec le magasin (matières, textiles, meubles, sols, etc.).	Le restaurant l'Alcazar à Paris offre tous les dimanches une formule « Brunch » avec quelques minutes de massage incluses. De même, le restaurant la Guinguette Pirate offre la possibilité de se faire masser à ses clients. À New York, cela fait longtemps qu'on peut voir sur les marchés des clients se faire masser le dos entre deux courses. Le mal de dos étant un des maux dont souffre un bon nombre de citadins, il est probable qu'une fois l'effet de surprise passé, le client accueille ce nouveau service de manière très positive.
Se promener	Créer des lieux d'attraction où loisirs et commerce se mélangent.	Le centre commercial en plein air Bercy Village a exploité cette envie de promenade en créant un lieu de destination : le client peut visiter divers magasins, aller au cinéma, se restaurer, visiter le parc de Bercy situé juste à côté, etc.

Activité quotidienne hédonique	Correspondance commerciale	Exemples
Regarder la télévision	Installer un écran diffusant des films ou des reportages liés à l'activité du magasin.	Le Mégastore dédié à la marque Adidas rue de Rivoli diffuse de multiples images liées au sport au sein du magasin. Il en est de même pour les magasins de sport Citadium ou Andaska.
Lire des magazines ou un roman	Permettre aux clients de lire dans le magasin. Leur offrir en libre service livres et magazines.	Le café « Le Fumoir » à Paris a mis en place un système de bibliothèque au sein de son espace de vente. Les clients peuvent ainsi venir lire les ouvrages que contient la bibliothèque en buvant un verre ou les emprunter. Par ailleurs, l'enseigne a élaboré un partenariat avec différents titres de presses pour proposer en libre service la lecture de ces journaux.
Écouter de la musique	Créer des concerts, diffuser de la musique, installer un *juke box.*	Le magasin McDonald des Champs-Élysées offre à ses clients la possibilité d'écouter de la musique au travers de bornes d'écoutes situées devant chaque siège. Un partenariat avec le magasin Virgin tout proche permet de mettre en écoute des disques très récents et assez divers.
S'amuser	Proposer des jeux en libre service.	L'Apparemment Café ou le magasin Adidas de la rue de Rivoli offrent la possibilité de jouer gratuitement.
Faire du sport	Si l'enseigne est positionnée sur le sport, mettre en place des essais.	Décathlon Grand Stade qui offre sur 10 600 m2 des « *practices* » : mur d'escalade, piste cyclable, simulateur de pêche, golf, etc. Le vieux campeur offre un mur d'escalade à ses clients.

Les actions suggérées dans le tableau ci-dessus devraient être source de différenciation et donc contribuer à créer un marketing expérientiel au sens de Pine et Gilmore (1998). En effet, pour ces auteurs, la création de valeur passe aujourd'hui par la proposition d'une expérience d'achat originale qui permette au client de devenir acteur en s'immergeant au sein du point de vente. La chaîne Delitraiteur a particulièrement travaillé cette dimension d'hédonisme, pour renforcer le positionnent traditionnel de leur enseigne (v. Encadré 8.1).

Encadré 8.1 – Delitraiteur : un lieu où tout connote la tradition et la douceur de vivre

Delitraiteur est une enseigne Belge qui appartient au groupe Louis Delhaize. Cette chaîne de traiteurs de proximité offre des produits de dépannage, un rayon frais, un rayon fruits et légumes, un rayon boulangerie, une cave à vins, ainsi qu'une offre plats préparés très étendue. Leur slogant : « *what's for dinner today ? we have the solution for you* ». Pour se différencier de la concurrence, l'enseigne a investi dans l'ambiance du magasin. Ainsi, tous les rayons sont en bois blond et reprennent un esprit de bibliothèque (v. cahier central). Les odeurs naturelles sont mises à l'honneur selon le moment de la journée : jus d'orange et café pour le matin, poulet rôti pour le midi, gâteaux pour le *tea-time*. Pour prolonger la visite, le traiteur offre également la possibilité de boire un café ou de déguster un plat au sein d'un point restauration. Le client peut d'ailleurs s'installer pour lire les quotidiens mis à sa disposition et repartir en achetant des fleurs ou des friandises à offrir autour de lui. Un concept très qualitatif, où il fait bon flâner. On est bien loin de nos traditionnels magasins de dépannage français.

Étape 2 – Traduire les objectifs en termes d'ambiance

Choisir de travailler seul ou accompagné

Une fois que la direction marketing de l'enseigne a précisément déterminé l'objectif que doivent atteindre les différents facteurs d'ambiance, une phase de « traduction » est nécessaire. Il faut en effet trouver la musique qui connote telle ou telle chose, l'odeur adéquate, la lumière, les matières et les couleurs, etc. À ce stade de réflexion, le commerçant doit décider s'il gère lui-même l'ensemble de ces éléments ou s'il délègue tout ou partie de cet exercice de traduction. Il est tout à fait possible pour un commerçant sachant parfaitement ce qu'il souhaite, de ne pas faire appel à des prestataires de services et de s'inspirer des recommandations formulées dans les chapitres précédents de l'ouvrage. Cependant, l'expertise des différents prestataires de service permet de pallier un manque de compétence artistique et/ou technique de la part du créateur de magasin (se référer aux chapitres précédents qui expliquent notamment les contraintes de diffusion des odeurs et de la musique). Ainsi, certaines sociétés, à l'instar de Midis ou de Symrise, proposent également d'aider le commerçant sur plusieurs « sens » à la fois (v. Encadré 8.2).

Encadré 8.2 – Vers une gestion globale de l'ambiance du point de vente : l'offre polysensorielle de Midis ou de Symrise

Conscient que ce qui contribue à l'amélioration du confort du client dans un magasin est à la fois la musique, les odeurs et l'environnement visuel, la société Midis intègre depuis quelques années dans sa gamme de produits l'ensemble de ces éléments. En 1993, il était possible de confier la gestion de sa musique et de ses messages à ce prestataire de service (c'est le produit « écoutez et parlez... »). À partir de 1999, un nouveau logiciel a permis d'intégrer la dimension visuelle au travers d'images fixes ou animées qui pouvaient être diffusées dans le magasin (« regardez... »). Toujours en 1999, les senteurs ont été intégrées pour couvrir l'ensemble des facteurs d'ambiance (« Respirez... »). De cette façon, Midis veut jouer sur « la complémentarité des sens qui permet de toucher plus de client. En effet, cela permet d'interpeller le client qui est plus sensible à l'odeur mais aussi celui qui est plus sensible à la musique et enfin celui qui est plus sensible à la vue. » (interview de Sylvie Gautier, assistante marketing chez Midis). Pour l'instant, il est rare que les clients de Midis achètent les trois dimensions proposées mais deux éléments sont de plus en plus fréquemment retenus pour travailler l'ambiance du magasin : le Futuroscope de Poitiers avec le son et les odeurs ou encore certains magasins Leclerc avec les images et les odeurs.

Dans un même ordre d'idées, la société Symrise travaille avec un outil innovateur : le e : mood. Dag Piper, directeur du marketing sensoriel de cette société explique cette innovation. « Vous êtes dans un supermarché ordinaire, entouré en moyenne de plus de 30 000 groupes de produits différents et vous souhaitez acheter un soda. C'est ici que le défi commence, le rayon offrant un choix plus que suffisant rivalise de boissons vivement colorées et d'une variété infinie d'étiquettes. Que faites-vous ? Et qu'en est-il si vous voulez plus qu'un soda ordinaire ? Le scénario actuel fait seulement appel à notre vue. Et c'est le cas pour la plupart des plus de

5 000 messages publicitaires qui nous bombardent tous les jours ! On ne peut pas y échapper, mais imaginons à présent le nouveau scénario. C'est alors que vous découvrez qu'une nouvelle boisson faite de jus du fruit dragon et d'eau cristalline vient de sortir. Dans une zone spécifique du magasin, vous êtes stimulé par de petits écrans plasmas en tête de rayon qui montrent des images animées favorisant la bonne humeur. Il n'y a que dans cette zone que vous entendez de la musique composée spécialement pour amplifier l'effet de bonne humeur, puis vous remarquez le doux et délicieux parfum du fruit dragon, bien entendu seulement dans la zone spécifique aux boissons faite de jus du fruit dragon ».

Plus le commerçant adoptera une approche polysensorielle du point de vente, plus son ambiance aura des chances d'être attractive et différenciante. Pourtant, il existe encore relativement peu de points de ventes qui déclinent leur ambiance sur la gamme des cinq sens. Le toucher et le goût sont ainsi largement sous-exploités tant par les managers que par les chercheurs en marketing. Ainsi, la richesse de la palette tactile est fantastique et totalement sous exploitée. Qu'on pense, par exemple, au toucher des fruits : kiwi, ananas, melon, fraise, framboise, cerise, pêche, avocat, banane… pour se rendre compte de cette diversité. Pourtant, certains designers d'expace ont cette sensibilité et mènent une réflexion poussée en termes tactiles avant d'élaborer leurs concepts (v. Encadré 8.3).

Encadré 8.3 – La traduction tactile du positionnement de l'enseigne : interview de Jean-Claude Prinz

Jean-Claude Prinz est un designer très connu dans l'architecture commerciale. Interrogé par nos soins sur la dimension tactile des magasins, il répond :

« Je travaille beaucoup sur le tactile. Pour moi, le premier pas pour un concept est de travailler la matière qui va donner une identité visuelle mais aussi tactile. Il faut garder à l'esprit que le magasin va permettre au client de rentrer en interaction avec l'offre commerciale avec ses cinq sens. Sur Internet, on n'a que le visuel et, éventuellement, le son. Pour le magasin, le client va avoir l'odeur mais aussi les sensations tactiles en plus. Par exemple, je suis en train de travailler sur un nouveau concept de magasin de prêt-à-porter Havrey, à Bordeaux, orienté autour du temps et de la météo. Ce concept vendra des produits et des vêtements positionnés en fonction des saisons. Pour l'aspect tactile, je vais travailler dès le début sur les sols, les revêtements muraux, les meubles, le plafond... Bref, toutes les matières utilisées. Par exemple, sur ce concept, il y aura trois sols : des galets sur le début du magasin qui permettront de ralentir le rythme du consommateur lorsqu'il rentre et de connoter l'aspect nature, du ciment lissé par la suite, qui va permettre de glisser sur le sol, et enfin, du bois dans l'espace cabine pour donner un caractère convivial et chaud. Je suis persuadé que nous n'avons pas le même rythme de pas selon la matière sur laquelle on marche. Ici, on va explorer sur le galet, glisser sur le ciment et s'attarder sur le bois. Si on souhaite créer une ambiance très douce, on utilisera plutôt des matériaux souples comme des tapis et de la moquette qui rappelle l'univers intime du consommateur.

Pour le concept sur le temps, je travaille aussi sur une création de mobilier, qui sera ensuite déposée à l'INPI. On aura, par exemple, des meubles à l'aspect de givre. Un concept de magasin est un jeu savant d'écriture, de codes et de signes pour affirmer une identité. Par exemple, lorsqu'on a des produits très colorés, il faut utiliser plutôt des matériaux sobres qui les mettront bien en valeur. Si on a des produits peu colorés (comme les appareils techniques), on utilisera un décor inversement très dynamique pour mettre les produits en valeur ».

De son côté, le goût commence à être utilisé (v. Encadré 8.4).

Encadré 8.4 – Trouver une correspondance gustative à l'ambiance du magasin

Le goût est sollicité de trois manières par les distributeurs : (1) par la création d'espaces de restauration (appelés dans la presse marketing « *food in shop* ») ; (2) par les offres de dégustation de produits vendus en magasin ; (3) par l'offre de produits gratuits pour agrémenter l'attente aux caisses (bonbons, tisanes chez Natures & Découvertes, café et thé chez Caroll, thé en libre service au Palais des Thés, etc.). Malgré son utilisation toujours plus fréquente, force est de constater que la gustation est encore largement ignorée tant du point de vue pratique que du point de vue de la recherche.

Pourtant, l'observation des pratiques des distributeurs permet de constater que la plupart des grandes chaînes de magasins spécialisés se lancent dans l'ouverture de *food in shop*, de nature à transformer l'ambiance du point de vente. Si cette pratique est assez ancienne dans certaines formules de distribution (comme les grands magasins), il n'en reste pas moins qu'elle s'étend de plus en plus. Plusieurs enseignes se sont dernièrement lancées dans cette stratégie pour leurs nouveaux concepts de magasins. Ainsi, à Paris, la Fnac, Le Virgin Mégastore, Ventilo, Bonpoint, Décathlon, l'espace Colette, Armani, Courrège, Madélios, Bernardaud, Apache, Montana, Nicolas Bercy ont tous ouvert un *food in shop*. La distribution alimentaire implante également de tels espaces : Carrefour Pau, Vénissieux, Montesson, Toulon Grand Var et Saint-Laurent les Vergers, Auchan Val d'Europe ou encore, Monoprix St-Germain des Près. Dès lors, le distributeur est obligé d'élaborer une offre gustative congruente avec son image auprès de ses clients. Ainsi, Armani a très bien compris que sa carte devait lui permettre de renforcer son positionnement italien : tous les produits connotent l'Italie. De même, la Fnac a réalisé sa carte à partir d'une grande sélection de cafés, le café étant fortement lié dans l'esprit du client à un moment de détente, de bien-être, en parfait accord avec sa consommation de livres et de produits culturels.

Outre le fait que la création d'un espace de restauration au sein du lieu de vente permet au distributeur de s'offrir une correspondance gustative dans l'esprit du consommateur, il lui permet également de mettre ses produits en avant. Ainsi, Bernardaud sert les plats dans la vaisselle qui est vendue en magasin et Nicolas met en avant ses vins en proposant pour chaque plat, le vin qui lui correspond. De plus, ceci permet de prolonger la visite : le client qui souhaite se restaurer ne sort pas du magasin et peut continuer son shopping par la suite.

Les dégustations de produits vendus s'avèrent également efficaces dans la mesure où elles permettent au client d'avoir un début d'expérience avec le produit. Or, la psychologie du goût montre que le plaisir augmente avec la quantité de produits mangée pour décroître vers le dégoût si la quantité est trop importante. Lorsque le commerçant va offrir un échantillon de produits, le consommateur, non rassasié va avoir envie d'en manger plus et va donc plus facilement acheter le produit. De plus, il est possible qu'inconsciemment, le consommateur réagisse selon la loi du « don contre don » : le distributeur lui a fait don du produit, il se sent donc redevable envers lui et va acheter le produit. Il est intéressant également de remarquer que pour certains commerçants, la dégustation doit rester gratuite et non commerciale pour permettre de créer une relation affective forte avec l'enseigne. Ainsi, Françoise Vernet, directrice marketing chez Nature & Découvertes, souligne que la tisane aux plantes offerte par Nature & Découvertes à ses clients n'est pas vendue en magasin afin qu'elle reste un geste gratuit envers le consommateur. Pourtant, de nombreux consommateurs aimeraient l'acheter (Rieunier, 2004).

Étape 3 – Respecter les contraintes juridiques et éthiques

Une fois que les choix en termes de musique, odeurs, sensations visuelles, tactiles et gustatives ont été effectués, le commerçant devra vérifier avant leur mise en place, qu'il se situe bien dans le cadre d'une utilisation légale et éthique de l'ensemble de ces facteurs d'ambiance.

Respecter les contraintes légales

L'utilisation de certains facteurs d'ambiance tombe sous le coup de la loi. Ainsi, lorsque le commerçant souhaite diffuser de la musique en magasin, il doit payer des droits à la Sacem. Ces droits sont calculés selon différentes règles mais ne sont pas liés à la notoriété de l'artiste diffusé : qu'on entende Madonna ou Joy Division, la redevance reste la même (pour plus d'information sur les droits à payer à la Sacem, se référer à l'encadré sur ce thème dans le chapitre sur la musique d'ambiance). De même, s'il souhaite diffuser des sons dans la rue devant son magasin, il doit en demander l'autorisation à la préfecture.

S'il s'est inspiré d'une enseigne déjà existante, il devra également se méfier du risque de procès pour contrefaçon de magasin (si l'entreprise copiée bénéficie d'un droit privatif), pour concurrence déloyale et parasitaire (si l'entreprise copiée n'a pas de droit privatif mais qu'il existe un risque de confusion dans l'esprit du consommateur) ou pour parasitisme (s'il n'y a ni droit privatif, ni risque de confusion). En effet, plusieurs procès ont déjà eu lieu pour ces motifs (Huvé, Gerbet et Rieunier, 1998). Ainsi, la Fnac a attaqué les Espaces culturels Leclerc pour concurrence déloyale et parasitaire en 1995. Leclerc avait reproduit au sein de ses espaces un certain nombre de caractéristiques propres à l'architecture de la Fnac. Cependant, la Fnac n'a pas remporté ce procès car le tribunal a jugé qu'un client ne pouvait pas se croire à la Fnac en entrant dans un Espace Culturel Leclerc du fait que Leclerc se trouvait exclusivement positionné en banlieue alors que la Fnac était implantée uniquement dans les centres ville. Il ne pouvait donc pas y avoir un risque de confusion de la part du consommateur, or ce risque est nécessaire pour attaquer sur le motif de concurrence déloyale et parasitaire. Cependant, si la Fnac avait attaqué Leclerc sur le seul motif de parasitisme, elle aurait certainement remporté le procès. En revanche,

Patchouli s'est vu contrainte à verser 76 225 euros de dommages et intérêts et à transformer ses magasins après avoir perdu son procès face à Séphora qui l'accusait d'avoir copié : sa façade, les proportions entre le blanc et le noir dans ses linéaires, les couleurs des différents espaces du magasin, l'ordonnancement des produits, et les formes et couleurs des présentoirs identiques. Compte tenu du risque de confusion créé par cette copie, le procès pour concurrence déloyale et parasitisme s'est conclu en faveur de Séphora. Le distributeur doit donc s'assurer qu'il n'existe pas de risque de confusion avec une enseigne concurrente lorsqu'il revoit l'intérieur ou l'extérieur de son point de vente. Il peut s'inspirer de la concurrence, mais doit tout de même conserver des éléments distinctifs qui lui soient propres.

Si le distributeur a créé un logo sonore ou olfactif pour son point de vente, il doit songer à se prémunir de son utilisation par les concurrents en les déposants à l'INPI (Institut national de la propriété industrielle). Le logo sonore peut en effet être déposé sous forme graphique à l'INPI ; cependant, le dépôt du logo olfactif semble plus complexe à protéger (v. Encadré 8.5).

Encadré 8.5 – Le dépôt et la défense d'un logo olfactif pour un magasin

Le logo olfactif est le résultat d'une création artistique. À ce titre, il devrait pouvoir être protégé de deux manières différentes : soit au titre de droits d'auteurs, soit au titre de marque.

La protection au titre de droit d'auteur

Pour être protégée au titre de droit d'auteur, une odeur doit être le résultat d'une œuvre de l'esprit. Ceci exclut donc la possibilité de déposer une odeur de base et de s'approprier ainsi le monopole de l'utilisation d'une odeur qui n'a fait l'objet d'aucune recherche intellectuelle. Il n'est donc pas possible pour une enseigne de déposer, par exemple, l'odeur de cèdre comme logo olfactif. En revanche, si l'odeur a fait l'objet d'une démarche créative, conduisant à la création d'un message olfactif « nouveau et original », elle peut être protégée contre la copie par les lois sur les droits d'auteurs. Ceci n'est cependant pas simple à mettre en application. En effet, normalement, une œuvre de l'esprit est protégée par la loi du moment qu'on peut prouver sa date de création. Il est donc alors nécessaire pour une enseigne qui souhaite déposer son logo olfactif de le faire auprès de l'INPI afin de pouvoir « prendre date » de cette création. C'est à ce stade que les choses deviennent complexes. En effet, comment déposer une odeur ?

Plusieurs procédés peuvent être envisagés pour ce dépôt : déposer la formule, déposer une représentation graphique de l'odeur, déposer un échantillon. Cependant, aucune de ces formes de dépôt ne permet de représenter parfaitement l'odeur.

Normalement, toute odeur peut être transcrite par une formule que sauront lire et décoder les nez les plus avertis. Cependant, cette forme de dépôt présente l'inconvénient de ne pas retranscrire exactement le rendu de l'odeur. En effet, selon l'origine des matières premières utilisées pour suivre la formule, on pourra obtenir des parfums nettement différents. Par ailleurs, on pourra obtenir des jus semblables en utilisant des parfums de synthèse... Dès lors, le dépôt de la formule rend la protection de l'odeur difficile.

La deuxième solution de dépôt consiste à représenter l'odeur sous forme graphique. Ceci est en effet possible grâce à un procédé complexe qui permet de transcrire l'odeur à partir de l'utilisation de nez électroniques ou de chromatographie en phase gazeuse. Cependant, cette solution ne semble pas optimale dans la mesure où seules des personnes extrêmement bien formées aux odeurs peuvent avoir une idée précise du rendu olfactif en visualisation sa forme graphique.

Enfin, le dépôt d'un flacon de parfum ne permet pas de protéger l'odeur dans la mesure où une copie de l'odeur doit alors être évaluée par le législateur de manière totalement subjective. Il devra en effet répondre à la question : « Est-ce que cette odeur est identique en tout point à l'autre ? ». Les magistrats n'étant pas particulièrement formés à l'analyse sensorielle, cette forme de dépôt risque ensuite de poser de gros problèmes d'application de la loi, même si le recours à des experts en analyse sensorielle pourrait permettre de surmonter cette contrainte. Par ailleurs, le dépôt d'un flacon pose le problème de la conservation du jus dans le temps. En effet, ce dernier s'altère au fil des années et doit être conservé dans un endroit sombre et à une certaine température pour garder ses propriétés olfactives à moyen terme. À long terme, il est impossible de lui garder ses qualités du premier jour.

La protection au titre de marque

Pour que l'odeur bénéficie du droit des marques, il est nécessaire qu'elle remplisse deux conditions (au titre de l'article L 711-1 du code de la propriété intellectuelle) :

- qu'elle soit susceptible d'une représentation graphique ;
- qu'elle serve à distinguer les produits ou services d'une personne physique ou morale.

Ces conditions recoupent ce qu'on vient de détailler ci-dessus. S'il ne fait pas de doute que l'odeur peut représenter un caractère distinctif pour une marque ou une enseigne, il n'en reste pas moins que sa représentation graphique pose des problèmes importants. Aucun logo olfactif n'a donc pu être accepté par l'INPI pour l'instant.

En résumé, il n'existe à ce jour aucune forme de dépôt entièrement satisfaisante. Malgré les tentatives de dépôt d'odeurs faites auprès de l'INPI par différentes marques ces dernières années, aucune n'a pour l'instant reçu de réponse positive ou négative de cet organisme. En théorie, il semblerait qu'une conjugaison des différentes manières de déposer une odeur permettrait à un fabricant de s'assurer de sa protection. Cependant, le législateur, peut-être un peu trop frileux, ne l'a pas encore accepté.

Pour aller plus loin :

Barbet V., Bresse P., Guichard N., Lecoquierre C., Lehu J.M. et Van Heems R. (1999), *Le marketing olfactif*, Les Presses du Management.

Respecter les contraintes éthiques

Il est parfois tentant pour le distributeur d'utiliser les facteurs d'ambiance dans le but de manipuler le consommateur à son insu. Cette utilisation peut se décliner de deux manières.

- par l'utilisation de facteurs subliminaux. L'utilisation de musiques, d'images ou d'odeurs subliminales consiste à diffuser ces stimuli en dessous du seuil de conscience de l'individu de sorte que ce dernier, même en y portant une attention soutenue ne peut détecter le message subliminal. Ainsi, lorsqu'un individu est soumis à un film dans lequel est insérée une image subliminale, il ne peut pas détecter cette 25e image consciemment, même si quelqu'un attire son attention sur le fait que cette image existe. Il en est de même avec les autres sens. Par exemple, la diffusion de phéromones ou de messages subliminaux au sein de la musique d'ambiance n'est pas détectable consciemment par le cerveau, mais ces messages peuvent éventuellement être enregistrés inconsciemment et avoir une influence sur le client en magasin. L'utilisation des facteurs subliminaux s'inscrit dans une démarche totalement non-éthique puisqu'elle vise à ne pas permettre au consommateur de délibérer en toute connaissance de cause ;

- par l'utilisation de facteurs supraliminaux (donc diffusés au-dessus du seuil de conscience) mais employés dans le but d'induire une erreur de jugement chez le consommateur. Ainsi, il arrive aux grandes surfaces d'odoriser leurs rayons de fraises de senteurs de fraises mûres pour donner l'illusion au consommateur que ces dernières ont des qualités gustatives importantes. Une telle pratique consiste à biaiser le jugement du consommateur en lui faisant croire à des attributs du produit que celui-ci ne détient pas. Cette pratique tombe sous le coup de la loi pour publicité mensongère et peut faire l'objet de procès (Barbet *et al.* 1999). De même, on constate que les grands distributeurs odorisent parfois les roses qu'ils vendent : il est en effet aisé de produire des roses magnifiques à bon marché mais qui ont le désavantage de ne rien sentir. Dès lors, une touche de parfum de synthèse permet de donner au consommateur l'illusion d'une très bonne qualité de produit lorsqu'il évalue le parfum de ce dernier pour se décider à l'achat. Hormis les odeurs, les autres facteurs d'ambiance peuvent également être utilisés pour biaiser le jugement du consommateur. Par exemple, lorsqu'un décor traditionnel est élaboré dans une chaîne de boulangerie ou de restaurant alors que la nourriture vendue provient exclusivement d'une production industrielle. Le client infère alors du décor du point de vente que les produits qui lui sont proposés sont authentiques et détiennent des propriétés gustatives liées à une élaboration et une cuisson traditionnelle alors qu'il consomme des produits industriels. Le distributeur doit donc s'assurer que l'ambiance qu'il souhaite mettre en place correspond aux qualités intrinsèques de son produit et ne va pas consister à biaiser le jugement du client. Il peut par ailleurs informer le consommateur sur le type de musique et d'odeurs diffusées ainsi que sur les raisons pour lesquelles il utilise ces facteurs d'ambiance (confort du client, image du point de vente, etc.). Ainsi, le consommateur informé peut prendre en compte ces éléments dans l'évaluation de l'offre du commerçant.

Étape 4 – Tester l'ambiance auprès des consommateurs et des employés

Après s'être assuré du fait que l'utilisation des stimuli d'ambiance suit un cadre légal et éthique, le distributeur doit réaliser un test de l'ambiance auprès des clients et des employés de son point de vente.

Il n'est pas nécessaire que ce test soit réalisé à grande échelle. Concrètement, le distributeur doit donc implanter sa nouvelle ambiance au sein d'un ou deux magasins et observer pendant une durée d'un mois les réactions des clients. Pour ce faire, il pourra à la fois observer leurs réactions physiques (réactions d'attraction ou de rejet par rapport au stimulus, temps passé en magasin, parcours de visite, etc.) mais également les interroger sur leur perception des facteurs d'ambiance (caractère plaisant, détendant, stimulant, attention portée au facteur, etc.).

Dans la pratique, cette étape est bien souvent bâclée par les distributeurs très pressés de mettre en place leur nouvelle ambiance. Pourtant, ceci conduit parfois à des échecs cuisants (v. Encadré 8.6). Ainsi, un responsable de supermarché Bio avait décidé de créer une ambiance sonore naturelle au sein de ses points de vente. Ne voulant pas investir dans les services d'une société spécialisée, il avait acheté un disque des bruits de la forêt chez Nature & Découvertes. Dès son retour en magasin, il mit le disque. Ce dernier commençant par de doux chants d'oiseaux, il avait mis le volume sonore assez fort pour qu'on l'entende dans tous les rayons. Cependant, au bout d'un moment, le brame d'un cerf se fit entendre dans la forêt... et donc dans le magasin. Les clients furent pétrifiés ! Ils s'arrêtèrent net, se regardant pour essayer de comprendre... Quelques minutes plus tard, le directeur du magasin réussissait à atteindre le bouton « *off* » de la chaîne hi-fi située dans la réserve du magasin ! Une écoute attentive du CD avant diffusion aurait certainement suffi à éviter cette erreur.

Encadré 8.6 – Une ambiance exotique peu appréciée

Un distributeur de vêtements féminins assez connu avait décidé, il y a quelques années, de créer une ambiance sonore « world music » au sein de son magasin. Sa stratégie reposait sur l'idée que sa clientèle type était une jeune femme active, citadine, dynamique, très ouverte sur le monde et les autres cultures, qui avait des amis venant de tous les pays, qui voyageait beaucoup, etc. La traduction sonore des goûts et des valeurs de cette cliente pouvait correspondre à la diffusion de musiques du monde (Indienne, Chinoise, Mexicaine, Andalouse, etc.). L'idée était donc de créer chaque mois une ambiance sonore différente, typiquement marquée d'une origine géographique. Le premier disque diffusé dans ces magasins fut un disque de huit heures de musique espagnole. Résultat : l'enseigne a dû retirer précipitamment le disque de tous ses magasins devant l'avalanche des plaintes et s'est alors retournée vers le prestataire de service qui avait défini cette ambiance sonore. Ce dernier a décidé de réaliser une enquête auprès des 200 clientes qui composaient la base de donnée du point de vente afin de les interroger sur leurs artistes musicaux préférés. Le résultat fut édifiant : seuls quatre étrangers figuraient parmi la liste des 100 artistes les plus fréquemment cités ! Les goûts musicaux des clientes étaient très homogènes : elles aimaient toutes la variété française. Dans un excès d'intuition, le directeur marketing de l'enseigne avait juste confondu la cible voulue pour son magasin avec la clientèle réelle...

Par ailleurs, le prétest de l'ambiance du magasin peut permettre d'identifier les processus d'adoption des différents facteurs par les clients. Par exemple, il va être important que le consommateur s'identifie à la musique d'ambiance diffusée si l'on souhaite qu'il se considère comme appartenant à la cible du magasin. On sait en effet que la musique peut avoir une fonction identifiante. Jean-Charles Chebat, professeur de marketing à HEC Montréal, rapporte ainsi que la municipalité de Montréal voulant déplacer des punks d'un quartier très fréquenté de la ville, a décidé de diffuser la musique la plus opposée à leurs goûts musicaux pendant toute la journée : de la musique classique. L'opération a été un succès.

Ce prétest permettra donc de tester la fonction identifiante de l'ambiance du magasin. Il sera également utile pour détecter d'éventuels problèmes liés à l'acceptation du facteur d'ambiance par les employés. En effet, ces derniers restent toute la journée en magasin et peuvent avoir des difficultés à travailler dans certaines ambiances. Ainsi, un distributeur de vêtements féminins voulant diffuser une odeur d'orange dans ses magasins s'est rapidement aperçu que le contact prolongé avec cette odeur provoquait des maux de têtes chez les vendeuses. Alors que la plupart des odeurs se font oublier au bout d'un court moment d'exposition, il n'y a pas d'accommodation sensorielle à l'odeur d'orange, de sorte que l'individu exposé à cette odeur la sent pendant toute la durée de l'exposition. Le travail du Cora de Houdemont est à ce titre exemplaire (v. Encadré 8.7).

Encadré 8.7 – Cora Houdemont : le marketing sensoriel dans le respect du consommateur et de la force de vente

Cora Houdemont est un des hypers français qui a le plus investi sur la dimension sensorielle du point de vente. Son directeur, monsieur Bertrand Dufresne explique sa démarche :

« On a profité du *remodeling* du magasin pour le traiter sensoriellement. Nous avons particulièrement travaillé les odeurs, la musique et la mise en ambiance. L'objectif n'était surtout pas d'influencer le consommateur à son insu mais d'augmenter le confort d'achat pour se différencier. Ceci s'est d'ailleurs accompagné d'une triple démarche de certification. On est en effet le seul hyper à avoir eu la norme ISO 9001 "hygiène qualité", ISO 4001 "respect de l'environnement", et OHSAS "santé et sécurité au travail". On a voulu mêler les deux approches : une approche qualité et une approche de confort pour la clientèle ». Ainsi, le magasin a mis en avant une ambiance cosy et naturelle. Dès la façade du magasin, le bois est mis à l'honneur pour donner un aspect chaleureux au magasin. Ce dernier est repris à l'intérieur du magasin avec 5 000 mètres carrés de parquet naturel et une verrière de 250 mètres de long. Les noms des rayons et leur habillage ont également été étudiés, en partenariat avec un professeur des beaux arts de Nancy, afin de les rendre plus poétiques et agréables. Par exemple, au niveau des caisses, les séparateurs offerts aux clients pour indiquer la limite entre leurs affaires et celles de la personne précédente portent la mention « dans le temps d'un sourire et je suis à vous » au lieu de « client suivant ».

Certains rayons ont fait l'objet d'une théâtralisation particulière pour les rendre plus agréables. Ainsi, le rayon fruits et légumes offre une lumière indirecte diffusée au travers d'abats jours. Sur le poste de pesée assistée, un bouquet de trois mirabelliers (symbole de la Loraine) a été installé afin de rendre le rayon plus convivial. Les troncs sont réels et les branches évoluent en fonction des saisons (feuilles rousses, enneigées, avec des fleurs, des fruits). Un brumisateur arrose également les produits afin de leur permettre de conserver toute leur fraîcheur. En revanche, l'ambiance sonore de départ a dû être revue. En effet, les vendeuses ne supportaient pas les bruits de perroquets diffusés dans le rayon.

Dans un même ordre d'idée, le rayon culture propose un coin où les clients peuvent s'asseoir et se détendre en feuilletant les livres dans une ambiance reprenant des sons de la nature. Des bruits de cascade sont diffusés dans le rayon « eaux minérales » et les clients patientent aux cabines d'essayage en visualisant des défilés de mode diffusés sur trois écrans. Les odeurs sont également utilisées dans l'objectif d'accroître le confort d'achat : odeurs de lavande au rayon lingerie ; herbes fraîches au jardin ; colle blanche pour la rentrée des classes. Toute opération doit être menée dans le respect du consommateur et du vendeur. Dès la moindre réclamation, l'opération est arrêtée ou reconsidérée. Ainsi, les odeurs d'iode du rayon « poissons » et les cris de mouettes ont été supprimés car la force de vente éprouvait un désagrément trop fort vis-à-vis de ces stimuli.

Depuis la refonte de ce magasin et la mise en place de cette démarche de marketing sensoriel, l'enseigne connaît un succès grandissant. Les clients parlent d'ailleurs volontiers des efforts faits sur le visuel. Moins des expériences olfactives et musicales. Mais ceci ne veut pas dire qu'ils n'y sont pas sensibles. En effet, le magasin n'enregistre plus aucune réclamation sur l'ambiance musicale depuis que sa politique est devenue cohérente. Peut-être est-ce là le signe de la réussite sensorielle : des clients qui ne formulent plus de désagrément à l'égard de l'ambiance du magasin.

Le prétest de l'ambiance du magasin permettra également de vérifier grandeur nature le fait que les consommateurs perçoivent des correspondances harmonieuses entre l'odeur, les sensations visuelles, la musique d'ambiance, etc. Cette congruence perçue est très importante dans la mesure où l'élément incongru attirera l'attention et sera de nature à gêner le client dans son acte d'achat. Ainsi, il n'est pas rare que des restaurants soignent énormément leurs décors, leur offre de produits, le confort de leur salle mais diffusent une musique qui ne correspond pas du tout à leur positionnement (par exemple, musique de variété italienne dans un restaurant breton axé sur les produits de la mer).

Étape 5 – Communiquer le nouveau concept aux employés

Après s'être assuré de l'acceptation de l'ambiance du magasin par les clients et les employés dans un ou deux magasins de la chaîne, il est nécessaire de communiquer auprès de l'ensemble des employés les raisons de la mise en place de la nouvelle ambiance. En effet, on constate sur le terrain que bien souvent, un nouveau disque ou une nouvelle odeur arrivent en magasin par la poste avec le message suivant : « merci de diffuser dorénavant ceci dans le magasin ». Une telle communication engendre dès le départ une réponse négative de la part de la force de vente qui se sent totalement exclue de la politique commerciale de l'enseigne. À l'inverse, la direction marketing de l'enseigne doit expliquer les raisons du changement des stimuli d'ambiance en magasin au responsable du point de vente. Un entretien quelques jours après la mise en place devrait également permettre de montrer l'implication de la direction dans cette décision à la force de vente et d'enregistrer ses éventuelles remarques sur le nouveau facteur d'ambiance. Ainsi, la direction de Nature & Découvertes a réalisé il y a quelques années que ses magasins avaient tendance à se transformer en cacophonie olfactive : la directive donnée aux magasins était qu'ils devaient diffuser une odeur vendue en magasin mais qu'ils avaient le choix dans la gamme (très large) de la fragance à diffuser. Dès lors, chaque vendeur, selon son goût, odorisait son rayon de manière parfois totalement incohérente avec la saison ou l'odeur diffusée dans le rayon voisin. La direction marketing a donc dû définir une politique olfactive plus restrictive en conseillant la diffusion de deux odeurs congruentes par saison.

Étape 6 – Mettre en place le concept

Une fois la nouvelle ambiance mise en place, il est nécessaire de réaliser un post-test de l'ambiance sur quelques magasins afin de déterminer si les objectifs poursuivis sont atteints. À notre connaissance, ce type de test n'est jamais réalisé. D'une part, en raison du coût d'une telle pratique, d'autre part, à cause de la peur de se tromper. En effet, si le post-test révèle que la nouvelle ambiance s'avère inefficace pour atteindre tel ou tel objectif, le distributeur doit alors reprendre le processus de définition de l'ambiance en amont, ce qui est une nouvelle fois coûteux et assez démotivant. Cependant, il nous semble qu'il vaut mieux réaliser ce post-test plutôt que de constater après plusieurs semaines que la direction marketing de l'enseigne a fait fausse route. Par exemple, une enseigne de vêtements masculins ciblant les 20-35 ans a fait récemment cette mauvaise expérience. Le PDG de l'enseigne, de retour d'un voyage aux États-Unis avait décidé de diffuser dans l'ensemble de ses magasins de la musique « *dance* » afin de connoter une image jeune, dynamique et internationale. Cependant, après avoir mis en place cette ambiance sonore dans la totalité de la chaîne, cette dernière a dû être retirée. En effet, une fois l'effet de surprise passé, les vendeurs ne supportaient plus d'entendre toute la journée cette musique de boîte de nuit sans pour autant pouvoir danser dans le magasin.

Il semble donc opportun, deux ou trois semaines après la mise en place de l'ambiance de réaliser un post-test de l'efficacité de cette dernière. Lors de cette étape, le distributeur devra cependant faire attention à l'effet de surprise. Cet effet correspond au fait d'enregistrer une réaction erronée due à la surprise si on interroge les consommateurs juste après le changement d'ambiance. Par exemple, Promod après avoir refait un de ces magasins de manière à ce qu'il soit beaucoup plus clair et aéré, a constaté que les clientes étaient plutôt négatives vis-à-vis du réaménagement du point de vente : elles ne se retrouvaient plus dans le nouvel aménagement et avaient la sensation que le magasin proposait moins de produits. Après quelques semaines d'adaptation, elles préféraient finalement le nouvel aménagement à l'ancien.

Les post-tests qui suivent la mise en place du concept à grande échelle doivent donc être réalisés quelques semaines après l'installation de la nouvelle ambiance afin d'éviter cet effet de surprise.

Cette étape de mise en place du concept devra également permettre de tester à grande échelle pendant les trois premiers mois les qualités de sérieux du prestataire de service. En effet, on assiste sur le marché des facteurs d'ambiance à l'arrivée de multiples sociétés de petites tailles qui souhaitent pénétrer le secteur en proposant des prix attractifs aux distributeurs. L'inconvénient réside ensuite dans le suivi du contrat : bon nombre de sociétés ont du mal à assurer la logistique pour approvisionner chaque mois l'ensemble des magasins clients en disques, cartouches d'odeurs, etc. Certaines sociétés équipent le magasin pilote avec du matériel de qualité irréprochable et profitent ensuite du fait que la signature du contrat ait eu lieu pour équiper le reste de la chaîne de magasin d'un matériel de diffusion de qualité médiocre, d'autres ont du mal à entretenir le parc de diffuseurs, à renouveler leur offre, etc.

Étape 7 – Entretenir le concept et créer la surprise

La dernière étape de la gestion d'une ambiance efficace réside dans l'entretien du concept et de la surprise qu'éprouve le client en pénétrant dans le magasin.

Entretenir le concept

Un magasin est un lieu de passage, un lieu de vie, tout comme une maison, il se patine avec les années, évolue, les meubles ne vieillissent pas tous bien, certaines formes à la mode lors de l'ouverture deviennent « ringardes » avec les années, les peintures se ternissent, s'écaillent, etc. Bref, le temps fait son effet et il est nécessaire pour le distributeur d'entretenir ses points de vente s'il ne souhaite pas voir son investissement disparaître rapidement. Aujourd'hui, le renouvellement des magasins se fait selon un rythme moyen de quatre ans. Cependant, le distributeur peut sans nul doute rallonger cette durée en entretenant son concept de manière régulière.

Créer la surprise au sein d'une même chaîne de magasins

Certaines enseignes arrivent avec brio à maintenir l'intérêt du client par des changements réguliers de facteurs d'ambiance. Ainsi, les Galeries Lafayette, le Printemps, le Bon Marché, savent avec justesse créer des quinzaines à thème où l'ambiance d'un étage est totalement revue pour reproduire celle d'un pays. Si les consommateurs sont attirés par les bonnes affaires et le changement d'assortiment, ils le sont également par la promesse d'une expérience de consommation divertissante et de la création d'un univers sensoriel hors du commun. Ainsi, il régnait dans une exposition sur l'Afrique réalisée au Bon Marché ces dernières années certaines odeurs caractéristiques des tissus Africains vendus sur les marchés. Dans un même ordre d'idée, on peut citer l'exemple de l'Espace Colette qui renouvelle ses vitrines, son ambiance et son assortiment toutes les semaines (v. Encadré 8.8).

Encadré 8.8 – Susciter l'intérêt et la surprise pendant presque 10 ans : analyse du concept Colette

Colette a vu le jour en 1997 à Paris. Lieu très innovant pour l'époque, il rassemble tout et n'importe quoi du moment que l'objet plaît à la créatrice du lieu et peut potentiellement être à la mode. Ainsi, on y trouve à la fois des livres, des CD, des crèmes de beauté, des nounours, des vêtements de créateurs, des bonbons, des briquets, des chaussures de grande diffusion, de l'eau en bouteille, des biscuits, des bijoux précieux, du matériel hight tec… Dès son ouverture, le magasin devient *le* lieu où aller pour se tenir au courant des nouveautés et connaître l'air du temps en matière de mode. Le « *concept store* » est né. Pourtant, de nombreux observateurs de la distribution prédisent un succès éphémère au magasin : on ne peut pas rester à la mode pendant dix ans. En 2007, l'histoire les a fait mentir. Voilà plus d'une décennie que Colette a gardé son avantage pionnier et reste surprenant de modernité. Les clés du succès ? Elles sont multiples mais peuvent se résumer dans la capacité de renouvellement de l'enseigne et dans un acharnement à proposer un confort d'achat irréprochable. Ainsi, Guillaume Salmon, attaché de presse chez Colette nous explique : « les vitrines, l'aménagement du point de vente, et l'assortiment sont revus tous les dimanches. Colette et Sarah, notre directrice artistique et acheteuse ne se reposent jamais et travaillent en permanence pour trouver de nouveaux produits hors du commun à présenter ».

Au-delà du visuel, Colette a décliné son identité sur tous les autres sens. Ainsi, il existe un « son » Colette diffusé et vendu au travers de compilations. Ce son est également diffusé sur le web par le biais de « radio Colette ». La plupart des produits peuvent être touchés librement, ce qui nécessite une perpetuelle remise en place de la part des vendeurs. D'un point de vue olfactif, l'odeur du point de vente est très marquée : on la sent souvent de l'autre côté de la rue. Il s'agit de la diffusion d'un parfum à base de figuier. Derrière ce choix, pas d'étude marketing, mais une constatation : ce parfum était celui qui se vendait le mieux en bougies d'intérieur, donc, celui qui plaisait le plus. Dès lors, Colette a demandé au créateur de bougies de lui vendre la fragrance sous forme de diffuseur et d'éditer des bouteilles à l'effigie du magasin. Les clients fidèles aiment particulièrement cette odeur et l'ont totalement associée à Colette. Elle a donc réussi à créer un logo olfactif très fort. D'ailleurs, il n'est pas rare que les clients soulignent qu'ils apprécient de retrouver cette fragrance lorsqu'ils ouvrent le sac d'emplettes en revenant chez eux.

Un atelier de création de parfum permet aussi au client de commander un parfum personnalisé à partir de différentes bases en démonstration : le jus est créé devant lui et une étiquette à son nom est apposée sur la bouteille.

Enfin, on peut également se restaurer au sous-sol dans le café Colette. Ici, il s'agit également de renforcer son image : avant-gardiste et haut de gamme. Ainsi, pour l'image avant-gardiste, le décor est minimaliste, les lumières sont d'un bleu futuriste, et la carte se compose de 60 références d'eaux et de mets aussi originaux qu'une « tarte soufflée aux courgettes et menthe » ou un « sorbet au coquelicot ». Pour l'image haut de gamme, certains produits ont été sélectionnés chez les meilleurs fournisseurs. Ainsi, le pain provient de chez Poujauran, les macarons de chez Ladurée, les tartes de chez J-P. Hévin, le thé de chez Mariage Frères, etc. Toujours dans un souci d'avant-gardisme, Colette revoit sa carte tous les jours (v. cahier central, photo du restaurant de Colette).

Le magasin n'a été rénové qu'en 2008 mais avait été entretenu de manière quotidienne. Le magasin ne fait jamais de publicité mais enregistre dix à trente citations dans la presse par semaine. Un succès à méditer pour les autres distributeurs : assortiment unique, renouvellement permanent de l'offre, ouverture d'esprit, et identité sensorielle forte sont les facteurs clès de succès du magasin branché parisien.

Certains facteurs d'ambiance, laissant place à la nature, restent évolutifs par principe. Ainsi, le fait d'utiliser une cheminée en activité dans le magasin pour chauffer le magasin permet de créer une surprise positive chez le client, une sensation de chaleur, l'odeur du feu, le crépitement des bûches, des sensations visuelles plaisantes et un bon nombre de sensations non formatées. Avec un seul élément, le magasin se dote d'une ambiance distinctive et complète du point de vue sensoriel. Cette pratique est d'ailleurs assez courante dans les espaces de restauration ou de détente tels que les bars. Cependant, on pourrait envisager leur utilisation au sein des magasins (sous réserve, bien sûr, d'une assurance incendie performante).

L'aménagement du point de vente doit également veiller à ne pas être trop standardisé. Comme le soulignent Cova et Cova (2003), le consommateur doit pouvoir s'approprier l'espace de vente, il doit pouvoir s'installer à l'intérieur du magasin, faire évoluer son agencement pour s'y sentir plus à l'aise. Rien n'est plus déplaisant, par exemple au restaurant, que de sentir qu'on n'a aucune emprise sur l'environnement, qu'on ne peut pas bouger légèrement la table, rajouter une chaise pour un ami, faire baisser la musique qui se fait trop présente, etc. Les éléments d'ambiance doivent donc être modulables afin que le client puisse se sentir à l'aise. Cette appropriation du lieu peut d'ailleurs devenir un facteur d'attraction pour le point de vente.

Conclusion

Les sept étapes définies au travers de ce chapitre reflètent la nécessité pour le commerçant d'arriver à conjuguer ensemble créativité et rigueur. Si ces deux qualités semblent parfois opposées, il n'en reste pas moins que certains domaines du marketing, tels que la communication publicitaire ou la création de nouveaux produits, ont réussi à concilier les deux de manière efficace. Les divers exemples cités dans ce chapitre témoignent le fait que seule la création peut permettre au commerçant de trouver un positionnement fort et durable. Cependant, plusieurs exemples montrent également que la création pure n'est pas suffisante et que le commerçant doit structurer sa démarche autour de différents tests lorsqu'il décide de se lancer dans la création d'une ambiance innovante.

Conclusion

Le marketing sensoriel est devenu l'un des leviers à actionner pour créer une marque forte. De nombreux auteurs tant académiques que professionnels ont reconnu l'importance de la sensorialité dans la construction du capital affectif de marque. Ainsi, Kevin Roberts, CEO *worldwide* de Saatchi & Saatchi, a pris du recul sur son activité de publicitaire pour analyser les facteurs explicatifs de l'attachement à la marque (Roberts, 2004). Au terme de son analyse, il trouve trois facteurs : le mystère, l'intimité et la sensualité. Le mystère recouvre le fait que la marque ait une histoire légendaire, qu'elle soit à l'origine de mythes ou incarnée par une icône. L'intimité est représentée par le fait que chaque consommateur soit capable de raconter une histoire personnelle liée à la marque. Enfin, la sensualité de la marque s'incarne par sa capacité à solliciter les cinq sens chez le consommateur.

Dans un même ordre d'idée, Martin Lindstrom (2005) a travaillé avec la société d'étude Millward Brown's sur l'impact des variables sensorielles sur l'évaluation de la marque-enseigne dans douze pays différents. Ses conclusions prédisent que le marketing sensoriel va prendre le pas sur la publicité. Cette dernière n'est pas assez source de différenciation alors qu'une marque qui s'adresse aux cinq sens permet d'attirer l'attention de l'individu et d'obtenir une marque forte.

Enfin, des chercheurs académiques commencent également à s'intéresser à l'attachement au lieu de vente. Ce dernier peut se définir comme « un lien affectif positif et identitaire de long terme entre un individu et un lieu spécifique ». Le consommateur attaché à un lieu va développer un comportement de fidélité allant jusqu'à sa mobilisation pour défendre le lieu si ce dernier est menacé. Or, les chercheurs ont montré que l'attachement au lieu provient de différents facteurs : l'histoire personnelle qu'on a avec le magasin, ses composantes sociales (employés et clients) ainsi que ses caractéristiques sensorielles (Debenedetti, 2004).

À l'issue de cet ouvrage, on peut donc affirmer que le marketing sensoriel est tout sauf un effet de mode que suivent les distributeurs. Les nombreux exemples de commerçants et de prestataires de services ayant investi avec succès sur les variables sensorielles du magasin témoignent de l'émergence de cette nouvelle branche du marketing. Cependant, selon notre expérience sur ce terrain, le marketing sensoriel ne fait pas tout. Plusieurs facteurs doivent être au rendez-vous pour garantir le succès d'un point de vente (*cf.* figure 1 ci-dessous).

Figure 1 – Les facteurs clés de succès d'un magasin

Si on analyse le succès du magasin Colette (v. Encadré 8.8), on retrouve l'ensemble de ces éléments. Il en est de même pour le Bon

Marché, pour Monoprix ou encore pour une petite boutique, peu connue, mais ayant des retombées presses et télévisées nationales : la Droguerie de Marine (v. photos dans le cahier central). Ce magasin, situé à Saint-Malo, vend comme son nom l'indique, des produits de droguerie pour entretenir les maisons et les bateaux. Mais pas uniquement. Son créateur, Loïc Josse, a très vite voulu concilier la reprise de cette ancienne droguerie avec une de ses passions : les livres sur la mer. Puis, gagnant des mêtres carrés, il a étendu son concept à l'idée du voyage en mer : que faut-il pour prendre le large ? Des produits de droguerie, des boîtes de conserve, des romans, des cartes, des éléments de décoration pour le bateau, des paniers, des livres et des petits jeux pour les enfants, du matériel de pêche, des lampes à huile, des thermomètres, et quelques ustensiles de cuisine. On peut donc trouver tout ça dans sa boutique, dont beaucoup de produits exclusifs. D'ailleurs, il le dit lui-même : « ça ne m'intéresse pas de vendre ce qu'on peut trouver partout ». Ses produits se renouvellent donc très fréquemment, offrant une raison de revenir souvent à ses clients. Rajoutez à cet assortiment une atmosphère d'intérieur de bateau : travail sur le bois, les cordages, les éclairages intimistes, le cuir, les multiples recoins, les odeurs et le respect du client : « il est chez lui, j'ai mis un canapé et des fauteuils pour qu'il puisse s'arrêter, se poser, lire un livre s'il le souhaite, il faut qu'on lui foute la paix ! ». Les vendeuses sont devenues expertes de l'ensemble de ces produits et Loïc Josse est également souvent présent dans sa boutique pour observer, discuter, et partager avec ses clients. Terminez par la création de multiples rencontres et séances de dédicaces avec des auteurs parfois très connus. N'utilisez pas de budget de publicité, mais une importante présence dans les salons littéraires et les festivals tels que le festival « Étonnants Voyageurs » (second festival littéraire de France). Vous obtiendrez alors de nombreuses retombées presses, quelques émissions télévisées (notamment dans Thalassa) et, surtout, des clients extrêmement attachés à l'enseigne, très fidèles, qui seront prêts à adhérer à l'association des « Amis de la Droguerie de Marine », à en parler et à la défendre si besoin. Quel distributeur ne rêverait pas d'une telle réussite ?

Bibliographie

Chapitre 1

DAUCÉ B. et RIEUNIER S. (2002), « Le marketing sensoriel du point de vente », *Recherche et Applications en Marketing*, vol. 17, n° 4, 46-65.

GIBOREAU A. et BODY L. (2007), *Le marketing sensoriel : de la stratégie à la mise en œuvre*, Vuibert, 238 pages.

HETZEL P. (2002), *Planète Conso*, Éditions d'Organisation.

LICHTLE M.C., LLOSA S. et PLICHON V. (2002), « La contribution des différents éléments d'une grande surface alimentaire à la satisfaction du client », *Recherche et Applications en Marketing*, vol. 17, n° 4, 23-34.

Chapitre 2

ARNOULD E. J et PRICE L. L (1993), « River Magic : Hedonic Consumption and the Extended Service Encounter », *Journal of Consumer Research*, 20, 24-45.

BADOT O. (2003), « Le marketing expérientiel du distributeur », *in* MICHON C. (coord.), *Le Marketeur*, Pearson Éducation.

BITNER M. (1992), « Serviscapes : The Impact of Physical Surroundings on Customers and Employees », *Journal of Marketing*, vol. 56, April, 57-71.

BUCCI A. (1998), *Quand les idées mènent l'entreprise…*, Dunod.

CARÙ A. et COVA B. (2003), « Approche empirique de l'immersion dans l'expérience de consommation : les opérations d'appropriation », *Recherche et Applications en Marketing*, 18, 2, 47-65.

COVA B. (1999), « Tribalisme : émotion partagée ou émotion contiguë ? », *Sociétés*, 63, janvier, 119-125.

COVA B. et COVA V. (2001), *Alternatives marketing*, Dunod.

DAUCÉ B. et RIEUNIER S. (2002), « Le marketing sensoriel du point de vente », *Recherche et Applications en Marketing*, 17, 4, 45-65.

FILSER M. (2000), « Les enjeux du marketing relationnel dans la distribution de détail : la relation à l'enseigne et la communication par le magasin amiral », 15e journées nationales des IAE, Bayonne.

FILSER M. (2002), « Le marketing de la production d'expérience : statut théorique et implications managériales », *Décisions Marketing*, n° 28, octobre-décembre, 13-22.

FIRAT A. F. et VENKATESH A. (1993), « Postmodernity : The Age of Marketing », *International, Journal of Research in Marketing*, 10, 3, 227-250.

GENTRIC M. (2005), *La relation client-magasin : de la stimulation sensorielle au genuis loci*, thèse de doctorat, Université de Rennes 1.

GOTTDIENER M. (1997), *The Theming of America : Dreams, Visions, and Commercial Spaces*, Westvew Press.

HOLBROOK M. B. (1999), « Introduction to Consumer Value », *in* HOLBROOK M. B. (ed.), *Consumer Value. À Framework for Analysis and Research,* Routledge, 1-28.

HETZEL P. (2002), *Planète Conso marketing expérientiel et nouveaux univers de consommation*, Éditions d'Organisation.

KOPEL S. et RÉMY E. (2001), « vantage concurrentiel dans les entreprises de service : le lien social et ses implications GRH », *Gestion 2000*, n° 4 juillet-août.

MAFFESOLI M. (1988), *Le temps des tribus*, Méridiens Klincksieck.

MARION G. (2003), « Le Marketing "Expérientiel" : une nouvelle étape ? Non, de nouvelles lunettes », *Décisions Marketing*, 30, 87-91.

PLICHON V. (1999), *Analyse de l'influence des états affectifs sur le processus de satisfaction dans la grande distribution*, thèse de sciences de gestion, Université de Bourgogne, Dijon.

RÉMY E. (2000), *Le lien social dans les échanges marchands de service : concept de services de lien et habillage social*, thèse de sciences de gestion, Université de Rouen.

RÉMY E. (2001), « Le lien social dans le marketing des services », *Revue française de marketing*, n° 181.

SCHMITT B. H. (2003), *Management Customer Experience, A Revolutionary Approach to Connecting with Your Customers*, Wiley & Sons.

Chapitre 3

ALPERT J. et ALPERT M. (1990), « Music Influences on Mood and Purchase Intentions », *Psychology and Marketing*, 7, 2, 109-133.

ARENI C. et KIM D. (1993), « The Influence of Background Music on Shopping Behavior : Classical versus Top Forty Music in a Wine Store », *Advances in Consumer Research*, 20, MCALISTER L. et ROTHSCHILD M. L. (dir.), Association for Consumer Research, 336-340.

BAILEY N. et ARENI C. S. (2006), « When a Few Minutes Sound like a Lifetime : Does Atmospheric Music Expand or Contract Perceived Time ? », *Journal of Retailing*, 82, 3, 189-202.

BEN DAHMANE MOUELHI N. (2008), « La contextualité de la musique d'ambiance : faut-il diffuser la même musique dans des magasins différentes ? », *Gestion 2000.*

BEN DAHMANE MOUELHI N. et BRÉE J. (2008), « Effets conjoints de la musique et de l'odeur d'ambiance sur les réactions conatives des clients », Actes du 24e congrès international de l'AFM (Association française du marketing), Paris.

BEN ZOUBIR I. et CHANDON J.-L. (2006), « L'impact de l'ambiance musicale sur les réactions des clients en magasin : le rôle médiateur de la congruence avec l'image de soi », Actes du 22e congrès international de l'AFM (Association française du marketing), Paris.

BILHEUST J. (1978), « La musique fonctionnelle planifiée », *Cahiers Recherche/Musique,* numéro spécial sur le pouvoir des sons, 6, 221-242.

CALDWELL C. et HIBBERT S. A. (1999), « The Effect of Music Tempo on Consumer Behaviour in a Restaurant », *Actes de l'Association of Consumer Research.*

CAMBELL J.B. et HAWLEY C.W. (1982), « Study Habits and Eysenck's Theory of Extraversion-Introversion », *Journal of Research in Personality*, 16, 139-146.

CAMUS J.-F. (1996), *La psychologie cognitive de l'attention*, Éditions Armand Colin.

CHEBAT J.-C., GÉLINAS CHEBAT C., FILIATRAULT P. (1993), « Interactive effects of music and visual cues on time perception : an application to waiting lines in banks », *Perceptual and Motor Skills*, 77, 995-1020.

CHEBAT J-C., GÉLINAS CHEBAT C., VAILLANT D. (2001), « Environmental background music and in-store selling », *Journal of Business Research*, 54, 115-123.

CHION M. (1978), « La musique fonctionnelle planifiée », *Cahiers Recherche/Musique,* numéro spécial sur le pouvoir des sons, 6, 221-242.

CHION M. (1994), *Musiques, Médias et Technologies*, Éditions Flammarion.

CORBIN A. (1982), *Le miasme et la jonquille*, Éditions Flammarion.

DAOUSSIS L. et MCKELVIE S. J. (1986), « Musical Preferences and Effets of Music on a Reading Comprehension Test for Extraverts and Introverts », *Perceptual and Motor Skills*, 62, 283-289.

DUBÉ L., CHEBAT J.-C., MORIN S. (1995), « The effects of background music on consumers'desire to affiliate in buyer-seller interactions », *Psychology and Marketing*, 12(4), 305-319.

DUBÉ L. et MORIN S. (2001), « Background music pleasure and store evaluation intensity effects and psychological mechanisms », *Journal of Business Research*, 54, 107-113.

ENGLIS B.G. (1991), « Music Television and its Influence on Consumers, Consumer Culture, and the Transmission of Consumption Messages », *Advances in Consumer Research*, 18, 111-114.

EROGLU S. A., MACHLEIT K. A. et CHEBAT J.-C. (2005), « The Interaction of Retail Density and Music Tempo : Effects on Shopper Responses », *Psychology and Marketing*, 22, 7, 577-589.

FRANCÈS R. (1958), *La perception de la musique*, Éditions Vrin.

FURNHAM A. et BARDLEY A. (1997), « Music While You Work : The Differential Distraction of Background Music on the Cognitive Test Performance of Introverts and Extraverts », *Applied Cognitive Psychology*, 11, 5, octobre, 445-455.

GALAND J.-P. (2003), « Musique et réponses à la publicité : effets des caractéristiques, de la préférence et de la congruence musicale », *Thèse de doctorat,* Université des Sciences sociales, Toulouse.

GALLOPEL K. (1998), « Influence de la musique sur les réponses des consommateurs à la publicité : prise en compte des dimensions affectives et symboliques inhérentes au stimulus musical », *Thèse de doctorat*, Université de Rennes 1.

GARLIN F. et OWEN K. (2006), « Setting the Tone with the Tune : a Meta-analytic Review of the Effects of Background Music in Retail Settings », *Journal of Business Research*, 59, 755-764.

GUÉGUEN N. LE GUELLEC et JACOB C. (2004), « Sound Level of Background Music and Consumer Behavior : An Empirical Evaluation », *Perceptual and Motor Skills*, 99, 34-38.

GUÉGUEN N., JACOB C. et LEGOHÉREL P. (2002), « L'effet d'une musique d'ambiance sur le comportement du consommateur : une illustration en extérieur », *Décisions Marketing*, 25, 53-59.

GUÉGUEN N. (2005), *100 petites expériences en psychologie du consommateur pour mieux comprendre comment on nous influence*, Éditions Dunod.

GOUDEY A. (2007), *Une approche non verbale de l'identité musicale de la marque : influence du timbre et du tempo sur l'image de marque évoquée*, thèse de doctorat de l'Université de Paris-Dauphine, 16 novembre.

GOULD G. (1966), « L'enregistrement et ses perspectives », *High Fidelity Magazine*, *in* MONSAINGEON B. (1983), *Gleen Gould : le dernier puritain*, Éditions Fayard.

HERRINGTON D. J. (1993), « The Effects of Tempo and Volume of Background Music on the Shopping Time and Purchase Amount of Supermarket Shoppers », *DBA Dissertation of Mississippi State University*, Drawer.

HILLIARD M. et TOLIN P. (1979), « Effects of Familiarity with Background Music on Performance of Simple and Difficult Reading Comprehension Tasks », *Perceptual and Motor Skills*, 49, 713-714.

HUI M.K., DUBÉ L., CHEBAT J.-C. (1997), « The impact of music on consumers'reactions to waiting for services », *Journal of Retailing*, 73(1), 87-104.

JARNO S. (1997), « Musique de tréfonds », *Télérama*, 2495, 5 novembre, 146.

LEMOINE J.F. (2003), « Vers une approche globale de l'atmosphère du point de vente », *Revue Française du Marketing*, 194, septembre, 83-101.

KIGER D. M. (1989), « Effects of Music Information Load on a Reading Comprehension Task », *Perceptual and Motor Skills*, 69, 531-534.

KIM N. J. (1997), « House Blends Like its Coffee, Starbucks Picks and Mixes its Own Music », *Puget Sound Business Journal*, december 5.

LEBARON S. (1995), « La musique au supermarché », *Rythme et Raison*, 5, printemps-été, 33-34.

MEYER L. B. (1956), *Emotion and Meaning in Music*, Chicago, University of Chicago Press.

MILLIMAN R. E. (1982), « Using Background Music to Affect the Behavior of Supermarket Shoppers », *Journal of Marketing*, 46, 3, 86-91.

MILLIMAN R. E. (1986), « The Influence of Background Music on the Behavior of Restaurant Patrons », *Journal of Consumer Research*, september, 13, 286-289.

MORIN S., DUBE L. et CHEBAT J.-C. (2007), « The Role of Pleasant Music in Serviscapes : a Test of the Dual Model of Environmental Perception », *Journal of Retailing*, 83, 1, 115-130.

NORTH A. C., HARGREAVES D. J. et MCKENDRICK J. (1997), « In-Store Music Affects Product Choice », *Nature*, 390, november 13, 132.

NORTH A. C. et HARGREAVES D. J. (1998), « The Effect of Music on Atmosphere and Purchase Intentions in a Cafeteria », *Journal of Applied Social Psychology*, 28, 24, 2254-2273.

NORTH A. C., SHILCOCK A. et HARGREAVES D. J. (2003), « The Effect of Musical Style on Restaurant Customers'Spending », *Environment and Behavior*, 35, 5, 712-718.

OLDHAM G., CUMMING A., MISCHEL L., SCHMIDTKE J. et ZHOU J. (1995), « Listen While You Work ? Quasi Experimental Relations Between Personal-Stereo Headset Use and Employee Work Responses », *Journal of Applied Psychology*, october, 80, 5, 547-564.

RIEUNIER S. (2000), « L'influence de la musique d'ambiance sur le comportement des consommateurs dans le point de vente », *Thèse de doctorat en Sciences de gestion*, Université Paris 9 Dauphine.

ROUSSEAU J.-J. (1768), *Dictionnaire de la musique*, Éditions La Veuve Duchesne.

ROUZÉ V. (1999), « La musique d'ambiance dans les lieux publics : un reflet de la société contemporaine », *Mémoire de maîtrise d'Information et de communication*, Université Paris 8 St-Denis.

SCOTT L. M. (1990), « Understanding Jingles and Needledrop : a Rhetorical Approach to Music in Advertising », *Journal of Consumer Research*, 17, 1990, 223-236.

SKANDRANI H., BEN DAHMANE MOUELHI N. et MALEK F. (2009), « Influence des facteurs d'atmosphère d'un point de vente sur les réactions des employés : une étude exploratoire », Actes du 25e congrès international de l'AFM (Association française du marketing), Londres.

SIBÉRIL P. (1994), « L'influence de la musique sur les comportements des acheteurs en grande surface », *Thèse de doctorat en Sciences de gestion*, Université de Rennes 1.

SMITH C.P. et CURNOW R. (1966), « Arousal Hypothesis'and the Effects of Music on Purchasing Behavior », *Journal of Applied Psychology*, 50, 3, 255-256.

SPANGENBERG E. R., GROHMANN B. et SPROTT D. E. (2005), « It's Beginning to Smell (and Sound) a Lot like Christmas : the Interactive Effects of Ambient Scent and Music in a Retail Setting », *Journal of Business Research*, 58, 1583-1589.

TANSIK D. A. et ROUTHIEAUX R. (1996), « Customer Stress-Relaxation : the Impact of Music in a Hospital Waiting Room », *Actes du 4e Séminaire international de recherche en management des activités de service*, IAE d'Aix en provence, 687-703.

VACCARO V., YUCETEPE V., TORRES-BAUMGARTER G. et LEE M. S. (2008), « The Relationship of Music-retail Consistency and Atmospheric Lighting on Consumer Responses », *Review of Business Research*, vol. 8, n° 5, 214-221.

YALCH R. et SPANGENBERG E. (1993), « Using Store Music for Retail Zoning : a Field Experiment », *Advances in Consumer Research*, 20, L. MCALISTER et ROTHSCHILD M. L. (dir.), Association for Consumer Research, 632-636.

YALCH R. F. et SPANGENBERG E. R. (2000), « The effects of music in a retail setting on real and perceived shopping times », *Journal of Business Research*, 49(2), 139-147.

Chapitre 4

BARBET V., BREESE P., GUICHARD N., LECOQUIERRE C., LEHU J.-M, VAN HEEMS R. (1999), *Le Marketing olfactif*, Les Presses du Management.

CHEBAT J.-C., MICHON R. (2003), « Impact of ambient odors on mall shoppers'emotions, cognition, and spending. A test of competitive causal theories », *Journal of Business Research*, 56, 529-539.

CHEN D. (2000), HAVILAND-JONES J., « Human Olfactory Communication of Emotion », *Perceptual and Motor Skills*, 91, 771-781.

CORBIN A. (1982), *Le miasme et la jonquille*, Éditions Aubiers.

DAUCÉ B. (2000), « La diffusion de senteurs d'ambiance dans un lieu commercial : intérêts et tests des effets sur le comportement », *Thèse de doctorat en Sciences de gestion*, Université de Rennes 1.

DAVIS R. G. (1975), « Acquisition of Verbal Associations to Olfactory Stimuli of Varying Familiarity and to Abstract Visual Stimuli », *Journal of Experimental Psychology : Human Learning and Memory*, 104, 134-142.

DAVIS R. G. (1977), « Acquisition and Retention of Verbal Associations to Olfactory and Abstract Visual Stimuli of Varying Similarity », *Journal of Experimental Psychology : Human Learning and Memory*, 3 (1), 37-51.

ENGEN T. (1987), « Remembering Odors and their Names », *American Scientist*, 75, 497-503.

ENGEN T. (1989), « La mémoire des odeurs », *La Recherche*, 20 (207), 170-177.

ENGEN T. et ROSS B. M. (1973), « Long-Term Memory of Odors with and without Verbal Descriptions », *Journal of Experimental Psychology*, 100(2), 221-227.

GUICHARD N., LEHU J.-M., VANHEEMS R. (1998), « Marketing du cinquième sens : l'aromachologie au service de la stratégie marketing », *Décisions Marketing*, 14, 7-17.

HALL E. (1971), *La Dimension cachée*, Éditions du Seuil.

HERZ R. S. et ENGEN T. (1996), « Odor Memory : Review and Analysis », *Psychonomic Bulletin & Review*, 3(3), 300-313.

HIRSCH A. R. (1995), « Effects of Ambient Odors on Slot-Machine Usage in a Las Vegas Casino », *Psychology and Marketing*, 12(7), 585-594.

HOLLEY A. (1996), « Actualité des recherches sur la perception olfactive », *Psychologie Française*, 41(3), 207-215.

KNASKO S. C. (1989), « Ambient Odor and Shopping Behavior », *Chemical Senses*, 14(5), 719.

KNASKO S. C. (1993), « Lingering Time in a Museum in the Presence of Congruent and Incongruent Odors », *Chemical Senses*, 18(5), 581.

KÖSTER E. P. (1991), « Méthodes d'évaluation psychophysique dans l'étude de l'environnement », *in* Köster E. P., *Odeurs et désodorisation dans l'environnement,* Tech & Doc.

LAIRD D. A. (1932), « How the Consumer Estimates Quality by Subconscious Sensory Impressions : with Special Reference to the Role of Smell », *Journal of Applied Psychology,* 16(2), 241-246.

LE GUÉRER A. (1998), *Le pouvoir des odeurs,* Éditions Odile Jacob.

MICHON R., CHEBAT J.-C., TURLEY L. W. (2005), « Mall atmospherics : the interaction effects of the mall environment on shopping behavior », *Journal of Business Research,* 58, 576-583.

MITCHELL D. J., KHAN B. E. et KNASKO S. C. (1995), « There's Something in the Air : Effects of Congruent or Incongruent Ambient Odor on Consumer Decision Making », *Journal of Consumer Research,* 22, 229-237.

MORRIN M. et RATNESHWAR S. (2000), « The impact of Ambient Scent on Evaluation, Attention, and Memory for Familiar and Unfamiliar Brands », *Journal of Business Research,* 49, 157-165.

SACKS O. (1988), *L'Homme qui prenait sa femme pour un chapeau,* Éditions du Seuil.

SCHAAL B., MARLIER L., SOUSSIGNAN R. et JIANG T. (1996), « Le nez nouveau du nouveau-né : explorations des préférences olfactives initiales », *Psychologie Française,* 41(3), 251-260.

SCHAAL B. et MARLIER L. (1998), « Maternal and Paternal Perception of Individual Odor Signatures in Human Amniotic Fluid. Potential Role in Early Bonding ? », *Biology of Neonate,* 74, 266-273.

SCHERER K. R. (1984), « On the Nature and Function of Emotion : a Component Process Approach », *in* SCHERER K. R., EKMAN P. (dir.), *Approaches to emotion,* Hillsdale.

SHEPARD R. N. (1967), « Recognition Memory for Words, Sentences and Pictures », *Journal of Learning & Verbal Behavior,* 6, 156-163.

SPANGENBERG E. R., CROWLEY A. E. et HENDERSON P. W. (1996), « Improving the Store Environment : Do Olfactory Cues Affect Evaluations and Behaviors ? », *Journal of Marketing,* 60, 67-80.

SUSKÏND P. (1989), *Le Parfum,* Éditions Fayard.

Chapitre 5

AINSWORTH R. A., SIMPSON L. et CASSELL D. (1993), « Effects of three Colors in an Office Interior on Mood and Performance », *Perceptual & Motor Skills,* vol. 76, n° 1, Feb., 235-241.

Anonyme (2008), « Sainsbury's Trials Targeted Checkout Promos in Colour », *In-Store Magazine*, April, p. 6.

ARENI C. et KIM D. (1994), « The influence of in-Store Lighting on Consumers' Examination of Merchandise in a Wine Store », *International Journal of Research in Marketing*, 11, 117-125.

ASLAM M. M. (2006), « Are You Selling the Right Colour ? À Cross-cultural Review of Colour as a Marketing Cue », *Journal of Marketing Communications*, vol. 12, n° 1, 15-30.

BAUM S. (2007), « Mood Synthesizer », *The Cabinet Maker UK*, Online Issue, January 12 th, 23-26.

BELLIZZI J. A., CROWLEY A. E. et HASTY R. W. (1983), « The Effects of Color in Store Design », *Journal of Retailing*, vol. 59, n° 1, 21-45.

BELLIZZI J. A. et HITE R. E. (1992), « Environmental Color, Consumer Feelings and Purchase Likelihood », *Psychology and Marketing*, n° 9, Sept.-Oct., 347-363.

BERLYNE D. E. (1960), *Conflict, Arousal and Curiosity*, McGraw Hill Co.

BIRREN F. (1998), *Le pouvoir de la couleur*, Éditions de l'Homme.

BJERSTEDT A. (1960), « Warm-cool Color Preferences as Potential Personality Indicators : Preliminary Note », *Perceptual & Motor Skills*, n° 10, Feb., pp. 31-34.

CHANDON P., HUTCHINSON J. W. et YOUNG S. H. (2002), « Unseen is Unsold : Assessing Visual Equity with Commercial Eye-tracking Data », *Insead Working Paper*, n° 2002/85/MKT.

CHEBAT J.-C. et MORRIN M. (2007), « Colors and Cultures : Exploring the Effects of Mall Decor on Consumer Perceptions », *Journal of Business Research*, vol. 60, 189-196.

CROWLEY A. E. (1993), « The Two-dimensional Impact of Color on Shopping », *Marketing Letters*, vol. 4, n° 1, Jan., 59-69.

DEMATTÈ M. L., SANABRIA D. et SPENCE Ch. (2006), « Cross-modal Associations between Odors and Colors », *Chemical Senses*, vol. 31, 531-538.

DEPPE M., SCHWINDT W., PIEPER A., KUGEL H., PLASSMANN H., KENNING P., DEPPE K. et RINGELSTEIN E. B., (2007), « Anterior Cingulate Reflects Susceptibility to Framing during Attractiveness Evaluation », *Neuroreport*, vol. 18, n° 11, 1119-1123.

DÉRIBÉRÉ M. (1996), *La Couleur*, 10e éd., PUF.

DEVISMES P. (2000), *Packaging - Mode d'emploi*, 2e éd., Dunod.

DIJKSTRA K., PIETERSE M. E. et PRUYN A. T. H. (2008), « Individual Differences in Reactions towards Color in simulated Healthcare Environments : the

Role of Stimulus Screening Ability », *Journal of Environmental Psychology*, vol. 28, n° 3, 268-277.

DIVARD R. et URIEN B. (2001), « Le consommateur vit dans un monde de couleurs », *Recherche et applications marketing*, vol. 16, n° 1, 3-24.

DOOLEY R. et HARKINS L. (1970), « Functional and Attention-getting Effects of Color on Graphic Communication », *Perceptual and Motor Skills*, vol. 31, n° 2, Dec., 851-854.

DROULERS O. et ROULLET B. (2007), « Émergence du neuromarketing : apports et perspectives pour les praticiens et les chercheurs », *Décisions Marketing*, n° 46, pp. 1-14.

ELLIOT A. J., MAIER M. A., MOLLER A. C., FRIEDMAN R. et MEINHARDT J. (2007), « Color and Psychological Functioning : the Effect of Red on Performance Attainment », *Journal of Experimental Psychology : General*, vol. 136, n° 1, 154-168.

EISEMAN L. (2001), *Many Moods of Color*, Pantone Color Institute.

ELLIOT A. J. et NIESTA D. (2008), « Romantic Red : Red Enhances Men's Attraction to Women », *Journal of Personality and Social Psychology*, vol. 95, n° 5, 1150-1164.

ERICKSON R. P. (2008), « A Study of the Science of Taste : on the Origins and Influence of the Core Ideas », *Behavioral and Brain Sciences*, vol. 31, 59-105.

FALCY S. (1993), « Pour une mise en oeuvre du concept de niveau de stimulation optimal dans un contexte français », *Actes de l'AFM*, vol. 9, 515-541

FRASER B., MURPHY C. et BUNTING F. (2003), *Gestion des couleurs*, Campus Press, Pearson Éducation France.

FREYSSINIER J.-P., FRERING D., TAYLOR J., NARENDRAN N. et RIZZO P. (2006), « Reducing Lighting Energy Use in Retail Display Windows », Proceedings of the 6 th International Conference on Solid State Lighting, SPIE (Society of Photo-Optical Instrumentation Engineers), 6313.

FUSTER J. M., BODNER M. et KROGER J. K. (2000), « Cross-modal and Cross-temporal Association in Neurons of Frontal Cortex », *Nature*, vol. 405, n° 6784, 347-351.

GILBERT A. N., MARTIN R. et KEMP S. E. (1996), « Cross-modal Correspondance between Vision and Olfaction : the Color of Smells », *American Journal of Psychology*, vol. 109, n° 3, 335-351.

GLADWELL M. (1996), « The Science of Shopping, a Reporter at Large », *The New Yorker*, November 4, 1996.

GORN G. J., CHATTOPADHYAY A., YI T. et DAHL D. W. (1997), « Effects of Color as an Executional Cue in Advertising : They're in the Shade », *Management Science*, vol. 43, n° 10, 1387-1400.

GORN G. J. *et alii* (2004), « Waiting for the Web : how Screen Color Affects Time Perception », *Journal of Marketing Research*, vol. 41, 215-225.

GOUDEY A. (2008), « Stratégies de communication sonore de la marque : bilan et perspectives de l'utilisation de l'identité musicale de marque », *Décisions Marketing*, n° 52, 61-65.

GREEN W. K. *et al.* (1982), « Effect of Viewing Selected Colors on the Performance of Gross and Fine Motor Tasks », *Perceptual & Motor Skills*, n° 54, 778.

HARDIN C. L. (2005), « Explaining Basic Color Categories », *Cross-Cultural Research*, vol. 39, n° 1, 72-87.

HILL R. A. et BARTON R. A. (2005), « Red Enhances Human Performance in Contests », *Nature*, vol. 435, May 19 th, p. 293.

HOLTZ R. L. (2005), « Neuromarketing : Searching for the Why of Buy - Researchers Scan for Insight into how Marketing May Brand the Brain's Preference for Products and Politicians », *The Los Angeles Times*, February 27 th.

JACOBS K. W. et SUESS J.-F. (1975), « Effects of Four Psychological Primary Colors on Anxiety State », *Perceptual & Motor Skills*, vol. 41, n° 1, 207-210.

JACOBS L. W., KEOWN C. F., WORTHLEY R. et KYUNG-IL G. (1991), « Cross-cultural Colour Comparisons : Global Marketers, Beware ! », *International Marketing Review*, vol. 8, n° 3, 21-30.

KALTCHEVA V. D. et WEITZ B. A. (2006), « When Should a Retailer Create an Exciting Store Environment ? », *Journal of Marketing*, vol. 70, 107-118.

KAUFMAN-SCARBOROUGH C. (2000), « Seeing through the Eyes of the Color-deficient Shopper : Consumer Issues for Public Policy », *Journal of Consumer Policy*, vol. 23, n° 4, 461-492.

KAUFMAN-SCARBOROUGH C. (2001), « Accessible Advertising for Visually-Disabled Persons : the Case of Color Deficient Consumers », *Journal of Consumer Marketing*, vol. 18, n° 4, 303-316.

KOCH C. et KOCH E. C. (2003), « Preconceptions of Taste Based on Color », *The Journal of Psychology*, vol. 137, 233-242.

KWALLEK N., LEWIS C. M. et ROBBINS A. S. (1998), « Effects of Office Interior Color on Workers' Mood and Productivity », *Perceptual & Motor Skills*, vol. 66, n° 1, 123-128.

KWALLEK N. (1996), « Office Wall Color : an Assessment of Spaciousness and Preference », *Perceptual & Motor Skills*, vol. 83, 49-50.

KUNISHIMA M. et YANASE T. (1985), « Visual Effects of Wall Colors in Living Rooms », *Ergonomics*, vol. 28, n° 6, 869-882.

LICHTLÉ M.-C. (2002), « Étude expérimentale de l'impact de la couleur d'une annonce publicitaire sur l'attitude envers l'annonce », *Recherche et Applications en Marketing*, vol. 17, n° 2, 23-39.

LING Y. et HURLBERT A. (2004), « Color and Size Interactions in a Real 3D Object Similarity Task », *Journal of Vision*, vol. 4, 721-734.

MADDEN T. J., HEWETT K. & et ROTH M. S. (2000), « Managing Images in Different Cultures : a Cross-national Study of Color Meanings and Preferences », *Joumal of Intemational Marketing*, vol. 8, n° 4, 90-107.

MAILLE V. (2001), « L'influence des stimuli olfactifs sur le comportement du consommateur : un état des recherches », *Recherche et Applications Marketing*, vol. 16, n° 2, 51-75.

MANGEAS G. (2000), « Les couleurs donnent le ton », *Commerce Magazine*, n° 25, novembre, 32-34.

MEHTA R. et ZHU J. (2009), « Blue or Red ? Exploring the Effect of Color on Cognitive Task Performances », *Science*, vol. 324, n° 5915, February 5 th, 1226-1229.

MIDDLESTADT S. E. (1990), « The Effect of Background and Ambient Color on Product Attitudes and Beliefs », *Advances in Consumer Research*, vol. XVII, 244-249.

MILLER E. G. et KAHN B. E. (2005), « Shades of Meaning : the Effect of Color and Flavor Names on Consumer Choice », *Journal of Consumer Research*, vol. 32, n° 1, 86-92.

MIMURA R. (2003), « Color and POP : the Effective Use of Colors for Point of Purchase Displays », *Journal of Undergraduate Research*, vol. 6, 1-15.

NAKSHIAN J. S. (1964), « The Effects of Red and Green Surroundings on Behavior », *Journal of General Psychology*, n° 70, 143-161.

PERCY L. et ROSSITER J. R. (1983), « Effects of Picture Size and Color on Brand Attitude Responses in Print Advertising », *Advances in Consumer Research*, vol. X, 17-20.

RADELOFF D. J. (1990), « Role of Color in Perception of Attractiveness », *Perceptual and Motor Skills*, vol. 71, 151-160.

RAJU P. S. (1980), « Optimum Stimulation Level : its Relationship to Personality, Demographics, and Exploratory Behavior », *Journal of Consumer Behavior*, vol. 7, n° 3, 272-282.

ROTSTEIN G. (2006), « Colors Carry Shades of Meaning », *Pittsburgh Post-Gazette*, November 13 th.

ROULLET B., BEN DAHMANE MOUELHI N. et DROULERS O. (2003), « Impact de la couleur de fond sur les croyances envers le produit : une approche multiculturelle », Actes du 19e congrès international de l'AFM, Tunis-Gammarth, 454-468.

ROULLET B. (2004), *Influence de la couleur en marketing : vers une neuropsychologie du consommateur*, thèse de doctorat en sciences de gestion, Centre de recherche en économie et management (CREM), Université de Rennes 1.

ROULLET B. (2005), « Naturalisation des concepts en marketing, l'apport des neurosciences », *in* ROBERT-DEMONTROND P. (dir.), *L'importation et la transplantation de concepts en SHS*, Éditions Apogée, 225-248.

ROULLET B. et DROULERS O. (2008), « Neuroscience du consommateur : rupture paradigmatique ? », Actes du 24e congrès international AFM, Paris.

SAITO M. (1999), « Blue and Seven Phenomena among Japanese Students », *Perceptual and Motor Skills*, vol. 89, n° 2, Oct., 532-536.

SCHAIE K. W. et HEISS R. (1964), *Color and Personality*, Ed. Hans Huber.

SILLY G. (2005), « Les nouvelles ruses du commerçant pour appâter les clients », *Capital*, n° 162, 130-132.

SKORINKO J.-L., KEMMER S., HEBL M. R. et LANE D. M. (2006), « A Rose by Any Other Name : Color-naming Influences on Decision Making », *Psychology & Marketing*, vol. 23, n° 12, 975-993.

SMETS G. (1969), « Time Expression of Red and Blue », *Perceptual & Motor Skills*, vol. 29, n° 2, 511-514.

STANLOW J. (2000), « Two Observations on Culture Contact and the Japonese Color Nomenclature System », *in* HARDIN C. L. & MAFFI L., *Color Categories Thought and Language*, Cambridge University Press, pp. 240-260.

SUMMERS T. A. et HEBERT P. R. (2001), « Shedding some Light on Store Atmospherics : Influence of Illumination on Consumer Behavior », *Journal of Business Research*, vol. 54, n° 2, 145-150.

UNDERHILL P. (1999), *Why We Buy : The Science Of Shopping*, Simon & Schuster ; *La science du shopping : comment le merchandising influence l'achat*, Pearson Éducation, 2007 pour la traduction française.

VALDEZ P. et MEHRABIAN A. (1994), « Effects of Color on Emotions », *Journal of Experimental Psychology : General*, vol. 123, 394-409.

WILSON G. D. (1966), « Arousal Properties of Red versus Green », *Perceptual & Motor Skills*, n° 23, aug., 947-949.

WILSON M. (2008), « Color Effects – Color-changing LEDs Brighten Lacoste », *Chain Store Age*, July, 77-78.

WU C.-S., CHENG F.-F. et YEN D. C. (2008), « The Atmospheric Factors of Online Storefront Environment Design : an Empirical Experiment in Taiwan », *Information & Management*, vol. 45, 493-498.

YANHONG H., ZHANG L. et MIAO D. (2009), « The Relationship between Color Vision and Arousal Level », *The Internet Journal of Ophthalmology and Visual Science*, vol. 6, n° 2, http://www.ispub.com/ostia/index.php?xmlFilePath=journals/ijovs/vol6n2/color.xml.

YILDIRIM K., AKALIN-BASKAYA A. et HIDAYETOGLU M. L. (2007), « Effects of Indoor Color on Mood and Cognitive Performance », *Building and Environment*, vol. 42, 3233-3240.

ZELLNER D. et KAUTZ M. (1990), « Color Affects Perceived Odor Intensity », *Journal of Experimental Psychology : Human Perception & Performance*, vol. 16, n° 2, 391-397.

Chapitre 6

Afnor X10-041 (2004), « Référentiel de bonnes pratiques – Caractérisation sensorielle des matériaux : recommandations pratiques pour l'analyse tactile de la matière première au produit fini », Association française de normalisation.

BELL R., CARDELLO A. V., SCHUTZ H. G. (2003), « Relations among Comfort of Fabrics, Ratings of Comfort, and Visual Vigilance », *Percept Mot Skills*, 97 (1), 57-67.

BEUCLER P. (2005), « Donner du sens aux marques par les sens », *Design Fax,* 14 mars, 2.

BOHM J. K., HENDRICKS B. (1997), « Effects of Interpersonal Touch, Degree of Justification, and Sex of Participant on Compliance With a Request », *Journal of Social Psychology,* 137 (4), 460-470.

CABANAC M. (1995), *La quête du plaisir. Étude sur le conflit des motivations*, Éd. Liber.

CANCE C. (2003), « Perception visuelle et habitacle automobile ». *Journée de présentation des thèses CIFRE,* ANRT.

CHUN C., KWOK A., MITAMURA T., MIWA N., TAMURA A. (2008), Thermal Diary : Connecting Temperature History to Indoor Comfort, *Building and Environment*, 43, 877-885.

CYRULNIK B. (1983), *Mémoire de singe et parole d'homme,* Édition Hachette/Pluriel.

CRUNELLE M. (1987), « Exploration de la fonction tactile en architecture », *thèse de doctorat,* Université Louis Pasteur de Strasbourg.

CRUNELLE M. (2001), *Toucher, audition et odorat en architecture,* Éditions Scripta.

DELIGNIÈRES D. (1995), « Effects of Heat Stress and Time on Task on Reaction Time », *in* VANFRAECHEM-RAWAY R. & VANDEN AUWEELE Y. (Eds.), *Integrating Laboratory and Fields Studies : Proceedings of the IXth European Congress on Sport Psychology,* FEPSAC, 156-159.

ERCEAU D., GUEGUEN N. (2007), « Tactile Contact and Evaluation of the Toucher », *The Journal of Social Psyhcology,* 147 (4), 441-444.

FENKO A., SCHIFFERSTEIN H. N. J., HEKKERT P. (2009), « Shifts in Sensory Dominance Between Various Stages of User-product Interactions » (submitted).

FINNEGAN R. (2005), « Tactile Communication », *in* CLASSEN C., *The Book of Touch*, Berg, coll. « Sensory Formations », 18-25.

GIBOREAU A., GARREL C., NICOD H. (2004), « Le profil sensoriel : un outil au service du marketing », *Revue française de marketing*, 196 (1/5) 5-17.

GROHMANN B., SPANGENBERG E., SPROTT D. (2007), « The Influence of Tactile Input on the Evaluation of Retail Product Offerings », *Journal of Retailing*, 83, 237-245.

HALL E. (1996), *The Hidden Dimension*, Doubleday.

HESLIN R., ALPER T. (1983), « Touch – a Bonding Gesture », *Non verbal interaction – Sage annual reviews of communication research*, 11, 47-75.

HESCHONG L. (1979), *Thermal Delight in Architecture*, MIT Press.

HOLLAND R. L., SAYERS J. A., KEATINGE W. R., DAVIS H. M. et PESWANY R. (1985), « Effect of Raised Body Temperature on Reasoning, Memory and Mood », *Journal of Applied Physiology*, 59, 1823-1827.

HORNIK J. (1992), « Tactile Stimulation and Consumer Response », *Journal of Consumer Research*, 19, 449-458.

HUMPHREYS M. A., HANCOCK M. (2007), « Do People Like to Feel "Neutral" ? Exploring the Variation of the Desired Thermal Sensation on the ASHRAE Scale », *Energy and Buildings*, 39, 867-874.

ISO 7730 (2005), « Ergonomie des ambiances thermiques – Détermination analytique et interprétation du confort thermique par le calcul des indices PMV et PPD et par des critères de confort thermique local », International Organization for Standardization.

ISO 11399 (2001), « Ergonomie des ambiances thermiques – Principes et application des normes internationales pertinentes », International Organization for Standardization.

KAUFMAN D., MAHONEY J. (1999), « The Effect of Waitresses' Touch on Alcohol Consumption in Dyads », *The Journal of Social Psychology*, 139, 261-267.

KOFOED L. B., STORGAARD L, JANSEN C. L. (2003), *Design for All*, ANLH.

KORAN J. J., MORRISON L., LEHMAN J. L., KORAN M. L. et GANDARA L. (1984), « Attention and Curiosity in Museums », *Journal of Research in Science Teaching*, 21 (4), 357-363.

LAGEAT T., DE LARRARD B. (2001), « Sensations tactiles : joindre l'utile à l'agréable », *Eurosyn - 4e Rencontres du Marketing sensoriel « Maîtriser le confort des produits de demain »*, 13 décembre, Paris.

LAZORTHES G. (1986), *L'ouvrage des sens*, Flammarion.

LE BELLEGO G. (2004), « Quand le marketing joue avec nos sens », *Management*, 106, 44-46.

LEDERMAN S. J., KLATZKY R. L. (1993), « Extracting Objects Properties through Naptic Exploration », *Acta Psychologica*, 84, 29-40.

LUDDEN G. D. S., SCHIFFERSTEIN H. N. J., HEKKERT P. (2009), « Multisensory Incongruities in Products : Surprise or Annoyance ? », *Empirical Studies of the Arts*, (à paraître).

LYNN M., LE J. M., SHERWYN D. S. (1998), « Reach Out and Touch your Customers », *Corner H.R.A. Quaterly*, 60-65.

MCCABE D., NOWLIS S. M. (2003), « The Effect of Examining Actual Products or Product Descriptions on Consumer Preference », *Journal of Consumer Psychology*, 13 (4), 431-439.

MAKINEN T. M., PALINKAS L. A., REEVES D. L., PAAKKONEN T., RINTAMAKI H., LEPPALUOTO J., HASSI J. (2006), « Effect of Repeated Exposures to Cold on Cognitive Performance in Humans », *Physiology and Behavior*, 87, 166-176.

MEHRABIAN A. (1981), *Silent Messages*, Wadsworth.

MORALES A. C., FITZIMONS G.J. (2007), « Product Contagion : Changing Consumer Evaluations through Physical Contact with "Disgusting" Products », *Journal of Marketing Research*, 44, 272-283.

OSELAND N. A. (1995), « Predicted and Reported Thermal Sensation in Climate Chambers, Offices and Homes », *Energy and Buildings*, 23, 105-115.

PECK J., CHILDERS T. L. (2003), « Individual Differences in Haptic Information Processing : on the Development, Validation, and Use of the Need for Touch Scale », *Working Paper – Department of Marketing, University of Wisconsin-Madison.*

PETIT C., SIEKIERSKI E., DANZART M. (2005), « Thermal Perceptions and Preferences in Indoor Environments », *Journal of Sensory Studies*, 19 (5), 396-422.

PHILIPPE F., SCHACHER L., ADOLPHE D., DACREMONT C. (2003), « The Sensory Panel Applied to Textile Goods – a New Marketing Tool », *Journal of Fashion Marketing and Management*, 7 (3), 235-248.

PICARD D., DACREMONT C., VALENTIN D., GIBOREAU A. (2001), « Fabric Textures Processing in Adults is Context-dependent », *4 th R.M. Pangborn Symposium*, août, Dijon.

RAHM P. (2005), « Le design de l'atmosphère », *Faces*, n° 60, automne.

REBSTOCK-POUILLY C. (2009), « NExT Orange : l'architecture commerciale au service d'une expérience *shopper* inédite », conférence Marcus Evans « Stratégies en Marketing Point de Vente », 22 au 22 janvier, Paris.

SCHIFFERSTEIN H. N. J., DESMET P. M. A. (2008), « Tools Facilitating Multisensory Product Design », *The Design Journal*, 11 (2), 137-158.

SCHIFFERSTEIN H. N. J., HEKKERT P. (Eds) (2007), *Product Experience*, Elsevier Science.

SCHLICH P. (1995), « Preference Mapping : Relating Consumers' Preferences to Sensory or Instrumental Measurements », *Bioflavour,* INRA Dijon, 135-150.

SEMPERE B. (2000), « Vente à distance et description du toucher », *Actes 4e Rencontres internationales Science-Industrie NTVF2000 « Nouveaux Textiles & Vêtements Fonctionnels – Bio-sensoriel : aujourd'hui et demain »*, 8 décembre, Lyon.

SHU S., PECK J. (2007), « To Touch Me is to Love Me : the Role of Touch in the Endowment Effect », *Advances in Consumer Research, North American Conference Proceedings,* 34, 513-514.

SIEKIERSKI E, MACIAS Y., SARRAZIN F. (2009), « Design for All et Point de Vente. Les nouvelles boutiques Bleu Ciel d'EDF », conférence Marcus Evans « Stratégies en Marketing Point de Vente », 22 au 22 janvier, Paris.

SINOPOLI G. (2009), « Vous souhaitez développer un concept boutique impactant et vendeur ? Faites appel au merchandising ! », conférence Marcus Evans « Stratégies en Marketing Point de Vente », 22-23 janvier, Paris.

SONNEFELD M. H. (2007), « Aesthetics of Tactual Experience », *thèse de PhD,* Delft University of Technology.

SOUFFLET I., CALONNIER M., DACREMONT C. (2004), « À Comparison between Industrial Experts' and Novices' Haptic Perceptual Organization : a Tool to Identify Descriptors of the Handle of Fabrics », *Food Quality and Preference,* 15, 689-699.

STRERI A. (2003), « L'intermodalité (chapitre 9) », *in* DELORME et FLÜCKIGER (Eds.), *Perception et réalité – Une introduction à la psychologie des perceptions,* Éd. De Boeck.

THIBAUD J.-P. (2001), « La méthode des parcours commentés », *in* GROSJEAN M. (Eds), *L'espace urbain en méthodes*, Éditions Parenthèses, 79-101.

UNDERHILL P. (2007), *La science du shopping : comment le merchandising influence l'achat,* Village mondial.

Chapitre 7

CALHOUN J. B. (1962), « Population Density and Social Pathology », *Scientific American,* vol. 206, 139-148.

CARMON Z. (1991), « Recent Studies in Consumer Behaviour », *Advances in Consumer Research,* vol. 18, 704.

DE MALET C. (1995), « Apprenez à gérer vos files d'attente », *L'Expansion,* n° 497, 20 mars-2 avril, 75.

DION D. et BONNIN G. (2004), « Une étude comparative des systèmes proxémiques français et tunisiens », *Recherches et applications marketing*, 19, 3, 45-60.

DION D. (1999), « La foule dans un espace commercial : concept, mesure, effets sur les comportements », Thèse de doctorat, IGR, Université de Rennes I.

DION D. (2004), « Personal control in the crowding process », *International Journal of Service Industry Management*, vol. 15, n° 3, 20-46.

EPSTEIN Y., WOOLFOLK R. et LEHRER P. (1981), « Physiological, Cognitive, and Nonverbal Responses to Repeated Exposure to Crowding », *Journal of Applied Social Psychology*, vol. 11, n° 1, 1-13.

HALL E. (1984), *Le langage silencieux*, Éditions du Seuil.

LANGER E. et Saegert S. (1977), « Crowding and Cognitive Control », *Journal of Personality and Social Psychology*, vol. 35, n° 3, 175-182.

MACHLEIT K., EROGLU S., MANTEL S. P. (2000), « Perceived Retail Crowding and Shopping Satisfaction : What Modifies this Relationship ? » *Journal of Consumer Psychology*, 9, 1, 29-42.

PONS F., LAROCHE M., et MOURALI M. (2006), « Consumer Reactions to Crowded Retail Settings : Cross Cultural Differences North America and the Middle East », *Psychology & Marketing*, 23, 7, 555-572.

ROBSON S. K. A. (2008), « Scenes from a Restaurant : Privacy Regulation in Stressful Situations », *Journal of Environmental Psychology*, 28 (4), 373-378.

SHELBY L., VASKE J. (2008), « Crowding as a Descriptive Indicator and an Evaluative Standard : Results from 30 Years of Research », *Leisure Sciences*, 30 (2), 111-126.

SIBÉRIL P. (1994), « Influence de la musique sur les comportements des acheteurs en grandes surfaces de vente », Thèse de doctorat, IGR, Université de Rennes 1.

Chapitre 8

BARBET V., BRESSE P., GUICHARD N., LECOQUIERRE C., LEHU J.M. et VAN HEEMS R. (1999), *Le marketing olfactif*, Les Presses du Management.

COVA V. et COVA B. (2003), *Alternatives marketing*, Éditions Dunod.

GARNIER J. (2001), « Constantin Costoulas, architecte, spécialiste des concepts de magasins : “ la distribution doit s'humaniser ”», *LSA*, 9 avril.

HUVÉ-NABEC L., HYVERNAT C. et RIEUNIER S. (1998), « Vers des procès pour contrefaçon de magasins spécialisés ? », *Décisions Marketing*, janvier-avril, n° 13, 89-99.

Pine II J. B. et Gilmore J. H. (1998), « Welcome to the Experience Economy », *Harvard Business Review*, July-August, 97-105.

RIEUNIER S. (2004), « Le marketing sensoriel chez Nature & Découvertes : faire évoluer l'offre sensorielle sur 10 ans sous contrainte du consommateur. Interview de Françoise Vernet, directrice marketing de Nature & Découvertes », *Décisions Marketing*, n° 33, 77-80.

Conclusion

DEBENEDETTI A. (2004), « L'attachement au lieu : état de l'art et perspectives de recherché dans le cadre des lieux de loisirs », *Actes de la 9e journées de Recherche en Marketing de Bourgogne*, Dijon, 4 et 5 novembre.

LINDSTROM M. (2005), *Brand Sense, Build Powerful Brands through Touch, Taste, Smell, Sight and Sound*, Free Press.

ROBERTS K. (2004), *« Lovemarks », le nouveau souffle des marques*, Éditions d'Organisation.

Index des notions

I

L

M

N

O

P

R

S

T

Index des entreprises

V

W

Y

Z

053014 - (I) - (2) - OSB 90° - CP2 - VCT

Achevé d'imprimer sur les presses de
SNEL
Z. I. des Hauts Sarts - Zone 3
Rue Fond des Fourches 21 – B-4041 Vottem (Herstal)
Tél +32 (0)4 344 65 60 - Fax +32 (0)4 286 99 61
juin 2009 – 48121

Dépôt légal : juillet 2009
Imprimé en Belgique